本书由中共辽宁省委宣传部支持
辽宁大学新闻与传播学院的"部校共建新闻学院"专项经费资助

教育部人文社会科学青年基金项目
"实证与批判：哥伦比亚学派与法兰克福学派文化研究方法论论争研究"
（16YJC751003）最终成果

实证与批判

哥伦比亚学派与法兰克福学派文化研究方法论论争

冯露 / 著

POSITIVISM AND CRITICISM

A Dispute over the Methodology of
Cultural Studies Between
the Columbia School and the Frankfurt School

社会科学文献出版社
SOCIAL SCIENCES ACADEMIC PRESS (CHINA)

序

作为方法的文化研究

一般来说，每一门学科不仅要有自己的研究内容或对象，还需要有属于自己的研究方法，这一点对于20世纪中后期兴起的文化研究来说显得尤为重要。这是因为，按照传统的学科定义，一门学科必须要有比较固定的研究内容或清晰的研究边界，而文化研究则不然，它到处伸展延异，几乎浸入所有领域，正如当代媒介技术以前所未有的力量无孔不入地渗透到人类生活的各个领域一样。研究内容的模糊和研究边界的漂移，一方面使文化研究充满了活力，另一方面也使其处于居无定所的尴尬境地，我想，这或许可以作为英国伯明翰学派"当代文化研究中心"被校方解散的一个原因。这是从一门学科的研究内容来看，如果再从这门学科的研究方法来考察，情况可能会变得更加模糊混沌。应该说，这也是可以想见的境况，对于内容与边界都比较模糊的文化研究来说，要想确定一个相对明晰有效的研究方法，自然是一件难上加难的事情。

我们看到，一直倡导非学科化、非体制化的文化研究势必会造成其研究内容、研究边界及研究方法的模糊混沌，这已经成为文化研究不断招致人们质疑和非难的重要原因。在面对质疑与非难时，文化研究也在不断地为自己的存在辩护，辩护的重要理由是申明"文化研究的用途"。从内容价值或功能用途方面为文化研究存在的合理性辩护固然重要，但作为一门学问或学科（尽管文化研究主张非学科化、非体制化，但它毕竟还需要在大学体制中生存），它的研究方法是什么？或者说，文化研究有自己的研究方法吗？诚然，我们也意识到，这个问题可能不像"文化研究式"的追问，但在我们看来，对于文化研究方法的思考依然是十分必要的，正如不断申明"文化研究的用途"是十分必要的一样，反思"文化研究的方法"同样十分必要。

传媒技术的创新发展推动大众文化迅速兴起并广泛传播，人们的信息方式、文化方式与生活方式发生了根本性改变。媒介文化、文化工业、消费文化等大众文化问题已经成为当代学术思想界持续关注的热点问题，不同思想学派的诸多理论家从不同的价值立场和方法视域出发，对大众文化进行了广泛而深入的探讨。作为一种新兴的跨学科研究，大众文化研究面临着诸多疑问和困惑：文化研究的立场应如何选择？文化研究的用途是什么？文化研究的边界该如何规划？文化研究的方法和路径有哪些？上述问题是本书要回答的重点。

一开始我们就应该意识到，对文化研究方法进行梳理和研究注定是一件费力不讨好的事情，因为文化研究的非学科化特性决定了它很少谈论方法论问题。当然，我们也意识到，方法问题对于理解文化研究依然是十分重要且不可回避的问题。后来，一个曾经发生在文化研究史上的重要"理论事件"吸引了我们的注意，这就是20世纪30年代末发生在美国的哥伦比亚学派与法兰克福学派在文化研究上的方法论论争。在我们看来，回顾和反思这一曾经发生的"理论事件"，对于更好地理解文化研究的方法及用途，无疑具有重要的学术思想史意义。

众所周知，在理论和理论性话语时代，任何单纯的学理分析都不足以系统地解释人类精神世界的文化变迁。文化研究以整个媒介社会为对象，是内含无数批评角度的立体、开放的理论空间，也是学者们跨出封闭文本并步入社会性文本的综合性研究。这是对大众文化的一种回应，表达了学者们试图理解并解释这些变化的学术追求。同时，文化研究者已经无法沿用以往的批评模式和方法来进行新的研究和阐释，跨学科研究成为一种发展趋势。因此，本书融合哲学、文艺美学、社会学、传播学等跨学科理论知识，以哥伦比亚学派与法兰克福学派在文化研究上的方法论论争为"理论事件"切入点，重返方法论论争的历史现场，探究学派合作的内在动因，反思不同观点的辩证融合，进而揭橥文化研究史上这一重要"理论事件"的学术思想史意义，为重新审视当代文化研究的方法及用途提供可资借鉴的理论视域。

本书在研究旨趣和研究视角上呈现了思辨性分析和整体性反思的研究特色。霍克海默曾言，批判的时代需要批判的哲学，社会批判理论正是现时代的批判哲学。因此，文化研究首先必须是批判的。在现代社会中，文化工业追逐利润，依靠技术进步操控大众文化，导致文化的平庸化、模式化，批判是必不可少的文化守护方式。媒介文化作为文化的媒介呈现方式，是出现在传播活动中的社会文化现象及诸种系统的组合。因此，文化研究与传播研究存在明显的伴生关系。这种关系植根于"传播"在现代媒介语境中逐渐凸显的上升史，其发展源于两点：一是20世纪以来现代传媒业和媒介文化的突飞猛进；二是现代传播研究的思路演变。从此意义上说，文化研究方法呈现两个重要维度：实证维度和批判维度。实证维度的文化研究主要采用经验主义的研究方法，如定量分析和个案分析，致力于媒介效果的提升；批判维度的文化研究注重"价值分析"，运用人文学科的理论框架对"文化产品""文化现象"进行基于人文主义的价值分析。20世纪30年代末，美国实证主义社会学家拉扎斯菲尔德与德国法兰克福学派学者阿多诺在广播音乐调研项目的合作中开启了媒介文化研究的先河，将文化和传播纳入社会、政治及历史的总体研究视野，同时将批判理论与实证方法运用于对传播价值和效果的研究中，丰富了传播研究的社会科学取向。因此，"文化研究"虽然以人文科学为入口，但其在发生之初即注重批判与实证方法的结合与互补，而非彼此对立或绝对否定。

从文化研究的理论建构来看，描述和界定实证与批判之争大致可以分为两种路径：一种是认识论模式；一种是批判理论模式。沿此路径，我们认为，认识论模式是以科学实证主义准则来规定人文社会科学，将人文社会科学等同于自然科学，致使其理论成为社会客观事实的逻辑归纳和总结，因此，客观科学的价值中立是它所标举的理论立场。与之相反，批判理论模式反对自然科学的研究方法僭越到人文社会科学领域，认为理论的任务并不是镜式地反映客观实在，而是应以人类的生存意义追求为价值取向，直面生命存在的矛盾冲突和现实社会的不合理性，对现存社会关系进行质疑批判。这两种路径均为媒介文化研究的有效途径。从实证研究的学术实践来看，实证由于其"科学的世界观"中对于科学化、经验、逻辑架构的强调，符合学界强调文化传播研究是一门科学的研究基调，对我国人文社会科学研究，尤其是文化研究的影响极为深远。从批判理论的学术实践来看，20世纪中期以后，大批后现代思想家继承了以批判为媒介文化研究立场的法兰克福学派学说，其中福柯、利奥塔、布尔迪厄、詹姆逊、鲍德里亚等后现代文化理论家用否定、解构、颠覆来代替肯定、构建、存在，进而瓦解理性的理论基础。这种对理性的消解，构成了后现代媒介文化批判的理论来源，也确立了他们在方法论上的人文主义倾向。尤其是在"后理论时代"来临之时，这种批判的理论传统和评判尺度，使媒介文化研究获得了应对急剧变化时代的阐释能力与批判向度。

由此可见，实证与批判从学理和实践上均呈现出一种建构性勾联，如果将实证与批判视为一个变化和矛盾的整体进行考察，可以大致系统而完整地认识这一对象。从哲学层面而言，实证与批判属于本体论和认识论之间的对立和差异，很难进行协调和统一。然而从方法论角度来看，二者同属于社会科学的研究方式，对立性便没有那么明显。实证与批判作为大众文化的研究方法，具有反对形而上学的共同哲学旨趣，面对大众文化的物化形态，呈现融合态势，即科学方法与人文精神的辩证融合、事实判断与价值判断的辩证融合、定量分析与定性分析的辩证融合、经验描述与反思批判的辩证融合、现实实证与意义阐释的辩证融合。这一融合可以发展为一种更为开放的学术建构，即在文化研究中以批判为基础、实证为手段的大众文化研究观。文化研究如果在前提预设达成共识的情况下，新的视角将在双方的接位中产生，赋予文化研究以新的活力。

本书是冯露在博士学位论文基础上不断修改完善后出版的学术成果。想当初，在确定论文选题时，我们特别征求了北京师范大学赵勇教授的意见，他不仅对选题予以了充分肯定，还提供相关研究资料并提出了许多宝贵的建设性意见，在此表示特别感谢！在博士学位论文写作中，冯露历经四个春秋寒暑，出色地完成了最初的研究构想，并因此获得辽宁大学优秀博士学位论文荣誉。此情此景，今天回忆起来依然有令人感动的意绪。

  方法（method）一词源于古希腊，其原意有沿着某条道路运动前行的意思。我想，对于冯露来说，本书是她走上学术道路的一个开端，期待她不断找寻有效的方法，坚定沿循正确的道路，在学术的道路上继续前行。

宋 伟

2019 年 8 月于沈阳

目 录

前 言 ………………………………………………………………… 1

第一章 作为方法的理论事件：实证学派与批判学派的历史性相遇 ……… 1
    第一节 哥伦比亚学派与法兰克福学派概貌 ………………………… 2
    第二节 哥伦比亚学派与法兰克福学派的历史性交汇 …………… 10
    第三节 哥伦比亚学派与法兰克福学派文化研究项目合作的基础 …… 23

第二章 作为方法的理论资源：事实判断与价值判断的分野 ………… 32
    第一节 自然科学、社会科学与人文学科的区分 ………………… 33
    第二节 以经验事实为准绳的哲学方法论 ………………………… 40
    第三节 以人文价值为诉求的哲学方法论 ………………………… 49

第三章 作为理论事件当事人的阿多诺 ……………………………… 65
    第一节 阿多诺其人 ………………………………………………… 66
    第二节 社会批判理论构成及局限 ………………………………… 79
    第三节 阿多诺对实证主义的批判 ………………………………… 87
    第四节 批判方法论意义的多重指向 ……………………………… 96

第四章 作为理论事件当事人的拉扎斯菲尔德 ……………………… 107
    第一节 拉扎斯菲尔德其人 ………………………………………… 107
    第二节 实证研究方法的范式开创 ………………………………… 118

第三节　科学社会学与实证主义方法论创新……………… 129
   第四节　实证研究范式的意义与局限……………………… 137

第五章　文化研究方法论论争的历史影响…………………………… 145
   第一节　哥伦比亚学派与法兰克福学派的人为分立……… 145
   第二节　实证学派与批判学派的视界融汇………………… 154
   第三节　实证学派与批判学派在中国的理论旅行………… 168

第六章　走向实证学派与批判学派的辩证融合……………………… 178
   第一节　科学方法与人文精神的辩证融合………………… 178
   第二节　事实判断与价值判断的辩证融合………………… 182
   第三节　定量分析与定性分析的辩证融合………………… 186
   第四节　经验描述与反思批判的辩证融合………………… 191
   第五节　现实实证与意义阐释的辩证融合………………… 196

结　语……………………………………………………………………… 200

参考文献…………………………………………………………………… 203

后　记……………………………………………………………………… 212

前　言

　　现代传媒技术的不断创新发展，推动大众文化迅速兴起并广泛传播，人们的信息方式、文化方式与生活方式已经发生了根本性的改变。随着"机械复制时代"的来临，媒介文化、文化工业、消费文化等大众文化问题已经成为当代学术思想界持续关注的热点议题，不同思想学派的诸多理论家从各自的价值立场和方法视域出发，对大众文化进行了广泛而深入的探讨。作为一种新兴的跨学科研究，大众文化研究面临着诸多的疑问和困惑：文化研究的立场应如何选择？文化研究的用途是什么？文化研究的边界该如何规划？文化研究的方法和路径有哪些？所有的一切，似乎都悬而未决。有关大众文化思想史的梳理便成为我国学界关注的热点。同时，人文社会科学界对文化研究方法也进行了不断的反思和调整。其中，实证专注于"效果研究"、批判专注于"意义、价值研究"的传统认识被不断强化，并且迫于学科建制的需要，实证与批判被人为划分为对立的两极。对于实证与批判的关系如果仅仅从学理角度剖析，则容易陷入形而上学的迷雾，如何让学术研究落地并找寻到恰当的切入点是学术研究被重新赋予活力的一条途径。20世纪三四十年代，拉扎斯菲尔德（P. F. Lazarsfeld）与阿多诺（T. W. Adoron）曾针对广播音乐研究项目发生过一场实证与批判的方法论之争，为我们提供了一个研究实证与批判关系的切入点。这一方法论事件，对批判学派与实证学派的划分产生了根本性的影响，而这种划分也恰好影响到文化研究的方法论分野，几乎所有有关拉扎斯菲尔德与阿多诺的传记、学术史，都或多或少地记录了两人的这场论争。然而，绝大多数研究者都止步于事件的事实描述，尚缺少更为深层的理论关注，即冲突双方各自的学理基础、学术立场、历史情景及个人性格如何影响了这场论争。这一理论事件为我们探讨文化研究中实证与批判的辩证关系提供了一个考察、反思的切入口。从这一理论事件切入，本书提出了这样一些问题：返回学术论争的历史现场，实证与批判在文化研究中的真实样貌如何？学术进步需要怀疑力量和批判精神，实证能否参与其中共建一种理论范式？哥伦比亚学派与法兰克福学派是否针锋相对，有无相似与交互？这都是还原知识主体及其历史样貌而需要严肃考量的学术问题。由此，人文社会科学研究方法论的固化认知也是本书批判的对象。

返回实证与批判的历史现场，从方法论高度对这一事件的学术思想史意义进行深入研究，对我们今天重新探究文化研究方法具有学术思想史层面的价值。因为，文化研究在当代社会文化思想状况的深刻变革中提出了许多崭新的思想命题和理论命题，正是这些命题构成了当代文化思想建构的重要内容。

大众文化语境下文化研究的文艺思想史意义。阿多诺提出的文艺领域中的音乐问题是这一文化研究问题的发端，其对同一问题所采用的不同方法，反映了大众文化与艺术的关系问题。实证关注的是事实，是事实判断，多采用定量的方法追求效果；批判关注的是意义，是价值判断，多采用定性的方法探索人是什么的问题。这两种方法在文化研究中都有优势与局限。优势在于实证可以为理论提供经验的事实，倾向于肯定大众文化及其体制；而批判可以为人们提供理想的星空，但是实证方法有时难免陷入数字、计量的无情感状态，从而忽视人本身及其所处的社会环境、历史条件等因素。比如，我们看到大众文化将人视为物，采用计量、测量等手段进行分析，甚至加以影响和操控，使人迷失在大众文化的虚假幻象之中，丧失了独立的思考。而批判又往往过于思辨，容易陷入形而上学的迷雾，或者二元对立的划分，使批判刻意回避实证，从而失去了经验的支持和检验，这种倾向所产生的后果是对大众文化一味地指责和批评，认为其一无是处，是精神的麻醉剂。而两者结合，恰恰提供给我们全面认识文艺现象的一种方式，那就是在实证方法所提供的经验事实中，对文艺现象有一个较为接近事实的认识或接近科学的考量；在这一基础上，运用批判的方法，不放弃文艺中不可或缺的艺术性追求，使批判理论落地。这是因为，文艺是人的实践，而人是复杂的，人的精神与情感是无法完全用数字计量的。如同康德所提出的艺术是人类精神所能达到的最高境界，提供给人真正的自由；也如马克思所说的实践的人道主义那样，达到人的自我完善，只有实证与批判的结合，才是文艺研究、文化研究与时俱进的方法。

那么，回到拉扎斯菲尔德与阿多诺的实证与批判之争这一问题中来，他们提出问题并在后来的实践中证明了实证与批判方法论融合的可能性。拉扎斯菲尔德与默顿的合作、其学生卡茨的研究，以及哥伦比亚学派其他成员的努力和成果，如赫佐格的研究等都说明了实证与批判是可以融合的。那么，就阿多诺而言，他在与拉扎斯菲尔德合作结束后，运用经验的方法，与他人合作完成了《权威人格》这一著名成果。在此研究中，他针对大众中存在的极权主义现象，使用了大量的实证研究方法，摆脱了纯粹思辨的局限。此外，霍克海默、洛文塔尔、哈贝马斯等法兰克福学派成员都不拒斥实证方法，并将其与批判方法结合，甚至在二战结束后，将实证的方法带回德国。所以，在文化研究及文艺研究中，实证与批判的结合不仅在理论上是可行的，在实践中也是可以被运用并取得成果的。

大众文化语境下文化研究的文化思想史意义。文化研究以大众文化为研究对象，不仅关注文化的内在价值，而且关注文化的外在社会关系，具有游走性和跨学科性。[1] 本书着力于探讨文化研究方法及用途，尝试说明文化研究的学术追求和理论旨趣，并将关注的焦点投向社会与大众。因此，需要明确的是，文化研究中实证与批判之关系研究并不单纯针对文学艺术领域的文化现象，而是可以置于当代文化思想领域的重要议题。作为思想解放运动的重要组成部分，文化理论建设置身于大众文化勃兴这一更为宽广的时代背景之中，其理论反思直接面向当代社会现实，积极参与确立了新时期的思想方式和言说方式，尤其是在马克思主义文艺理论当代化方面做出了积极的理论贡献，丰富了当代文化的马克思主义理论基础的内容。因而，应从马克思主义理论高度，回顾和反思实证与批判对媒介文化发展

---

[1] 陆扬：《文化研究导论》（修订版），复旦大学出版社，2014，第12页。

的历史影响，对理论问题进行更为深入的探讨。

大众文化语境下文化研究的学术思想史意义。文化研究是理论与事件互动生成的实践性文化活动。作为文化批评实践，其引导性功能在于对文化现象、文化思潮、文艺作品进行引导性的阐释批评，通过对话论争弘扬精品文化，批评不良的研究倾向，凸显大众文化的文化价值，为提升大众文艺创作水平、鉴赏水平和弘扬时代精神提供指导性意见。从学术史研究方面看，文化研究还处于初创阶段，因此，对文化研究实证与批判进行学术思想史的研究，对新媒介环境下中国文艺思想核心价值体系的建构具有十分重要的学术研究价值和现实意义。

此外，我们讨论学科时大都局限在知识体系和结构设置层面，首先想的是如何系统地学习和借鉴，而不太关注其背后的历史和现实渊源。媒介文化传播被想象成一个知识系统，学者们注重的是出产教材、传授方法而非展开深入研究。美国耶鲁大学高级研究员、新马克思主义重要代表、著名社会学家沃勒斯坦指出："学科是现代性的产物。"因此，需要反思的是，我们抛开了文化研究兴起与沃勒斯坦所强调的"现实变动"的关系。本书不是对那些具体的人和事件的辨析（虽然书中的很多研究基于此），而是把实证与批判之争置于其时的"变动"——各种问题背景中来详加考察。在此过程中，评价一个学者的主观动机、政治身份、学术水平、构建学科的功绩及影响则需要加以分辨。

本书是学术理论研究成果，依托于一种学术思想史的考察。梳理学派发展史，分析其代表人物的思想路径，通过了解学科历史来理解时代的变化发展。这一过程为研究者提供了历史性批判和反思学科化的机会，从而为文化研究的开放与进步，提供了更多的理由和思想准备。首先，文化研究在当代社会文化思想状况的深刻变革中发现并提出了许多崭新的思想命题或理论命题，这些理论命题构成了当代文化思想建构的重要内容。过去几十年中，"文化研究"的全球性学术发展，标志着当代生活与社会中"文化"维度的不断增长。尽管人类物质生活不断进步，但对价值与意义共识的丧失以及文化危机随处可见。所以，"文化研究"是与个体密切相关的社会实践，是关于当代世界的知识探求。为了理解和解释人所生活的世界，我们比以往更加需要文化研究。文化研究本身也逐渐构建了一个拥有自己理论话语和研究方法的学术世界，并逐渐渗入更大的公共生活领域。"文化研究"不是流行的泛文化研究，而是文学、文艺学、社会学、心理学、传播研究①等领域受西方文化理论思潮的影响而开展的文化研究，承认文化研究发生在"文艺学"领域，同时受到西方思潮的影响，那么，文艺学的研究对象就不再囿于文学经典，而是包括与之相应的大众文学、大众文艺乃至范围更广的大众文化。文艺理论可以分作两大部分，一是传统的文艺理论，二是新兴的文化理论，后者更偏向于生命意义的追问等文化问题，意味着它的分析对象是包括文学在内的整个人类精神世界，其理论目标是帮助人们理解、洞察世界的意义和人自身存在的价值。因此，对文化研究中实证与批判的方法论进行研究，对于新媒介环境中文艺思想核心价值体系的建构具有十分重要的学术研究价值和现实意义。从文化研究的理论事件角度探讨实证与批判方法的辩证关系，推动文艺理论的全面发展，为文化研究提供更为严格的理论规范是本书的学术理论追求。

拉扎斯菲尔德与阿多诺的文化研究方法论论争在国外主要引发了两个层面的思考。一是从思想史研究层面，围绕这一理论事件进行史实的梳理，以法兰克福学派和哥伦比亚学派为中心进行阐释。一是从媒介文化研究层面，对这一理论事件进行意义层面的剖析。

从思想史层面进行研究的学者主要包括马丁·杰伊、罗尔夫·魏格豪斯、E. M. 罗杰斯、大卫·E. 莫里森等，他们的书写都涉及这场论战。其中，美国学者马丁·杰伊是当代欧美思想史领域的知名学者，以研究西方马克思主义著称。其代表作《法兰克福学派史（1923—1950）》记录了法兰克福学派从建立到1950年回迁德国的历史，书中用大量篇幅介绍了围绕广播音乐研究展开论争的来龙去脉。作为法兰克福学派的研究专家，马丁·杰伊具有和研究所成员如霍克海默、洛文塔尔、哈贝马斯等真实接触的经历，在史料的占有上具有突出优势。他在描述这场论争时，提出阿多诺与

---

① 施拉姆认为，构成传播学的知识领域具有跨学科性质，因此不能将其作为一个学科，而是一个研究领域。广义的"传播研究"指包括美国文化研究在内的多学科一体化、多元理论视角的传媒与传播研究。communication 和 mass communication 没有表示学科的词尾，对传播学是不是一门学科提出了疑问。本书倾向于将传播视为一个研究领域而非学科。

拉扎斯菲尔德的冲突主要在于"方法论上的原因"①，认为阿多诺与拉扎斯菲尔德冲突的关键是"通过一般社会科学技术来改变拜物化是不可能的"②。这在一定程度上表明，马丁·杰伊是将这一理论事件置于大众文化研究层面并作为方法论论争来解读的。罗尔夫·魏格豪斯是德国研究法兰克福学派的专家，曾在阿多诺指导下学习哲学和社会学，在哈贝马斯指导下取得了博士学位，其著作《法兰克福学派：历史、理论及政治影响》被誉为德语世界中迄今为止最好的一部关于法兰克福学派的著作。书中呈现了这一学术群体从建立到20世纪70年代初期的历史，是从政治角度来介绍法兰克福学派的。在介绍这场纷争的过程中，他所持有的观点是"一种远离其探讨话题的看法与那种缺乏任何社会批判背景、无所顾忌地只通过问卷或事先设计的实验情境来证明话题自身的主张一样，都是可疑的"③。可见，魏格豪斯认为实证与批判方法各自存有局限，并敏锐地指出二者的分歧涉及价值判断问题，即"经验研究的价值问题以一种令人困惑的方式与应该进行改良还是革命这一问题有了关联"④。E. M. 罗杰斯的《传播学史——一种传记式的方法》是从传播研究领域对这场论争的描述，罗杰斯对这场论争的描述用了整整一章的篇幅，他认为哥伦比亚大学与流亡的法兰克福学派保持了17年松散的隶属关系，批判学派的许多工作在此完成。⑤ 阿多诺与拉扎斯菲尔德的分歧不仅是学术上的争吵，而且是有关传播研究性质的基本理论的争论，甚至问题部分地出在阿多诺身上，他粗暴、傲慢、不容人、无礼。⑥ 这一定程度上导致罗杰斯本人将这一论争置于传播研究领域，并基于美国传播研究一向注重实证的传统，认为问题的主要责任在于阿多诺，将合作终止归于其性格原因（他在书中援引塞缪尔·斯托弗的话称

---

① 〔美〕马丁·杰伊：《法兰克福学派史（1923—1950）》，单世联译，广东人民出版社，1996，第217页。
② 〔美〕马丁·杰伊：《法兰克福学派史（1923—1950）》，单世联译，第219页。
③ 〔德〕罗尔夫·魏格豪斯：《法兰克福学派：历史、理论及政治影响》，孟登迎等译，上海人民出版社，2010，第321页。
④ 〔德〕罗尔夫·魏格豪斯：《法兰克福学派：历史、理论及政治影响》，孟登迎等译，第317页。
⑤ 〔美〕E. M. 罗杰斯：《传播学史——一种传记式的方法》，殷晓蓉译，上海译文出版社，2013，第4页。
⑥ 〔美〕E. M. 罗杰斯：《传播学史——一种传记式的方法》，殷晓蓉译，第289页。

"拉扎斯菲尔德是最温和的人之一"①)。美国学者大卫·E. 莫里森在《寻找方法：焦点小组和大众传播研究的发展》一书中，围绕方法论论争，讨论了定量研究与定性研究的关系，并主要依据阿多诺与拉扎斯菲尔德在广播音乐研究项目的合作史料，探讨了两人在研究方法上的选择差异。他指出，传统观点认为方法是一种技术或程式，而非对真理的探求，但方法可以作为一种语言，影响并反映学者如何描述世界、如何与世界交流。所以，方法是阐释世界的技术性根基，是研究工作的语言，而非单一的技术。② 方法同样是文化研究的根基之一，考虑到媒体研究和文化研究越来越多地运用焦点小组进行实证的受众研究，那么，考察阿多诺与实证研究的关系是很有必要的。

从媒介文化研究角度对此论争进行意义阐释的学者主要是汉诺·哈特和伊莱休·卡茨。他们的研究所具有的共同点是突破了学科藩篱，将这一事件提至文化研究的领域进行解读，并赋予了这一论争在媒介研究方法论意义上的地位。他们的不同点在于，德裔美国传播学家汉诺·哈特以批判传播研究著称，他在《传播学批判研究：美国的传播、历史和理论》一书中，梳理了美国的传播思想史，借用霍克海默的话"实用主义反映的社会是无暇记忆和沉思的社会"③，批评了美国文化研究的浮躁，并在结尾处论证了批判的关怀所在，即批判处于马克思主义与实用主义之间的文化研究方式。这足以说明，汉诺·哈特是站在偏重批判的立场上来阐释实证与批判之关系的。拉扎斯菲尔德的学生伊莱休·卡茨等编著的《媒介研究经典文本解读》按照学派的划分对实证与批判在文化研究学术思想史上的发展进行了梳理。他通过相关经典文本的摘录分别对哥伦比亚学派、法兰克福学派、英国伯明翰学派、美国芝加哥学派进行了具有争论性的阐释。其中，在论及哥伦比亚学派时，他选取了彼得·西蒙森和加布里埃尔·韦曼关于拉扎斯菲尔德与默顿合著的《大众传播、流行趣味与组织化社会行为》一文，这篇文章纠正了学科史对哥伦比亚学派的误读，并且强调了拉扎斯菲

---

① 〔美〕E. M. 罗杰斯：《传播学史——一种传记式的方法》，殷晓蓉译，第315页。
② 〔美〕大卫·E. 莫里森：《寻找方法：焦点小组和大众传播研究的发展》，柯惠新、王宁译，新华出版社，2004，第165页。
③ 〔美〕汉诺·哈特：《传播学批判研究：美国的传播、历史和理论》，何道宽译，北京大学出版社，2008，第7页。

尔德身上的批判性,指出过分地将哥伦比亚学派的研究集中于媒介效果以及过分地强调经验研究与批判研究的矛盾与对立都是历史错误。[1] 在该书选取的泰玛·利比斯的《赫佐格〈论借来的体验〉在"主动受众"争鸣中的地位》一文中,作者提出哥伦比亚学派的重要成员赫佐格对大众文化批判具有重大推动作用。将她关于肥皂剧听众的研究置于法兰克福学派的范式内,认定其谴责了消费主义文化为大众社会的羸弱个体提供了虚假满足的罪行,有助于我们全面理解哥伦比亚学派的面貌。[2]《媒介研究经典文本解读》一书也专用一章刊载了约翰·杜伦·彼得斯的文章《霍克海默与阿多诺的奥义:读〈文化工业〉有感》,文章对《启蒙辩证法》中"文化工业:欺骗大众的启蒙"所遭遇的误读展开了讨论,提出文化工业批判至今仍未过时,其有预见性地发掘出传媒领域的重要特征,是我们理解当今文化现状及困境的一把钥匙。《文化工业》一文一方面呈现出工具理性操控下大众文化的虚假性,一方面表明了大众文化的确能带给大众快感,这是两种思路,在认识的过程中不能以偏概全。阿多诺通过对总体的虚假性的揭示,使人们拒绝相信同一性。这就表明了他对实证主义的态度,即"实证主义并非科学哲学,而是一种强大的涵括模式,它会扼杀自由,反映了人的思想对现实的让步"[3]。这不啻说明了阿多诺对文化研究方法的批判态度,即通过批判来否定事实。

国外有关实证与批判之关系的阐释主要源于以英国为代表的欧洲大陆思想和美国学者基于实用主义的衍生观点。他们的理论视角和思想方法因学术传统差异而呈现出各自的特质。

英国学者总体上将实证与批判看作一个整体,并倾向于保有并强化批判的精神旨趣。他们认为以往的传播研究为了建立整齐划一的理论模型,而有意放弃了对历史和社会的偶然性的考察。但文化研究不同,它可以触动不同的社会、历史、文化条件,强调在地的偶然性,这是二者发生冲突的原因。其中较有代表性的观点有以下几种。詹姆斯·卡伦在英国学术期

---

[1] 〔美〕伊莱休·卡茨等编《媒介研究经典文本解读》,常江译,北京大学出版社,2011,第17页。
[2] 〔美〕伊莱休·卡茨等编《媒介研究经典文本解读》,常江译,第41页。
[3] 〔美〕伊莱休·卡茨等编《媒介研究经典文本解读》,常江译,第63页。

刊《媒体、文化与社会》中指出，关于媒介文化的学术研究中存在两种路径：一条是聚焦"使用与满足"学说，关注实证的媒介效果研究；一条是以媒介的政治、经济、阶级性质为核心，关注理论的马克思主义式的语言学或结构主义分析。美国社会学家、新左派激进分子托德·吉特林（T. Gitlin）将美国的实证方法称作"主导范式"，指出此类研究的缺陷并非实证方法本身，而在于它孤立地陷入问题研究，导致对历史语境的忽视，更没有在一个宏大而合理的理论架构内分析和研究收集的数据资料。伦敦政治经济学院教授索尼娅·利文斯通撰文指出，批判研究和行政管理研究（即拉扎斯菲尔德开创的实证研究）的纷争一直存在，明明可以被糅合起来讨论的领域却常常被分别对待，如高雅文化和大众文化。她发现并指出，不同的理论和研究方法日益被整合到受众研究的实践中来。这些变化突出地表现为诸如高雅文化的文学接受理论和流行文化的文化接受理论出现了互相借鉴的形势，甚至在文化研究中，为了到达彼此之间原本难以触及的维度，实证的方法与批判的方法也逐渐得以结合。伯明翰学派创始人理查德·霍加特将文化研究看作社会学领域中的"文化转向"。根据文化研究的需要，他提出跨学科研究的必要性。由于人们生活于大众文化之中，大众文化不断生成、日益更新，并呈现出跨学科的特性，所以，文化研究需从人文学科、社会学、人类文化学、心理学、传播研究等领域汲取精华，并在此基础上建构一种适应文化研究的社会研究范式。大众文化乃至其他更多的文化形态，始终处于一个被重新阐释和重新定义的过程中。伯明翰学派的另一代表人物霍尔也认为，20 世纪 80 年代后期以来，新的文化接受环境形成，即大众传媒、信息技术所带来的新媒介环境已然成熟。霍尔在这个阶段开始重新评估马克思主义在文化研究中的作用，认为文化研究作为一个有机的学术共同体在整体上逐渐丧失了批判立场，并将兴趣转移到文本解读和符号诠释之中，这种细碎而具体的研究焦点造成了一种现实焦虑：学者抹去对政治的关注，而热衷于对个人经验的追问与日常生活的分析、解读。文化研究密切关注大众日常生活及电视、电影等依托新媒体而存在的文化形态。霍尔在 1992 年回顾伯明翰大学文化研究的理论遗产时，解释了"理论"对文化研究的意义。他认为，对一个以跨学科、多元方法论为特点的研究领域而言,文化研究并没有一以贯之的理论思路。[①] 而此时,英国学界出现了一股新生的不容小觑的力量,一批原来从事媒介研究的学者完成了批判研究的视野转换,他们运用哈贝马斯的"公共领域"概念和布尔迪厄倡导的"文化与权力"的理念对英国媒介自身及其传递的大众文化做出了富有批判精神的分析。

综合看来,英国文化研究学者受马克思主义影响较大,具有一定的马克思主义研究传统,关注媒介意识形态的功能分析。他们认为美国传播研究源自社会学,采用了工业社会的理论模式,将人看作原子化个体,并寻求媒介作用于人的短期效果。这种将文化进行量化统计的实证研究方法在英国文化研究界受到怀疑和排斥。英国文化研究更倾向于采用质化研究方法,如小组访谈、文本分析等,通过深入的内容分析来解决问题。另外,美国主流学者坚定地认同其社会建制,一定程度上忽视了宏观理论建构,所关注的社会机制与文化实践范围较窄,呈现出社会与文化实践割裂的现象,有悖于受马克思主义影响的英国学者的整体分析的传统,简而言之,就是依托于大众媒体的文化研究必须结合其所处社会的秩序,对传播机制、机构和过程进行整体、全面的研究。

因此,美国学者更多地从实用主义立场看待实证与批判的划分,更为强调两者的分野。其中,较有代表性的观点如美国博伊西大学传播学教授埃德·麦克卢斯基(Ed Mcluskie)指出,英美传播研究杂志里虽提到"拉扎斯菲尔德范式"与各种"批判范式"的对话,但彼此并未展开交流与争论,而是保持着一段安全的距离,比阿多诺和拉扎斯菲尔德之间的距离安全得多。[②] 这反映了西方学界更为强调两种研究方法的分野,实证与批判的鸿沟依然存在。美国的传播研究一直摆脱不了行政的、经验的、功能的和保守的倾向,而这一传统正是拉扎斯菲尔德在社会科学研究中所开创的。随着20世纪八九十年代传播学的源头社会学经历范式转换,冷战阵营瓦解,新兴电子媒介扩展,注重实证方法的美国传播研究产生了两种变化:一是向内开发美国本土文化资源,巩固传播研究的理论根基;一是向外寻求支

[①] 韩瑞霞:《美国传播研究与文化研究的分野与融合》,中国大百科全书出版社,2014,第110页。
[②] 〔美〕汉诺·哈特:《传播学批判研究:美国的传播、历史和理论》,何道宽译,第91页。

持,加速与当代思潮汇合,联手其他学科和研究领域,拓展一条实证与批判融合的研究路径。前者的代表人物是詹姆斯·凯瑞,他从杜威那里汲取美国实用主义理论传统,创造性地提出民主与传播的"构连"关系,提出传播的"传递观"和"仪式观"理论,详细论述参见其《作为文化的传播》一书。此外,人文学者理查德(L. A. Richards)将传播定义为"意涵的产生"(the generation of meaning,此处"meaning"译为"意涵"而非"意义")。"意涵"概念的提出,反映了传播学者对传播过程中个体及个体差异的重视,但这并不意味着传播对意涵的产生起到决定性作用,而是指在主流的、计量的、行政的、功能的定义之外,存有一条人文路径。另外一种向外寻求力量的路径,受媒介环境和功能主义的影响,学者们注重实证与批判之间的对立与差异,且依旧更为倚重实证。美国学者具有实用主义的知识传统,拉尔夫·巴顿·佩里(Ralpha Barton Perry)指出,实用主义是一种冲动的年轻人的哲学,一种新教的、民主的和世俗进步的哲学,掺杂着幼稚、活力、迈向未来的冒险精神,而无视现在和过去。[1] 不可忽视的是,近期,新一代的学者开始重拾马克思主义的批判路径。罗森·加兰特在《从研究领域到青蛙池塘》中,通过分析20世纪90年代媒介研究的新思潮,发现各种范式之间不仅避免对峙,而且回避合作,结果将自己封闭在一个狭小的研究空间。[2] 以受众研究为例,虽然出现了各种结论,如枪弹论、有限效果论等,但它们之间自说自话,并没有形成相通的实质性理论,其经验数据与建构模型缺乏互动,质化与量化区隔明显。他建议在文化研究中,人文取向的学者应克服对范式模型的警戒;社会科学取向的学者应乐于汲取人文学科的智慧洞见,两相互动,扬长避短。批判学派内部的一些学者提出了不同的主张,如加拿大学者赵月枝指出,"强调科学态度和严谨的学术精神并不简单等同于实证。实证的内容与过程无法完全避免意识形态化,相反,有可能更具意识形态化"[3]。又如麦克切斯尼在《十字路口的批判传

---

[1] Ralpha Barton Perry, "The Truth Problem," *Journal of Philosophy, Psychology and Scientific Methods* 13 (1916): 268.
[2] Rosengren, "From Field to Feog Ponds," *Journal of Communication* 43 (1993): 6-17.
[3] 〔加〕赵月枝:《批判研究与实证研究的对比分析》,《国际新闻界》2006年第11期,第34~39页。

播研究》中批评批判学者对18世纪以来社会及政治批判思想发展缺乏系统而深入的了解，只是从福柯、霍尔、鲍德里亚、葛兰西、阿尔都塞等人那里寻求资源，而对马克思、哈贝马斯、凡勃伦以及米尔斯的学术传统知之甚少。[1]

从上文对学术史的梳理中，我们发现，英美学者各自面临着不同的社会问题。由于学术背景和学术传统的差异，具有社会学背景并擅长运用社会科学来求证文化现象的研究者构成了美国文化研究领域的主体，具有牛津、剑桥等一流学历背景的研究者则是英国文化研究的主体，他们植根于文学研究领域，在后来的研究中逐渐延伸到与文化相关的媒介领域，因此易于使用更具深度的历史方法和诠释学方法，轻视理论生产而强调具体经验。在英国语境中，"经验"是指通过可观察到的证据而对新知识有所发现。进一步比较则可发现，英国学者注重访谈、内容分析等质化研究，以解释问题为研究目标；美国学者重视数据统计和问卷调查的经验资料，寻找并发现自变量与因变量的逻辑关系，以解决问题为研究导向，形成了定量研究的传统。所以，英国的文化理论在许多领域挑战了传统的传播理论，如施拉姆提出的信息从传者到受者的线性传播过程在英国受到质疑，被认为是一种以提高传播宰制力为目标的研究。进而，两国学者对媒体扮演的社会角色产生了不同的看法：英国的马克思主义者和其他批判学者认为媒体以维护现有政治格局为任务，通过控制舆论阻碍了激进的社会变迁；而美国学者针对本国情况认为媒体虽然一定程度上充当了实现政治目标的工具，却并非引发社会变迁的主要原因。他们更为关注在急剧变化的时代中民众对媒体信息的依赖程度。所以，美国媒体文化更习惯于"肯定"既有秩序的大众文化，而欧陆媒体文化一直具有丰富的怀疑性和批判理性。

此外，在阿多诺的故乡德国，实证主义方法在传播研究中取得了绝对的胜利。德国学者对实证与批判的关系研究也有必要提及。从20世纪50年代末开始，德国文化研究有意识地从原来的人文路径转向社会学研究路径。这背后有着复杂的政治和哲学因素，其中，纳粹时代意识形态控制的恶劣影响应该是最重要的因素。传播研究在魏玛时代形成的那种通过传播研究

---

[1] 韩瑞霞：《美国传播研究与文化研究的分野与融合》，第17页。

来实现主流价值观和意识形态推广的传统，随着纳粹政权的消亡而逐渐退出历史舞台，德国传播研究界减少了让任何意识形态的共识出现在传播领域的机会。德国权威的传播研究机构"德国社会新闻与传播研究会"（DG-PuK），为避免价值倾向在学术研究中被政治所用，明确地表示容易被意识形态利用的人际传播不在研究范围之内，魏玛时代开创的传播研究路径被刻意回避了。所以，德国传播研究选择了"描述的事实"，而非"表达价值"的美国的研究路径便可以得到理解。虽然在 20 世纪 60 年代至 80 年代，法兰克福学派批判理论在德国重新崛起，但他们批评、思考的目的和目标，并不限于传播的概念、范围和沟通实践本身。其中，阿多诺关心的是现代性带来的利弊得失；马尔库塞关注的是人类文明将何去何从；哈贝马斯则聚焦人类社会的交往理性问题。这些问题宏观而又重大，很大程度上突破了传播研究的界限，但仍可以作为传播研究的理论立场。

　　国内对哥伦比亚学派与法兰克福学派的研究主要集中于哲学、文艺学和传播研究领域，这些研究不同程度地呈现了实证与批判在文化研究领域的交叉情况。在文化研究领域，介绍阿多诺和法兰克福学派的成果占据了绝大多数。其中，比较有代表性的研究者包括赵勇、石义彬、张亮、孙斌等，他们主要从文化研究的角度，围绕阿多诺对文化工业的批判对批判方法进行了梳理。学者赵勇较早涉足这一领域，他在《大众媒介与文化变迁——中国当代媒介文化的散点透视》一书中立足大众媒介的发展变化，针对博客、短信等大众文化现象，从现代性与意识形态两个方面考察了中国当代媒介文化研究的走势、得失与历程，在事实层面进行了细致的微观考察。在其另一部专著《整合与颠覆：大众文化的辩证法》中，他通过对阿多诺等法兰克福学派主要成员学术思想史的梳理，提出大众文化理论有两套话语和两种模式。前者包括肯定性话语和否定性话语，后者即为颠覆与整合，同时他将颠覆与整合提炼为大众文化的辩证法[①]。石义彬在《单向度、超真实、内爆：批判视野中的当代西方传播思想研究》一书中，对法兰克福学派及其文化研究的批判方法予以解读，将法兰克福学派作为文化批判研究最重要的代表，认为这一学派及其方法推动并实现了西方传

---

① 赵勇：《整合与颠覆：大众文化的辩证法》，北京大学出版社，2005，第 26 页。

播研究领域内文化研究向媒介、社会和文化意义与场域的转向①。张亮在《"崩溃的逻辑"的历史建构——阿多诺早中期哲学思想的文本学解读》一书中，从历史本身切入，围绕阿多诺"崩溃的逻辑"所衍生的"否定的辩证法"进行文本学解读。此外，孙斌在《守护夜空的星座——美学问题史中的T·W·阿多诺》一书中，将阿多诺及其理论置于美学问题史领域进行批判性研究，认为美学研究也是一种问题史研究。他着重展示了阿多诺作为一个反体系理论家的美学主张，并建立起阿多诺美学研究与当代各类思潮及文化现象间的关联，诗意地提出"艺术反对不真实的明亮，它守护着夜空，以黑暗对抗霓虹灯的时代风格，由此达到澄明"②。孙斌还在《审美与救赎：从德国浪漫派到T·W·阿多诺》一书中，用一章的篇幅阐释阿多诺美学的谜语性质，建立了艺术与辩证法的关联，以批判的视角，详尽区别了大众文化与艺术的冲突："艺术作品不为实用性所控制，也不为理性所败坏，它追求真理……通过解答艺术的谜语，通向真理的道路既是美学又是反思。"③ 上述研究为我们了解批判方法在文化研究中的必要性提供了丰富的佐证。

传播研究界则更加关注拉扎斯菲尔德及哥伦比亚学派在这一事件中发挥的作用。这主要是由于美国传播研究具有重视实证的传统，其中包括胡翼青的《传播学科的奠定：1922~1949》、刘海龙的《重访灰色地带——传播研究史的书写与记忆》等。以上两方面的研究，从各自角度对两大学派及其代表人物加以介绍分析，一定程度上具有学科的偏向性。前者偏重哲学，后者偏重传播研究。而本书则从文化研究的视角切入，将实证与批判放置在一起，还原这一理论事件发生的原初现场，并进行共同的考量。这是文化研究方法论视域的学术思想史梳理，结合哲学、美学、社会学、传播研究等理论，将其提升到哲学方法论的高度来探讨文化研究的方法及用途。

近几年来，随着学术交往的扩大与深入，一批青年学者开始对传统的文化传播理论进行重新梳理与阐释，并在这一过程中不断发现以往研究中

---

① 石义彬：《单向度、超真实、内爆：批判视野中的当代西方传播思想研究》，武汉大学出版社，2003，第3页。
② 孙斌：《守护夜空的星座——美学问题史中的T·W·阿多诺》，复旦大学出版社，2004，第7页。
③ 孙斌：《审美与救赎：从德国浪漫派到T·W·阿多诺》，复旦大学出版社，2014，第237页。

存在的问题。其中，实证与批判之争，引起了一些学者的关注，他们纷纷撰文对拉扎斯菲尔德与阿多诺的矛盾进行了具有个性化的解读。其中，较有代表性的是南京大学的胡翼青、中国人民大学的刘海龙、清华大学的曹书乐和上海社会科学院的韩瑞霞。胡翼青在其博士后成果《传播学科的奠定：1922~1949》一书中，专门用一章篇幅对拉扎斯菲尔德与阿多诺在广播音乐上的分歧进行分析，是目前为止最具说服力、最富新意的研究。他站在知识社会学立场，通过梳理哥伦比亚学派的兴起及其与法兰克福学派的纠葛，指出在这一过程中，统治阶级的意识形态通过对学科建制所需社会资源的调控，借助当时的传播研究群体确定了美国传播学的边界，但也将其推向了科学发展的困境。①

南京大学教授胡翼青在《传播学科的奠定：1922~1949》中，对实证与批判二元对立的论断进行了基于知识社会学的批判，认为知识主体及其历史问题会被看作一条根据某一安排好的情节发展下去的连续线索，而这种情节又往往是决定论者主观臆想的结果。这种情节还遵循进化论的原则或进步原则，总是由低级到高级或者由简单到复杂。而事实上，历史通常是断裂的，而且在历史的不同层面，断裂并不是有规律的。断裂的结果不仅使因果关系的链条被改写，而且冲击了所谓社会进步的必然性。实用主义的知识生产将扼杀学术的创新思维，这种意识形态的利益导向具有使学术活动沦为政治工具的潜在危机，并由此关闭学科的门界，制造学科壁垒。久而久之，学科便逐渐失去了理论的繁殖能力。我们在思考学科问题时，要强调这种跨学科的知识互动。研究者个体与学术群体需要不断保持对意识形态立场进行追问和批判的能力，需要时刻对现有的知识生产持剖析和反思的态度。如果说我们承认传播创造社会现实，建构文化观念，使人们形成对文化的理解，那么就要从文化上对传播核心概念中的相似性和差异性给予多样化的重新解读。传播是一个由多样化理解组织起来的综合性概念，因此我们要考虑通过何种方式、方法才能获得这种具有文化背景的丰富理解。② 比如说，"1937年，阿多诺加入了拉扎斯菲尔德的广播研究项目，

---

① 胡翼青：《传播学科的奠定：1922~1949》，中国大百科全书出版社，2012，第4页。
② 胡翼青：《传播学科的奠定：1922~1949》，第24页。

这一合作以失败而告终",从表面看,这句话是事实的客观呈现,本身不能帮助读者产生对这一事件任何的确定性判断,所以如果有人根据这句话继续往下写,"从此之后,拉开了批判学派与行政学派二元对立的序幕",就很轻易地建立起一个学科神话。一方面,批判学派与行政学派是二元对立、水火不容的;另一方面,这一合作是失败的。在传播思想史研究中,编年史与传播学科的神话完全站在同一个立场上,后者只有借助前者的客观性外观才能实现自我。大量文本的叠加不能帮助人们思考某一特定历史阶段中,传播研究的知识主体是如何创造和建构出现有的传播知识体系的,他们当时的利益取向、具体情境和社会变动状况与其思想之间的各种关系是什么,甚至不能有效地帮助人们提出问题。①拉扎斯菲尔德事件的启示性在于:当一个社会发生断裂或变动时,学术思想也因此发生变化,那些更适应当时社会知识生态变化的知识就会取得更大的话语权。所以,引起人们关注的知识的出现既不是天生如此,也不完全是被某些强势学者和学派所决定的,学术思想被描述为必然出现的知识谱系或客观存在的知识体系往往背离了社会语境的主观概括,从而容易造就学术神话。②知识生产是一种社会实践,社会存在与意识形态是知识生产的存在基础,共同作用于作为社会实践的知识生产,三者关联可以构成一种更为清晰、独特的学术思想史研究视角,可以从其关系中寻找思想的轨迹。③

中国人民大学新闻学院刘海龙在《重访灰色地带——传播研究史的书写与记忆》中指出,在"科学"的概念感召下,我国的传播研究从20世纪80年代初起步时,就接受了大量未经核实和反复确证的概念和知识。这种缺乏批判意识的学习所带来的结果之一就是对拉扎斯菲尔德及哥伦比亚学派的刻板描述,即"我们对于经验学派的认识在天使化或妖魔化的两极之间摇摆,却忽略了对经验学派本身进行自内而外的反思"④。刘海龙致力于反思意识形态在学科叙事中的影响,他把有关实证学派的两种相反的看法

---

① 胡翼青:《传播学科的奠定:1922~1949》,第11页。
② 胡翼青:《传播学科的奠定:1922~1949》,第26页。
③ 胡翼青:《传播学科的奠定:1922~1949》,第22页。
④ 刘海龙:《重访灰色地带——传播研究史的书写与记忆》,中国人民大学出版社,2015,第3页。

并置，使两种话语的内部矛盾性自我呈现出来。从那些有悖于哥伦比亚学派刻板印象的人物或理论入手，通过考察思想史的灰色地带，展现学术发展逻辑中充满偶然性和复杂性的维度。在拉扎斯菲尔德与阿多诺的冲突中，站在阿多诺一方的学者，将哥伦比亚学派的知识核心定义为量化效果研究与有限效果论，忽略了他们所谓的"边缘地带"蕴含的复杂性与矛盾性。刘海龙通过寻找被批评所遗忘的个体与文本，理性地评价哥伦比亚学派的得与失。媒介文化是一个新兴的研究领域，它内容丰富又富于变化，因此，很多研究者在进入这一领域时缺少准确的着陆点和权威的新兴理论的支撑；而在表达欲望的驱动下，研究者有时未能对西方概念和理论做深入的语境分析，只是急切地把它应用到中国语境中，要么无视其历史的生成，要么忽略了中国的历史，造成了"双重去历史化"的弊端。

曹书乐在《批判与重构：英国媒体与传播研究的马克思主义传统》中，阐发了这样的观点：英国不存在清晰的传播学学科界定[①]，学界一般将传播研究置于媒介研究或文化研究的宽泛视域之中。与传媒有关的现象和问题都可以被纳入研究领域，这样具有不同知识和学科背景的研究人员被广泛地聚合在一起。他们带来各自不同的问题设置，运用不同的理论视角和方法路径展开研究。这种开放的研究视角和研究方法，打破了学科化、建制化所带来的研究区隔与局限，建立和完善了文化研究的理论体系和方法规范，反映出现实社会语境的流转变迁。曹书乐的研究特点在于：以马克思主义为切入点，从学术史和思想史的角度把握英国有关媒体和文化传播的研究。她指出，在英国的学术语境中，对媒体或传播的区隔是较为淡薄的。英国文化研究在诞生之初就是一种反学科的知识实践并且保持了反建制的特点，媒体研究同样如此。文化研究曾经为当时的社会学和英国文学批评所不容，媒体研究则是在英国教育制度发生转型之后才在新兴的技术工艺学校中涌现。随着媒体社会影响力的日益扩大，它们在传统学科不屑的目光中蓬勃发展，但本身并未竖起学科的高墙。它们对文化、媒体、传播的有关研究，更确切地说是以文化或媒体或传播为关注对象的一个问题域

---

① 曹书乐：《批判与重构：英国媒体与传播研究的马克思主义传统》，中国大百科全书出版社，2013，第2页。

（site of inquiry），从事这些研究的学者本身，大都认为自己的工作更倾向于知识分子的工作（intellectual work）而非仅仅是学术研究（academic work），将对文化与媒体的研究与批判实践结合在一起，进而实现其有机知识分子（organic intellectual）的政治抱负。[①]曹书乐观点的新颖之处有两点。第一，将"传播"放在文化研究的范畴中，打破了学科限制。对于传播学的合法性问题，学界早有争议，胡翼青也在文章中论及这个问题，前文在注释中也有提及。第二，曹书乐通过梳理英国传播学术史的方式，从宏观层面把脉英国学界对传媒的多元研究，突出了"马克思主义"对学者及其研究本身的双重影响，全面勾勒了英国媒体与传播研究的学术地形图。

韩瑞霞在《美国传播研究与文化研究的分野与融合》一书中，通过梳理英国伯明翰大学文化研究学派在20世纪后半叶的发展历程，厘清了英国文化批判研究的现实演进路径。她指出，经验学派与批判学派的固有论争反映了科学与人文的对立，是工具理性与价值理性博弈的产物。美国传播学自诞生之日起就具有功能主义性质，并确定了行政研究的主导范式。这种以工具理性为主导的经验研究从二战起至今仍在美国处于主流地位。但是在当前现代性向后现代性的转变过程中，这种模式已不能满足研究需求，亟待返回启蒙的原点寻找新的可能性。重现认识批判学派的地位及其价值被提上日程，否则，将限制实证自身的生长力及与当代思潮的对话力。"去疆域化"和"想象的共同体"等词的出现，反映出文化研究在人文与社会科学领域的延伸。

上述研究为媒介文化研究奠定了坚实的基础，本研究借鉴以上研究的可取之处，进一步考察并还原实证与批判之争的学术真相以及两者融合的学理依据，从根本上寻求实证与批判二元对立认识产生的根源。进行更具宏观历史视野，更具未来建设性，更为综合开放的学理研究，是本研究进一步努力的方向。

本论题通过学术史研究，来分析文化研究方法论的辩证关系，文献阅读是最主要的研究方法。相关文献以理论史、专著、论文等多种形态存在，涵盖中文文献、翻译文献、英文文献三方面，研究领域包含哥伦比亚学派、

[①] 曹书乐：《批判与重构：英国媒体与传播研究的马克思主义传统》，第6页。

批判学派、传播政治经济学、社会学、文化研究等。通过大量阅读文献，来核实资料、发现新材料，并获得接近实际情况的理解。通过搜集和分析各种现存的有关文献资料，从中选取信息，以达到研究目的。与文献阅读法密切相关的研究方法包括内容分析和历史分析，"文本细读"也穿插在各个章节的分析论证中，通过对现有研究资料文本含义及与"语境"观照的意义的深入思考，在梳理法兰克福学派和哥伦比亚学派不同的方法论对文化研究之影响这一研究目标的关涉之下，把二者的交叉延异作为呈现实证与批判在当代知识语境中发展脉络的手段，最终为解释实证与批判在当前知识语境中的位置提供一种反思性的、历史参照性的思考。这既是对文本互相映照、编织的一种归纳性建构逻辑，也是一种对文化研究方法论的适用性的演绎。

此外，社会科学研究方法中的比较研究法也是本书重要的研究方法。作为一种思维模式，这种方法通过两者或多者比较，横纵两向识别其差异性和相似性，克服了简单观察社会现象（或表象）而造成的不足。在对实证与批判关系进行分析的过程中，本书第二章、第四章、第五章都充分运用了这一方法。实证与批判之争存在一定的相通与相异之处，这些要素也是它们相互影响转化的基础。它们彼此之间的比较，可以解释那些有意义的成分，并做出判断，进而借助这些构造物，通过运用客观可能性范畴，对关系做出系统阐述。最能体现比较方法的是同为欧洲流亡学者的拉扎斯菲尔德与阿多诺在美国学术环境下的不同境遇，本书研究了他们的出身、性格、经历、知识构成、价值立场、学术成果等，并对之进行比较分析，提出了一些有新意的观点，旨在强调学术事件中结论性的差异背后隐藏着许多特殊性与合理性。他们之间的冲突不是一个偶然事件，而是科学与人文、理性与感性分裂的必然之争。

同时，本书运用知识社会学方法分析了拉扎斯菲尔德与阿多诺在广播音乐项目合作中的分歧，以此为切入点对社会科学研究中实证与批判之辩证关系进行了谱系学溯源，主要集中在第三章。知识社会学的创立者曼海姆指出，知识社会学具有工具性，可以作为分析知识、知识主体及其社会关系和价值立场的工具。运用知识社会学工具在具体历史背景下探讨思想的起源，通过梳理和承认实证与批判冲突与互融的辩证关系，把它们引入社会科学研究领域，深入认识并尝试解决知识受到社会制约的难题，以此检验我们的研究结论。曼海姆认为知识社会学一方面是一种理论，一方面是一种历史——社会学的研究方法。这种从知识社会学的角度观察媒介文化思想史的方法得以确立并运用主要基于对历史的真实性如何考量。一个人的主观动机、政治身份、学术水平、构建知识体系的背景、构建学科的功绩，以及所带来的影响，是需要仔细分辨的。本书主要涉及拉扎斯菲尔德与阿多诺，当然也涉及霍克海默、洛文塔尔、哈贝马斯、默顿、米尔斯等。他们呈现的分析要素都是值得我们仔细甄别和综合考量的。

综合而言，本书选择接近历史的途径，采取对比的分析策略，运用批判视角，是专注于文化研究及学术思想史的批判性研究；重新解读和审视两个重要学派——法兰克福学派与哥伦比亚学派及其在方法论上的差异；系统回顾了它们各自对大众文化研究的贡献与局限，梳理出两大学派交互影响的历史线索，较完整地认识到实证与批判方法论论争的起源与学术发展的真实样态，保持了对人文社会科学知识生产模式及其生产者之间内在张力的敏感性。站在知识社会学立场，探究文化研究思想书写背后的社会动因如何通过学者个人的纷争表现出来；通过找回那些看似偶然的历史线索，对学科化问题进行反思、质疑和重新考量。

本书创新之处是寻找了一个从学术史和思想史的角度把握文化研究中呈现实证与批判辩证关系的切入点：拉扎斯菲尔德与阿多诺在广播音乐项目上的合作与分歧。需要指出的是，本研究的思考方式不是就学科谈学科，而是于一个横断面切入，从诸种并存的问题空间及关系中，探究实证与批判之争如何浮出水面。尝试以一种理论史或思想史的写法来阐释文化研究中实证与批判的辩证关系，既厘清实证学派与批判学派的范畴与流派，又突出各自学说被继承和修正的线索。这样的论题和行文框架，在文化研究领域是新颖的，但在文献资料和论述方面，难免会和马克思主义研究、文化研究、传播研究等领域相重合。本研究的特色在于，具有理论的批判深度，矛头所针对的是文化研究中实证与批判二元对立的错误认知，将这场论争作为一个重要的理论事件来考察，呈现事件的历史现场，探究事件的理论意义。同时，不仅仅停留在普遍意义上的学科困境和两难处境，而是突出知识立场和批判意识，为重新解读和审视一个学派提供了新的研究方式。所以，本书是学术思想史的批判性研究，其意义在于提供了一种批判和反思文化研究方法论的辩证视角，勾勒出一幅大众文化研究的"理论图景"。

第一章

作为方法的理论事件：实证学派与批判学派的历史性相遇

20世纪30年代末，哥伦比亚学派的拉扎斯菲尔德与法兰克福学派的阿多诺曾在广播音乐研究项目上发生过一场方法论之争。这场论争被后人称为当代大众文化或媒介文化研究的第一次方法论冲突，由此标示出批判学派与实证学派的分野，因而成为当代文化研究学术思想史上的一个重要"理论事件"。这种聚焦冲突的视角，一定程度上限制了学者们对这一理论事件的全面审读。阿多诺在这场论争中与拉扎斯菲尔德有没有那么尖锐的冲突？他到底对实证方法持一种什么样的态度？他所反对的是实证方法还是实证主义？而除了反对，阿多诺对实证方法仅仅是决然的拒斥与否定吗？同样，对拉扎斯菲尔德来说，除了被定义为实证主义者，他对批判怀有一种潜在的敬意，还是完全的摒弃？他的实证主张到底是怎样的？这些主张又是在何种情况下提出的？截至目前，对两人的论争，仍然停留于传播研究方法论冲突的意义阐释范围。而对于实证与批判的描述是否夸大了二者的对立，或者由于学科建制的需要就武断地划分实证与批判的对立而人为夸大了当事人之间的对立？把这两个社会学家刻画成水火不容、截然相反的对立面，显然与历史原貌是相背离的。要描述这场思想论辩，首先要对这一理论事件做一回顾，了解论辩双方的主要论点及其产生的历史语境。本章通过对拉扎斯菲尔德与阿多诺原著和文章的研读，并参考两者的多部传记，试图勾画出拉扎斯菲尔德与阿多诺在这场论证中更加清晰的"理论图景",为进一步发掘二者关系提供事实依据。

第一节　哥伦比亚学派与法兰克福学派概貌

哥伦比亚学派由拉扎斯菲尔德开创，是 20 世纪中叶享誉美国社会学和传播研究领域的著名学派，因其依托美国哥伦比亚大学社会学系建立并发展，故名"哥伦比亚学派"。它以实证方法为文化研究的主要方法，成员包括拉扎斯菲尔德、默顿、赫佐格、卡茨等，这一学派在传统的学术史描述中，被作为实证研究的杰出代表。法兰克福学派是西方当代思想史上著名的西方马克思主义学派，依托德国法兰克福大学建立并屹立至今，故名"法兰克福学派"。该学派坚守马克思主义批判理论精神，融合精神分析学说，形成了独具特色的理论思想。其重要成员包括霍克海默、阿多诺、本雅明、洛文塔尔、马尔库塞、哈贝马斯、皮洛克等，他们对现代社会的文化问题研究具有鲜明的批判色彩，也被认为奠定了文化批判的理论基础，被誉为"批判学派"。两大学派在学术历史发展上有过密切的交流与合作，了解哥伦比亚学派与法兰克福学派的整体样貌与学术思想路径是考察文化研究方法论争的学术资源储备。

一　哥伦比亚学派概说

哥伦比亚学派得名于拉扎斯菲尔德在哥伦比亚大学社会学系创办的应用社会研究所及其提出的一系列有关文化、传播研究的理论及方法。拉扎斯菲尔德领衔该研究所 25 年，硕果累累，培养了一大批杰出的社会文化研究者和博士生。他所开辟的研究传播效果的两条路径是"有限效果论"和有关受众的"使用与满足学说"。有限效果论是针对当时美国人片面夸大媒介的效力而提出的。在拉扎斯菲尔德与默顿合作的《大众传播、流行趣味与组织化社会行为》一文中，他们认为决定个人思想与行为的因素除媒介之外还有个人影响、团体、阶级、组织等因素，崇拜媒介的威力是没有必要的，它并不能起到决定性作用。媒介的社会效应主要由三方面构成：地位授予功能、保证社会准则的实现和社会麻醉功能。其中，麻醉造成了大众对政治的冷漠。大众媒体的过多使用，使人们仅仅停留在社会问题的表层，这种表面性最终掩盖了大众的冷漠与无动于衷。当然，他们后来又提出了媒介的娱乐功能。拉扎斯菲尔德对媒介的诸多看法中，许多是具有批判性的，例如，他怀疑大众传播能够提升受众品位，批评"当人们能够随心所欲地去接触那些主要的文化经典，如莎士比亚、贝多芬或康德的作品之时，却事与愿违，人们得到空暇之后只会去看菲斯·鲍德温、强尼·梅瑟尔或者是艾迪加·盖斯特。[1]……好几辈人都曾费尽千辛万苦去为自己争取更多的空闲时间用来学习，但是现在目标实现了，人们却利用空闲时间来听哥伦比亚电台，而不是去哥伦比亚大学学习"[2]。媒介成为社会权力集团用于控制受众的工具，通过广告、公共关系、赞助节目等方式对公众思想和行为施加间接控制。据此，拉扎斯菲尔德和默顿认为：媒介的效果是鼓励人们维持现状，而不是争取变化。他们对媒介最严厉的批评是："在一定程度上，传播媒介对受众的影响不仅在于它们说了什么，而在于他们没有说什么。媒介不仅继续肯定现状，而且不会从根本上质疑现存的社会结构。"[3] 使用与满足理论考察了人们如何使用大众媒介，媒介又如何满足人的需要。法兰克福学派的赫佐格和贝雷尔森对这一理论有重要贡献。赫佐格对日间广播剧女性听众进行了访谈，对其中 100 名听众进行了长时间访谈，对 2500 名听众做了简短访谈。结果显示，广播剧能够深深打动她们，可以满足她们流泪的欲望、白日梦的欲望以及学习如何待人处事。贝雷尔森的研究课题是"没有报纸可看意味着什么？"他得到的结论是无报可读会带给人与世界脱离的感觉，不时髦很落伍，这是一种由习惯的养成而带来的不适应。这些依托于广播、报纸的媒介研究都从文化角度探究了大众文化对现代人思想及生活方式的影响。

---

[1] 菲斯·鲍德温是一位多产的美国畅销小说作家，作品多关注女性家庭生活；强尼·梅瑟尔是著名流行音乐作曲家、歌者；艾迪加·盖斯特是一位多产的人民诗人。
[2] P. L. Lazarsfeld and R. K. Merton, "Mass Communication, Popular Taste, and Organized Social Action", op. cit, 1948.
[3] P. L. Lazarsfeld and R. K. Merton, "Mass Communication, Popular Taste, and Organized Social Action", op. cit, 1948.

拉扎斯菲尔德从事研究所使用的一套方法，被称为实证方法，即以观察和实验为依据，用数据来计算、检验并陈述的文化研究方法。这种方法具有很强的应用性，受到政府和私人机构的欢迎。调查、内容数据分析及观察可以帮助研究者理解正在发生的事情，对于态度和观点的调查可以显示民情动向。研究者还可以提出并应用新的研究方法和测量工具，通过这些途径寻找解决实际问题的方案。拉扎斯菲尔德在奥地利时是一个心理学家，与维也纳学派建立了密切关系，受到了实验研究的系统训练。1935年从奥地利移居美国，他所使用的经验研究方法是对选定的人群或小组样本进行反复测试，观察媒介效果。他主张用规范的数学语言明确地描述社会现实，这与他在奥地利时所做的研究差异很大，那时他认同社会主义，用传统的生活史和参与观察的方法进行马林塔尔的失业调查。到了美国之后，与欧洲人热衷于探讨大众社会和极权主义的危险不同，美国对文化研究的经验建立在中产阶级经验的大众文化之上，注重描绘技术和工业化压力下的社会变革。无产阶级在这里的组织程度较低，无法成为研究的主要议题；并且，学界对大众文化和大众社会一般持乐观态度。在生存的压力与所处的机遇面前，拉扎斯菲尔德顺应了美国当时的思潮和学术趋势，采用"行政研究模式"为他所谓的中立的媒介管理者提供实用的可操作的评估工具，建立了实证主义的研究范式并取得了成功。当时美国开始流行一种思潮，即社会科学研究的目标不是建设更美好的社会，因为此时美国的民主体系已经比较完善，其试图建立另一个系统的想法会被打上追逐极权主义的烙印。为了规避这一情况，拉扎斯菲尔德把文化传播过程从政治和经济权利构成的模式中抽离出来，从而确保了其研究在商业利益和学术追求之间较为稳妥的位置。并且，哥伦比亚学派的得名也与区别于"芝加哥学派"有关。"芝加哥学派"以传播与社会问题关系研究而著称。其围绕"城市"这一话题，思考都市发展和社会责任的走向，认为公众舆论是维护民主社会的基本动力，芝加哥这座城市成为现代性的一个缩影。围绕这座城市的工业化、城市化及移民的涌入，芝加哥大学的学者从阶级冲突、社会重构、种族融合和移民问题等角度研究城市现代化进程中的社会及文化问题。他们的研究方法是参与式观察，"过分强调了传播在创造社会生活与文化方面发挥的作用"①。

在 20 世纪五六十年代的鼎盛时期，哥伦比亚学派的"应用社会研究局"有约 20 名教员（多数为兼职），并有主要由哥伦比亚大学社会学系博士生组成的近百名员工，年预算最高时接近 100 万美元。二战爆发后，美国政府对传播效果研究的热情为研究局带来大笔资金，在最初几年，研究局有一半以上预算来自政府资助基金，其中的一些研究项目包括陆军部对有关军事训练电影的评估研究等。研究局取得了丰硕的成果：1937~1960 年，发表了 350 篇文章、书摘，出版了 52 部著作；培养了众多后来在社会学领域引发学术关注的博士生，包括科尔曼、布劳、罗西、利普塞特、西尔斯、格洛克、卡茨、罗森堡等②。

所以，哥伦比亚学派是西方社会学的著名流派，对被视为"源头"的芝加哥学派进行了新的理解，如果说这一学科存在神话，那么最大的神话大约是以哥伦比亚学派为代表的实证研究的主流范式。对哥伦比亚学派的解读与界定在某种程度上可以看作新的学科史的生成。然而，拉扎斯菲尔德领衔的哥伦比亚学派最为人诟病的也恰恰是他自己界定的"行政研究"，这种研究范式接受私人和公共委托，被批评为忽视了政治与商业力量相勾结的社会大环境，沦为强化意识形态对媒介研究的帮凶。正是这样的哥伦比亚学派，在《媒介研究经典文本解读》中以"哥伦比亚的批判研究"为标题出现。从"历史的谬误"开始，该书对哥伦比亚学派"经典"的解读并非传播学专业的学生死记硬背的"有限效果论"的主导范式，也不是学界诸如吉特林、凯瑞、切特罗姆等人批判的狭隘的效果研究地图，甚至也不是伊莱休·卡茨为捍卫老师拉扎斯菲尔德而提出的宽泛的媒介效果研究，而是多种学术概念与研究的集合："卡茨与吉特林认定所有的研究都瞄准效果是以偏概全，极易误导后人；而吉特林与霍尔过分强调经验研究与批判研究之间的矛盾对立则是一个历史错误。认定拉扎斯菲尔德团队否认'媒介在舆论形成中的重要性'，或认定哥伦比亚学派的理论体系'全然罔顾社会结构与经济关系的问题'，极易让我们忽视该学术机构在 40 年代末产生

---

① 〔美〕伊莱休·卡茨等编《媒介研究经典文本解读》，常江译，第 109 页。
② 〔美〕E. M. 罗杰斯：《传播学史——一种传记式的方法》，殷晓蓉译，第 302 页。

的那些最重要的论著，尤其是《大众传播、流行趣味与组织化社会行为》（1948）。"① 主导范式如何以及为何被设立，对传播学来说是个重要问题。当然，有人批评拉斯菲尔德过于强调使用调查表和封闭式题项构成的结构性问卷，过于迷恋数学传统，而忽略了实验程序、心理分析和文化人类学方法，这也是十分中肯的。

二 法兰克福学派概说

法兰克福学派是西方当代思想史上著名的西方马克思主义学派。该学派坚守马克思主义批判理论精神，融合精神分析学说，形成了独具特色的理论思想。法兰克福学派是一个有组织机构的学派。1923年，由谷物商之子魏尔出资在德国法兰克福大学成立了一个社会研究所，第一代成员包括霍克海默、阿多诺、马尔库塞、弗洛姆、洛文塔尔、本雅明等；第二代成员有哈贝马斯、施密特等；第三代成员包括韦尔默、贺奈特、奥菲等。研究所历经近百年，一直存续到今天，在当代思想界产生了重大而持续的影响，他们以人类的全部物质文化与精神文化为研究对象，对作为社会成员的人的命运进行了哲学解释。在二战期间，为躲避纳粹迫害，研究所的犹太成员流亡到美国，并坚持用德语写作，捍卫欧洲文化传统，研究所也随之迁移到美国。直至20世纪50年代初，部分成员才陆续回到德国法兰克福大学。该学派对欧洲及美国社会产生了重大影响，在流亡美国期间，他们的思想辐射美国学术界，其重要成员马尔库塞在二战结束后留在了美国，并在20世纪60年代美国的青年学生运动中成为精神领袖。这足以证明，法兰克福学派在当代思想领域具有广泛的影响力。作为一个思想流派，法兰克福学派推崇青年马克思思想，并以其为基础阐发了自身的批判理论。他们秉承马克思早期的人道主义思想，弘扬理论的批判性，展开对现有资本主义社会的批判，对其造成的异化现象进行了全面、系统、深刻的批判，因此得名"批判理论"或称"社会批判理论"。

研究所成立之初，正值欧洲社会主义思潮风起云涌，大部分知识分子秉承了马克思主义的批判意识，从批判角度汲取思想精髓。魏尔资助成立

---

① 〔美〕伊莱休·卡茨等编《媒介研究经典文本解读》，常江译，第113页。

研究所的初衷就是支持左翼的社会主义文化思想研究。研究所成立之初，成员们积极投身于左翼运动中，与当时的工人运动结合起来开展研究，如到工厂演讲、办时事班等。随着共产主义运动的发展，欧洲知识分子对马克思主义的理解也出现了分歧。在此情况下，研究所第二代领导人霍克海默，转变了研究所的研究重点，将学术和理论上的探讨作为主导，即不再过多地介入工人的政治实践，而要在学术和理论领域专注研究什么是马克思主义。可以说，霍克海默确立了研究所学院式的理论探讨精神，他上任之后也确立了批判理论的理论宗旨与学术追求。在上任之初，他写了一篇文章《传统理论与批判理论》，首次提出了"批判理论"的概念，并阐述了法兰克福学派的理论宗旨。批判理论首先要与传统理论相区别，传统理论包含两个方面，一是西方传统的形而上学。从柏拉图到黑格尔的形而上学系统，信奉"绝对精神""绝对理念"，静止、片面、孤立地看待问题，设置了某种事物的本质、规律。这些本质、规律把事物固定化了，似乎内部存在某个理论。这就产生了一个问题，即虽然预设了永恒的、必然的铁的规律，但历史未必被预设的规律所操控，更未必就按照这个铁的规律运转，历史也会有偶然性和多样性。因此，预设了超强规律的传统理论具有形而上学特征。二是传统理论对科学实证主义的推崇。实证主义以客观中立的立场来研究事物、世界，这种客观立场要求保持研究的客观性。但霍克海默提出，这种客观消解了理想精神与价值判断，批判必须具有价值立场和目标，而如果取消了主体的批判尺度则是纯粹客观，从而陷入科学主义。因此，霍克海默认为，传统理论反映了一种肯定性思维，预先设定了存在于历史的规律与逻辑。打着科学的旗号，貌似客观的科学实证，取消了价值判断，是一种肯定的思维，是对现存制度的一种肯定。霍克海默坚持对现实社会进行批判，批判异化，追求人的自由与解放。所以，在科学、客观的事实判断与理想、意义的价值判断之间，霍克海默选择了价值判断。在人文学科中，法兰克福学派所遵循的就是一种价值判断的哲学，不仅秉承了对现实社会的批判态度，也继承了康德、马克思以来的批判精神。

1944年，阿多诺与霍克海默合著了《启蒙辩证法》一书。这是法兰克福学派批判理论的第一次成果展现。通过对启蒙理性的批判，该书比较典型地展示了法兰克福学派的批判理论精神。启蒙精神自西方文艺复兴开始，经由17~18世纪的启蒙运动，至德国古典美学再至今天，以自由、民主、独立、人权为原则形成了一套完整的价值体系。这一体系扩展到经济政治建设与日常生活，形成了现代社会精神。在对启蒙思想的理解上，阿多诺和霍克海默秉承了德国思想家马克斯·韦伯的思想。韦伯认为，资本主义预示着一个理性社会的来临，现代社会建立的过程是一个理性化的过程，而非简单的欲望化的过程。在《新教伦理与资本主义精神》一书中，他从精神文化层面探讨了资本主义精神的实质与文化的实质，结论是资本主义社会是一个理性化的社会。从理论层面而言，资本主义社会代表着理性精神和科学精神的高扬，现代社会之前的社会是一个巫魅的社会，是宗教神学统治下的社会。文艺复兴以来，人的理性自觉、科学觉醒，一切都被放到理性的法庭上重新进行审判，这是理性祛魅的过程。因而，现代化的过程也是一个祛魅的过程。韦伯预设了工具理性与价值理性的分立，预见了技术理性、工具理性将会造成现代社会的分裂。这是由于理性产生了分化，从外在工具意义上分出工具理性，强调客观外在的标准；从内在合理性上分出价值理性，在现代社会发展中，工具理性的发展越来越快，而价值理性则越来越少，并逐渐形成了一个冰冷的社会。

  法兰克福学派一方面继承了马克思对异化社会的批判，一方面更多地汲取了韦伯的思想，第一次旗帜鲜明地提出反启蒙的主张。《启蒙辩证法》旨对启蒙进行反思批判。启蒙精神的最初目的是人的解放，在中世纪的黑暗中通过祛魅达到思想解放。然而，在宗教神学祛魅之后，理性却取代了神的地位，变成一个新的神，一个异化的神。理性的规则、程序被凸显出来。技术工具理性的统治、计算、程序化是现代社会运转的原则。人在理性的操控下成为新的异化产物，社会则进入了技术理性造成的空心化状态。人内在的全面自由状态，被理性的异化抹平，理性则走向它的反面，成为新的统治者。

  1966年，阿多诺独自完成并出版了《否定的辩证法》，重点对纳粹极权主义进行了批判反思。一战后的战败国德国在欧洲处于落后状态，德意志民族的伟大复兴愿望通过国家社会主义、国家强力组织的支撑和放大而振兴了德国，并将德国带入高速发展的时代。在这一过程中，民族主义变得极端膨胀，甚至出现了大屠杀。阿多诺在《否定的辩证法》中提出哲学已与以往不同，成为"奥斯维辛"之后的哲学。所有哲学思考都围绕大屠杀事件展开，创造了"事件哲学"的思考方式，所有理论都不能绕过"奥斯维辛"事件，所有的知识与文化都不能回避这一事件。此外，这也向思想家提出了一个尖锐的亟待反思的命题：奥斯维辛事件为何会发生？它发生的文化思想基础是什么？如若忽视这一反思，不围绕奥斯维辛来言说的当代思想，无疑都是垃圾。奥斯维辛之所以发生是由于在其之前的思想文化负有自己的责任。在阿多诺看来，不能用善恶的标准来简单评判，也不能捆绑某个特定的主导者作为众矢之的。它在什么文化、思想、体制的滋养下产生是值得反思的。阿多诺重点反思的是欧洲文化，与此同时也重点反思了西方哲学，认为这种文化思想的根源是西方文化传统中的"同一性哲学"。"同一性哲学"是追求事物本质规律的哲学。本质规律建立在普遍性基础上，祛除了多样性现象，追求统一的、普遍性的东西，如若不符合这一本质规律则被排斥，从而成为一个排他的、反对多样性与差异性的绝对统一的哲学。西方同一性思想是高度统一的哲学基础、大屠杀的文化哲学根基，当一个群体被某种同一性思维驱动而疯狂运转时，具有差异性与多样性的思考者必然被抛离与排斥。因此，从某种意义上说，同一性哲学就是死亡哲学。这种极端发展的本质主义哲学中，潜藏着形而上学的恐怖。

阿多诺对文化哲学思想根基进行了反思，从而开启了后现代主义的思想源流，他在奥斯维辛之后的哲学反思又回归了文学艺术领域。奥斯维辛之后写诗是野蛮的，阿多诺对当代文学艺术进行了反思，并由此生成了奥斯维辛之后的美学。

在哈贝马斯执掌研究所期间，他收敛了批判的锋芒，增加了社会批判的保守主义成分，采用商谈、对话等方式，提出了诸如"公共领域理论"和"交往理论"等新的观点。

第二节　哥伦比亚学派与法兰克福学派的历史性交汇

在拉扎斯菲尔德和阿多诺相遇之前，实证学派与批判学派在《权威与家庭研究》中开始了首次合作，这一合作以"权威"这一文化现象的形成及影响为研究目标在欧洲各国逐步展开，拉扎斯菲尔德作为合作者之一为推进这一研究做出重要贡献，并由此与法兰克福学派的霍克海默结下了友谊。为帮助阿多诺移居美国，受霍克海默之托，拉扎斯菲尔德邀约阿多诺加入了广播音乐研究项目，两人的相遇成为我们认识实证与批判之争的切入点。由此，我们可以考察一个看似偶然的学术事件如何上升为一个重大的理论事件，也可以还原哥伦比亚学派和法兰克福学派合作的历史原貌，思考两大学派在文化研究方法论问题上产生分歧的复杂原因。

一　最初的相遇：权威与家庭研究项目

拉扎斯菲尔德与法兰克福学派的最早合作可上溯到 1933 年由霍克海默负责的"权威与家庭研究"项目，拉扎斯菲尔德参与了该项目在瑞士的调查。[1] 霍克海默在 20 世纪 30 年代执掌研究所后，提出研究所的重要任务之一是为魏玛共和国工人阶级的状态做经验研究。这次研究具有重要的开创意义。德国研究法兰克福学派的权威专家罗尔夫·魏格豪斯在其代表作《法兰克福学派：历史、理论及政治影响》第三章中援引霍克海默的话指出，这是"各学科的代表之间的持续合作，以及理论构建与经验方法之间的融会贯通"[2]，"是把批判理论运用到具体的、经验的、可证实的问题上的第一次真正尝试"[3]。在这次经验研究中，拉扎斯菲尔德与霍克海默建立了深厚的友谊（霍克海默和研究所在滞留美国期间一直和他保持着密切的关

---

[1]〔美〕马丁·杰伊：《法兰克福学派史（1923—1950）》，单世联译，第 153 页。
[2]〔德〕罗尔夫·魏格豪斯：《法兰克福学派：历史、理论及政治影响》，孟登迎等译，第 208 页。
[3]〔美〕E.M. 罗杰斯：《传播学史——一种传记式的方法》，殷晓蓉译，第 269 页。

系①，例如，1936年拉扎斯菲尔德筹建纽瓦克大学的研究中心缺少资金时，霍克海默为其提供了一笔小额资助，并在中心建立之初资助了关于领救济金的家庭中权威研究的项目和一个关于找工作的研究项目，还捐资2000美元来维持中心的日常运作②），同时这次经验研究也是霍克海默将哲学、科学学科和实验研究相结合的尝试。

霍克海默认为，理性主义是一种僵死的、有缺陷的理性形式；而非理性主义把思考当作破坏性力量加以谴责，面对关键问题只会依赖于心灵和直觉判断，所以，理性与非理性都是有缺陷的。这种缺陷在资本主义上升阶段，会导致那些无法从整体上把握事实又高估自己能力的人更多地依赖理性主义；那些中产阶级会在资本主义垄断时期产生无能感，并因而产生非理性主义思想。这种"非理性主义"是个体向更大的、更难以理解的整体屈服的表现形式。基于这种观点，不同于研究所之前对社会特殊群体（主要指工人）的研究，霍克海默在接任第二任所长时就提出，要把哲学、科学学科、实验研究结合起来，对经济危机时期的家庭结构变化进行研究。最早对家庭研究产生影响的是法兰克福学派的弗洛姆，弗洛姆在其撰写的文章中指出，在既有的"权威型"社会产生严重危机时，"一个社会在经济、心理上越解体，把社会凝聚成整体的统治阶级的那种统一的、强制力就越涣散，各个阶级的心理结构差异也就越大"③。这也是父权在心理领域的瓦解，因此，家庭研究是一个崭新的研究领域。"权威"这一主题的确定不仅具有社会动力学意义上的重要性，而且对处理理论与经验研究的关系来说也是一个重要的出发点。霍克海默在1937年总结研究所的工作时说："研究所工作的最初两年全部用于此类合作（在不同科学分支之间、理论科学与经验科学之间的合作）的实验研究，探讨权威这一文化现象与经济生活从常态到大萧条转变之间的关系……权威及与经济生活事件相联系的方面的变化在'家庭'中，最容易被观察到……研究所通过多种方法在欧洲

---

① 〔美〕E. M. 罗杰斯：《传播学史——一种传记式的方法》，殷晓蓉译，第226页。
② 〔美〕大卫·E. 莫里森：《寻找方法：焦点小组和大众传播研究的发展》，柯惠新、王宁译，第168页。
③ 〔德〕罗尔夫·魏格豪斯：《法兰克福学派：历史、理论及政治影响》，孟登迎等译，第191页。

不同国家开始从这一视角出发对家庭展开研究。"① 这段话说明，"权威"是一个文化研究领域的问题，社会研究所对"权威"的研究是一种跨学科研究，这种研究是研究所早期成员关注的重点，并从这时起一直延续了40余年。基于这样的研究定位，研究所在流亡瑞士期间，开始了有关"权威与家庭"的三份问卷调查。第一份是1933年在法国城市家庭中发放的一份问卷，这些家庭的男主人都是失业6个月以上的白领或工人，问卷询问了他们因失业所带来的家庭变化等问题，但由于其无法由被调查者本人单方面完成（这里我们可以为赫佐格后来创造了访谈法埋下一个伏笔，也就是哥伦比亚学派的实证方法如何有效地化解这一方法存在的问题），必须靠调查者来协助完成，再加上难以找到这样的助手，此问卷调查就被搁置了。第二份调查是1933年年末的日内瓦分部，将法国、比利时、荷兰、瑞士、奥地利作为问卷调查地点。对"权威与家庭问题"中的专家人群进行了问卷调查，这些专家包括：大学心理学和教育学教师、中学教师、家庭监护人、少年法庭法官、社会工作者、牧师、神父等。问题围绕家庭的经济来源与权威的形成及关系、家庭中权威的变化以及家庭教养方式对孩子性格的影响而展开。这份问卷得出的主要结论是：不同阶级在权威形成上存在显著差异，乡村农民家庭是最为极端的父权家庭类型。第三份调查是1933~1934年研究所日内瓦分部、巴黎分部和伦敦分部在青少年群体中进行的调查，拉扎斯菲尔德参与的瑞士调查进行得最为成功，此调查材料也在"权威与家庭研究"项目中被使用得最多。奥地利社会民主党人克特·莱希特②起草了该问卷并按照社会结构分化问题就家庭结构得出这样的结论：工人阶级中存在典型的小资产阶级心理结构，他们很大程度上可以被视为心理学意义上的中产阶级，差别在于生活标准的不同。因为失业问题从1933年之后才成为瑞士的社会问题，所以，经济危机时期的家庭结构变化在此调查中的成果不是很显著。拉扎斯菲尔德后来对一半做完的问卷进行了分析，但也没有

---

① 〔德〕罗尔夫·魏格豪斯：《法兰克福学派：历史、理论及政治影响》，孟登迎等译，第192页。
② 克特·莱希特，奥地利社会民主党人，格吕堡的学生、朋友。出身于维也纳资产阶级自由主义犹太家庭，曾加入社会研究所，1938年落入盖世太保之手，1942年在拉文斯布律克集中营被送入毒气室。

对阶级特征明显的家庭结构变化问题得出特别显著的结论。在拉扎斯菲尔德早期研究中，对失业的关注一直是他学术研究的一个重要视角，1931～1932年，他对奥地利马林塔尔的失业调查，可以说一定程度上启发了法兰克福学派，引起霍克海默对他的关注与信任，"权威与家庭研究"是他与法兰克福学派的最初合作，既是拉扎斯菲尔德社会主义倾向的体现，也是他与法兰克福学派长达40余年合作的开端，更是他学术生涯中的一次重大契机。

二 艰难的开端：广播音乐研究项目

1935年，拉扎斯菲尔德来到美国纽瓦克大学，但因经济状况仍旧不好，而不得不通过寻求研究合同来维持小组运转。霍克海默的研究所继续为他提供资助。1937年，霍克海默希望帮助同为犹太人的阿多诺移居美国。拉扎斯菲尔德为阿多诺提供了一个机会，参与由美国洛克菲勒基金会资助的"广播对于所有类型的听众的基本价值"项目（又称"普林斯顿计划"），主持其中的广播音乐研究项目。该项目要求运用社会科学技术测量大众文化和广播音乐的传播实效。为此，拉扎斯菲尔德致信阿多诺，强调了经验研究方法的重要性："（研究）必须在两个方面得到推进：（1）针对经验研究问题；（2）针对这一领域（广播音乐）工作的实际执行。"阿多诺则回信阐明："我的理论态度并不厌恶经验研究。相反，'经验'概念，在准确的意义上，正在越来越接近我的思考的核心……在理论和经验研究之间有一种相互关系，我们称之为辩证方法……我认为，音乐在广播上经历着某些质的变化，这为对音乐的感知提供了一个全新的基础。"[1] 两人虽在信中达成经验研究的共识，但阿多诺感兴趣的"音乐在广播上经历着的变化"，显然是从文化视角切入，着力探讨广播作为大众媒介对音乐的异化，而非站在拉扎斯菲尔德的立场将其视为一种可带来新的阅听感受和媒介效果的传播介质。1938年2月，阿多诺赴美参与该项目。拉扎斯菲尔德对阿多诺的第一印象从他写给坎特尔和斯坦顿的信中可见一斑："他看起来像一位心不在焉的德国教授，举止怪异，像五月花号的成员。然而你一开始和他谈话，

---

[1] 〔德〕罗尔夫·魏格豪斯：《法兰克福学派：历史、理论及政治影响》，孟登迎等译，第311～312页。

他就有许多有趣的想法,他试图改变一切。如果你细听他的话,大部分是有意义的。"[1] "我对阿多诺的印象概括而言就是非常赞赏,我想,能让他加入是我们的运气。除了由于他的非美国气质,我们可能会一次又一次地面临技术上的困难之外,我此时倾向于认为他是我们最有价值的研究人员。"[2]由此可见,拉扎斯菲尔德对具有欧洲理论背景和音乐理论造诣的阿多诺的印象是不错的,态度是友好的。"广播对于所有类型的听众的基本价值"是商业财团(洛克菲勒集团和哥伦比亚广播公司)资助下的媒介效果研究,旨在提高广播的宣传功能。阿多诺首先对这种崭新的行政研究模式(为某一类公共和私人行政机构服务的研究)保持警惕,并表现出完全的蔑视态度,嘲笑斯坦顿—拉扎斯菲尔德节目分析仪是天真的美国实证主义工具。[3]他后来回忆自己对建立于废弃啤酒厂的纽瓦克研究中心的第一印象时说:"类似于工厂一样的气氛令我震惊……完全没有任何详尽理解的痕迹,我从一个房间走到另一个房间,和同事们交谈,听到诸如'喜欢'或'不喜欢'的研究,'某个节目的成功或失败'之类的讨论,对于这些说法,我一开始就听不懂……"[4]可见,阿多诺被这样一种以应用为导向的科学惊呆了,这种研究方式对他而言是陌生的。他所理解的"方法"一词,更多的是欧洲意义上的操作技术。阿多诺在后来的自传中写道:"我尤其为方法圈子的危险性感到不安:为了理解文化具体化的现象,研究人员必须使用具体化的方法,他们如此具有威胁性地在我眼前,以那个机器的形式,那个节目分析仪。"[5]阿多诺认为赞助人只承担部分责任,只想确保"将记录在案的研究成果限定在主导的商业体制里,而体制本身的结构及其隐含的命题都没有得到分析"[6]。这种所谓"隐含的命题"可以理解为广播本身是否存有压

---

① 〔美〕马丁·杰伊:《法兰克福学派史(1923—1950)》,单世联译,第 217 页。
② 〔美〕大卫·E. 莫里森:《寻找方法:焦点小组和大众传播研究的发展》,柯惠新、王宁译,第 168 页。
③ 〔美〕大卫·E. 莫里森:《寻找方法:焦点小组和大众传播研究的发展》,柯惠新、王宁译,第 165 页。
④ 〔美〕E. M. 罗杰斯:《传播学史——一种传记式的方法》,殷晓蓉译,第 289 页。
⑤ 〔美〕大卫·E. 莫里森:《寻找方法:焦点小组和大众传播研究的发展》,柯惠新、王宁译,第 170 页。
⑥ T. W. Adorno, "Sociology and Empirical Research," in Theodor W. Adorno et al., eds., *The Positivist Dispute in German Sociology* (New York, Harper & Row, 1976), pp. 68 – 86.

抑功能,是否构成一种新的文化压抑形式。此外,项目的命名也体现了研究的前提预设,即肯定广播的传播价值。这种价值判断有悖于阿多诺在德国对广播作为纳粹宣传工具的认知。阿多诺视广播音乐为大众文化的一部分,指出"个性泯灭是新音乐(流行音乐)的特有标志","流行音乐的标准化与虚假个性,是文化工业的一部分"[1]。最重要的是,他质疑将文化现象转换成量性数据的实证方法,认为"将文化和可测量数据完全等同是大众文化物化特性的典型体现,……而文化可能恰恰具有一种品质,那就是拒斥能够测量它的那种思想"[2]。这些观点与提升广播音乐传播效果的研究目标大相径庭,使洛克菲勒基金会管理人员感到不满。拉扎斯菲尔德也感到左右为难,为了雇主不至于切断不可或缺的经费和数据来源,他不断提醒阿多诺的研究成果不能满足委托方的需求。在一封信中,拉扎斯菲尔德写道:"在第 111 页,您写道:广播网络对于迎合听众的偏好感兴趣,因为他们害怕失去广播执照。难道他们不会部分地因为对销售广播时间段给广告主感兴趣,所以需要保证巨大的受众数量,于是才迎合听众吗? 在 107 页和 109 页,您提出了一个理论:即负责节目的广播工作者挑选了如此低俗的节目,原因是他们和广大市场有一样的坏品味。"[3] 他不得不在信中提醒阿多诺:不能将对大众文化侮辱性的语言和批判思想混为一谈,因为那是没有确凿根据的一种情绪化表达。如果要对大众文化进行批判,也一定要立足于有规则的逻辑基础之上。在 1939 年夏季写给阿多诺的信中,拉扎斯菲尔德因极度失望而放弃了委婉的语气:"你以攻击其他人自豪,因为他们是神经病或拜物者,但你却没有这些,无论你怎样攻击……你不认为你通篇使用拉丁词是一种地地道道的拜物主义吗? ……我一再恳求你使用更负责任的语言。很明显,你在心理上不能接受我的意见。"[4] 他也批评阿多诺在评论实证技术时所表现出来的傲慢和天真,"当你的著作使人怀疑你对你自

---

[1] Theodor W. Adorno, and George Simpson, "On popular music," *Zeitschrift für Sozialforschung* 9.1 (1941): 17–48.
[2] 〔美〕马丁·杰伊:《法兰克福学派史(1923—1950)》,单世联译,第 254 页。
[3] 〔美〕大卫·E. 莫里森:《寻找方法:焦点小组和大众传播研究的发展》,柯惠新、王宁译,第 178 页。
[4] 〔美〕马丁·杰伊:《法兰克福学派史(1923—1950)》,单世联译,第 223 页。

己观念之外的另一种选择的可能性的不尊重,就更令人不安了"。最后,他在信的结尾这样写道:"给你写信是一件不容易的事……如果我不感到使你认识自己的整个处境对我们的计划是很重要的话,我就不会花足足两个工作日来写这封信了。你我都认为你的精神工作在某些方面存有优势,但你认为某些方面是基本正确,所以就处处正确。而我认为由于你在某些方面的正确,使你没有看到你在其他方面很糟糕的事实,读者能很容易抓住你著作中部分蛮横的地方,最后他将认为你在整体上是无法忍受的。所以,我相信这封信里所作最终将于你自己有益……再说一遍,请你相信我的不可动摇的尊敬、友谊和忠诚。"① 对于这样的劝说,阿多诺并没有接受,首先他认为自己是按照拉扎斯菲尔德经验研究的路数在进行研究,他在回信中说:"我想你只需看看我发的爵士乐研究,就会看到你用以指责我的那些事实,并不是内心混乱的结果,而是实践上混乱的结果。"② 他也赞成拉扎斯菲尔德提出的应该获得听众的类型,然后据此使用问卷去评估不同类型的数量分布。但问题是,阿多诺对音乐情感方面的分析更感兴趣,并进一步描述了听众的情感类型。这就意味着,如何使广播音乐更加吸引人,对阿多诺来说是没有研究意义的。他凭借辨别缺点的能力,从文化的角度进行广播音乐研究,并将这个项目当作一个重要的学习机会。因此,阿多诺致力于发现广播音乐的不足,但他的研究无法转化成经验主义的实践,更无法实现该项目"矫正当前广播音乐缺陷"的研究目标。③ 1939 年底,洛克菲勒基金会将音乐研究预算经费取消,并终止了该项目。对此,美国著名传播学者 E. M. 罗杰斯在《传播学史——一种传记的方法》第七章"阿多诺和'广播项目'"一节中指出,"拉扎斯菲尔德与阿多诺合作的失败为经验主义学派和批判学派日后的棘手关系奠定了基调"④,并开启了媒介文化研究中实证方法与批判方法的分野。实际状况是,拉扎斯菲尔德与阿多诺在实证与批判问题上的认识才刚刚开始,而这绝不仅限于传播领域,更确切地说,这是大众文化研究领域中方法论分野与融合的开端。

---

① 〔美〕马丁·杰伊:《法兰克福学派史(1923—1950)》,单世联译,第 224 页。
② 〔美〕马丁·杰伊:《法兰克福学派史(1923—1950)》,单世联译,第 224 页。
③ 〔德〕罗尔夫·魏格豪斯:《法兰克福学派:历史、理论及政治影响》,孟登迎等译,第 318 页。
④ 〔美〕E. M. 罗杰斯:《传播学史——一种传记的方法》,殷晓蓉译,第 290 页。

虽然阿多诺因为在方法上与拉扎斯菲尔德的实证取向不同而招来麻烦，但他依旧为该计划完成了 4 篇文章：《广播交响乐》（The Radio Symphony）、《广播音乐的社会批判》（A Social Critique of Radio Music）、《论流行音乐》（On Popular Music）及《对 NBC 的"音乐欣赏一小时"的研究》（A Study of NBC's Musci Appreiation Hour）。4 篇文章全部充满了对广播音乐和美国社会体系的批判意味。

《广播交响乐》于 1940 年完成，1941 年发表在由拉扎斯菲尔德编辑的《1941 年广播研究》中。这篇文章是在克伦克（勋伯格的学生）研究的基础上完成的，1938 年克伦克在《杂志》上发表了论述无线电音乐的文章，其结论是根据 11 个国家的 67 个电台的调查得出的。他指出，大多数电台极少播放现代派无调性音乐，这是由于无线电的主要作用即信息传播已经渗透到音乐传播之中，并且通过音乐传送的信息必须整齐划一。他认为音乐已经被电台异化为一种日常生活的装饰品，而且，无线电作为第二等级再生产的媒介，处在实际演出之后，给听众的审美经验带来一个重要改变，在模拟参加音乐会的亲临感中，电台只能保存演奏的"此时性"而不是它的"此地性"。这样就摧毁了本雅明所说的艺术品的一个重要特性"光晕"（AURA），即仪式性和灵光性。与体验音乐原封不动的"氛围"特性相反，无线电听众是在非个人化的、集体的、客观化的形式中聆听音乐，其否定的功能已经被剥夺了。阿多诺同意克伦克的观点，他从论述一些基本原理开始，进一步阐释了现代社会的商品性格、社会一切部门包括通信的垄断化倾向、社会加强其服从因素以抗拒对它的威胁、社会冲突在文化领域的存在等。在这些前提之后便是对克伦克论文和著作的分析。阿多诺的立场是广播交响乐仅表现了一种现场演奏的幻象，由此，广播业向大众传播严肃音乐的要求从根本上是可疑的。他和克伦克一样，认为音乐的"现场"对无线电听众来说已经不存在了，与其一同失去的是音乐氛围的一部分。演奏的实际音量和作为现场观众的意愿而产生的共同感也同样失去了。通过孤立的个人，电台摧毁了交响乐的"空间"——这有点儿像大教堂的空间，在真实的音乐会上这一空间环绕着每一个听众。它也使观众回到连续时间而不是沉浸在"实践意识的悬置"中，后者才是伟大交响乐的特性。

阿多诺赋予这一"悬置"的意义不同于肯定性文化中重复的无时间性，通常的时间确实被伟大的艺术品所悬置，取而代之的则是一种内在的发展，它是"另一个"社会的时间秩序的预示。本雅明特别喜欢在"同质的空洞的"时间和"被当下现场充实的"时间之间做出区分。连续时间与真实个性的瓦解相对应，真实个性意味着有意义的发展以及与总体性的关联。阿多诺认为"原子化了的收听趋势"可能是当代最普遍的音乐意识。剥夺其作为审美总体的统一，交响乐便堕落为旋律的一系列实体化了的片段，根本不能引起共鸣。阿多诺继续批判无线电广播音乐刺激的标准化的有害性效果。虽然他把这一现象与资本主义交换伦理联系起来，但也看到一种和技术理性自身的联系，这与霍克海默对权威国家趋势的分析相似：其基本的标准化是在生产的非资本主义形式下，以这种或那种形式盛行，技术的标准化导致集权管理。这篇文章受到美国评论者的批评，后来阿多诺也承认自己的一些观点已经过时，"认为无线电交响曲根本不是一种交响曲，它只不过是一种用技术产生的声音变换的演奏……这种观点早已被高保真的和立体声的技术所克服"①。

《广播音乐的社会批判》是在1939年对广播项目全体职员的演讲，包含了阿多诺对广播音乐这种大众文化形式的批判。这篇文章1945年发表在《凯尼恩评论》（*Kenyon Review*）上。

《论流行音乐》发表于1941年法兰克福社会研究所创办的刊物《哲学与社会科学研究》上。这篇文章受到《纽约先驱论坛报》的称赞，对流行音乐成功背后的商业策略进行了精辟分析。阿多诺在文中称："发行者想要的音乐，既要从根本上同其他成功的表演相通，又要从根本上与之不同，相同可以被自动销售，不同才能被记住并获得成功。歌曲成功的标准化通过塑造听众的听力而控制了他们，因此具有伪个性化特征。"② 他还提出"听众理论"，例如，在欣赏优秀的严肃音乐时，理解会超越认识，从而把握新鲜的东西；而听流行音乐的过程中，理解只是对片段的识别。流行音乐带来了一种闲暇时间的刺激，迎合了无法努力的无能感。这种毫不费力

---

① 〔美〕马丁·杰伊：《法兰克福学派史（1923—1950）》，单世联译，第222页。
② 〔德〕罗尔夫·魏格豪斯：《法兰克福学派：历史、理论及政治影响》，孟登迎等译，第319页。

的感动,将听众转移到精神涣散的状态之中。

最后一篇是关于国家广播公司(NBC)的"音乐欣赏一小时"和电台交响乐的分析文章,解释了它如何推广其荒谬的音乐知识。该文章在当时一直没有发表,后来部分内容收入以德文发表的《论受人欣赏的音乐》一文中。[1]

以上文章都传达了一种立场,即不仅对广播音乐本身进行分析批判,而且对受害者本身进行批判。他对那些受害者表达自身的方式进行了否定性阐释,认为逻辑解释是多余的。有观点认为,阿多诺对他分析的对象所具有的愉快方面持有一种傲慢的冷漠态度,这种观念表现在他从内部突然打开事物、突然转变以及思想波动的推论当中。所以,用经验的方法去检验他的设想是很难实现的。

三 差异的接合:权威人格研究项目

广播音乐项目的合作终止于研究方法的差异,但经验研究中有价值的方法帮助法兰克福学派更好地进行了"权威研究"。1944年,霍克海默和阿多诺受聘于美国犹太人委员会,发表了《偏见研究》的系列成果,其中最重要的成果是《权威人格》[2]。此时的阿多诺已经克服了对经验研究的厌恶感,并且将统计学引入这项研究,与合作者构想出一系列指示器,试图创造一种研究工具,以揭露隐蔽的极权主义倾向,其中,F衡量尺度作为研究组设计的重要测量指标被实际运用。阿多诺精心制作问卷,并选择有代表性的个人与之进行深入会谈。在此基础上,他运用文化研究中的理论成果来解释所得到的研究结果。《偏见研究》在方法论上的成就超越了《权威与家庭研究》中运用的简单技术,被称为"社会科学中划时代的事件"。拉扎斯菲尔德虽然怀疑批判理论是否有资格被运用到经验问题上,但这一次却给予了充分肯定,他在1959年写道:"F表作为权威潜能考量的指标具有表现基本特征以及依据初始观察对特征给予解释的陈述作用。"[3] 阿多诺则对

---

[1] 〔德〕罗尔夫·魏格豪斯:《法兰克福学派:历史、理论及政治影响》,孟登迎等译,第319页。
[2] 又被译为《极权主义个性》《权力主义人格》。
[3] 〔美〕马丁·杰伊:《法兰克福学派史(1923—1950)》,单世联译,第279页。

经验方法保持审慎态度,认为"如果《权威人格》确有贡献,那么并非指其肯定性观点的绝对有效,甚至也不是统计学上的有效,而是首先在于这些问题的提出乃是出于真正的社会关切并与以前从未被转化成量化研究的理论相联系"①。

虽然音乐研究计划没有取得成功,但《权威人格》完成后立刻成为社会科学的经典。对于两种不同的结果,我们不能认为是拉扎斯菲尔德选错了合作伙伴。阿多诺在流亡美国的十年间,获得了方法上有价值的经验,从而修正了他对美国技术最初的敌意。如他所言:"在美国,我不再天真地崇拜文化,而是获得外在地审视文化的能力。"②我们将这种"外在地审视文化的能力"理解为一种从欧洲文化向美国大众文化研究视域的拓展,这也是阿多诺从对精英文化价值思考转向大众文化经验解读的方法论尝试。这种借助理性思辨之外的力量对文化进行的考量,一定程度上克服了观察者对文化的主观偏好,同时也是运用科学方法对社会问题包括文化问题进行解释、分析和判断的一种方法论突破。实证方法作为镶嵌在理论框架内的经验技术用来探讨社会现象,能否产生进步效应已经引起阿多诺的思考。尽管理论不能被经验证实或证伪,但在被转化成研究问题时,理论观念可经由经验得以丰富。我们据此推断,阿多诺在坚持批判立场的同时,也看到结合社会学方法研究文化现象不失为一种合理的方式。

四 影响的交汇:两种方法论的交互

经验研究方法矫正了德国学术界传统的理论偏见,并在社会科学的现代发展中指导了新一代学者。研究所最有创造力的时期是在美国流亡期间。③ 经验研究的影响不仅仅发生在美国,研究所在20世纪50年代早期回到德国后,也带回在美国习得的社会科学技术,提倡用经验技术来减少德国传统中对任何有实证意味的东西的敌视。皮洛克主持的群体互动研究是研究所返回德国后的第一个经验性研究,这一研究将这种方法推广到德国

---

① 〔美〕马丁·杰伊:《法兰克福学派史(1923—1950)》,单世联译,第285页。
② 〔德〕格尔哈特·施威蓬豪依塞尔:《阿多诺》,鲁路译,中国人民大学出版社,2008,第7页。
③ 〔美〕马丁·杰伊:《法兰克福学派史(1923—1950)》,单世联译,第326页。

学术界。1952年，在科隆社会科学家会议上，阿多诺认为社会学不应该是一种"精神科学"（文化科学），在被"物化"的精神世界里，如何理解"有意义"成为一个难题。因此，从某种意义上说，经验方法也具有人文精神，在批判理论框架内应用实证方法探讨社会现象成为一种选择。尽管理论不能被经验所证实或证伪，但理论观念可以经由经验得以丰富。比如，虽然心理分析最初的陈述并非归纳性的，然而它却因其被转变成经验问题而得到有效的改进。①《偏见研究》的成功与广播音乐项目的失败，原因之一是前者并不像后者那样关注现代社会的现实状况。因为当法兰克福学派真正思考这些问题时，其预言是悲观的。在理论主导的批判立场上整合经验方法，一定程度上反映了整体社会的分裂与矛盾。1952年，阿多诺又回到美国，为哈克基金会从事大众文化的社会心理分析工作。②并且，阿多诺在后来的研究中，曾努力介绍从美国带回的经验技术，这种经验技术是阿多诺在与拉扎斯菲尔德不愉快的合作中曾竭力抵制的，但彼时镶嵌在理论框架中的这种经验技术，在长期以来一直故意歪曲和忽视简单事实的德国确实可能产生显著的效应。为了防止一般的德国人丧失对很快就以"不可驾驭的过去"而著称的东西的记忆，阿多诺认为有必要让他们认识令人讨厌的纳粹时代的现实，以及他们对现实的影响。为此，研究所在1965年建立了经验研究分部，希望以此传播"偏见研究"系列丛书中日臻成熟的方法，帮助德国人直面他们迷恋于法西斯的更为深刻的根源。由此可以看到，阿多诺所借助的方法中含有大量的心理学成分，不完全等同于拉扎斯菲尔德侧重于数学方式的社会学方法。

概括地说，大众传媒具有"强制规范功能"和"赋予报道对象社会地位的功能"，当这些功能被传媒异化并利用之后会产生更大的负面影响，包括使受众逐步失去对事实的判断能力，而盲目顺从现状；文化修养和审美能力降低，变得平庸趋同；在日常生活中，将大量的闲暇时间用于

---

① 〔美〕马丁·杰伊：《法兰克福学派史（1923—1950）》，单世联译，第286页。
② 参见《电视和大众文化模式》，《电影，无线电广播和电视季刊》1959年第7期；《陨落在地球上的星星：洛杉矶时报星学专栏》，《美国研究年鉴》1957年第2期和《最终目的》1974年第19期；《电视开场白》《作为意识形态的电视》，载《手术：新批判的典范》《法兰克福社会学丛刊》（1963）。

媒介消费，在媒介营造的拟态环境中获得认知和情感上的虚假满足，进而失去行动的能力。具体而言，大众审美品位已经被铺天盖地的印刷品、电台以及电影频道所吞噬。人们对其进行批判的同时，更多的是持有一种抱怨的态度。家庭妇女们每天都会花上三四个小时坐在电视机前看肥皂剧，但是这些电视剧剧情往往只是一些琐碎日常，毫无审美可言。大众媒体明显能够影响很大一部分受众人群，如观影人数、收听人数等，这些数字看起来惊人，但在实质上仅仅是对供给和消费的描述，并不能确切地反映大众媒体的实际作用。这些数字仅仅关注了人们在做什么，并不能反映这些事情的社会影响及其在人们心理上造成的影响，仅对人们保持电台开启状态的时间进行记录却不能显示电台内容对人们造成的影响。所以，大众媒体领域的消费数据并不能表明其对人们行为态度以及价值观的直接影响。

如果在具体的社会背景中考虑审美品位这一问题，就必须承认，艺术作品的接受群体实际上发生了翻天覆地的变化。几个世纪以前，艺术品的受众大都是艺术界的精英，其中只有很少的文人学者。那时候拥有书籍的人少之又少，能够买到书的渠道也相当有限，很少有人能去戏院或者是城市艺术中心欣赏艺术作品。那时候能够欣赏艺术的有效受众群体只占总人数的很小一部分，或者说那时候能够欣赏艺术的人是百里挑一的。那些人通常不会刻意培养自己的审美情趣，而他们对审美的挑剔也使当时的审美水平相对较高。如今随着大众教育的普及与大众媒体等新兴科技的产生，艺术市场的发展速度大大提高。某些形式的音乐、戏剧以及文学作品基本上人人触手可及。当然，这也是现代人在说到大众媒体时会自然提及大众艺术的原因。大众媒体虽然拥有数量庞大的受众，但是其中很少有人受到良好的教养。所以，大众教育蓬勃发展的同时，大众流行趣味却在变得庸俗、肤浅。大量的人获得了所谓"正式文学"的教育，即他们获得了阅读能力，能够抓住文章表层内容，但实际上，他们对文字的深层内涵却一无所知。简言之，阅读能力与理解能力之间在大众教育疾速发展的背景之下形成了巨大的鸿沟。因而，大众媒体高度技术化的特点可能导致大众审美品位与大众文化水平的直线下降。当前的情形有助于最大限度地发挥大众交流媒体的作用，这是为了保持现有的社会文化结构，而非引起变革。①

这些观点都能从法兰克福学派的主张中寻找到身影。可以说，默顿的努力进一步打破了实证与批判二元对立的认识论模式，并对拉扎斯菲尔德的学术立场及研究方法产生了重要影响。

第三节　哥伦比亚学派与法兰克福学派文化研究项目合作的基础

由于拉扎斯菲尔德和阿多诺在大众文化的观念和研究方法上具有很大差异，将广播视为文化和将广播视为工具会使人们选择不同的研究方法并得出不同的结论。但他们对于方法的选择本身是没有优劣之分的。方法论是把握世界的方法的理论，不同的方法论只是用途不同、侧重点不同，但终归都是探究世界的方法。不论是经验的方法还是批判的方法，都是文化研究领域的有效范式，都有其存在的价值和合理性，它们有助于从不同的层面和角度去把握、理解世界，解读世界，诠释世界。梳理拉扎斯菲尔德和阿多诺各自的思想路径以及在左翼立场和社会批判等方面的相通之处，有助于我们对两大学派在文化研究领域展开合作的基础进行系统把握，从而得到他们选择文化研究方法的相关启示。

一　流亡学者的民族渊源

拉扎斯菲尔德与阿多诺同为犹太人后裔。特奥多尔·莱辛说，犹太人是革命和激进思想天生的承载者，他们把严格要求公正的重任主动担负在肩上。在20世纪上半叶兴起的无政府主义、社会主义、共产主义运动中，犹太人的占比都很高。由于欧洲人的排犹情绪很重，犹太人遭到欧洲主流社会的排斥，因为没有自己的土地实体，便只能靠做生意维持生计。多年的磨炼，让犹太人成为天生的商人，并迅速致富。他们有钱后，开始放高利贷，这样一来就给欧洲人留下一种为富不仁的印象。按马克斯·韦伯的

---

① P. L. Lazarsfeld and R. K. Merton, "Mass Communication, Popular Taste, and Organized Social Action", op. cit, 1948.

说法，犹太人是失去家园的"流浪民族"，他们的希望之乡恰恰在另一个方向。阿多诺一直就是个左派，年轻时更以"正统列宁主义信徒"自居。二战结束后，阿多诺又慢慢回到其思维坐标的原点：基于深思熟虑的自由主义。在1968年，当福柯与萨特呼吁暴力时，阿多诺却早已完成了其向保守主义立场的蜕变。

阿多诺与拉扎斯菲尔德的家境并不相同。1901年1月2日，拉扎斯菲尔德出生于奥地利维也纳一个并不富裕的知识分子家庭。1903年9月11日，阿多诺出生在法兰克福一个富有的商人家庭，其生活在经济和文化上非常富裕舒适，"在第一次世界大战之前的年代里欧洲只有上层资产阶级的儿童才能过上这种生活。据说，阿多诺的童年提供给他的幸福模式，在他记忆里留下不可磨灭的印象。他以这种模式作为标准衡量一切接踵而来的不幸"[①]。1933~1945年，纳粹分子一直统治着德国。早在1933年，纳粹政权就采取措施剥夺犹太人的德国公民权，掠夺其财产，迫使其离开，数以千计的犹太人由此来到美国。《1924年移民法》规定，每年分配给英国和爱尔兰之外的欧洲其他国家的名额共计4万名，其中42%的名额分配给来自德国和奥地利的难民。由于这一移民法的严格限制，再加上经济大萧条以及其他原因，美国在1936年以前所接收的德国犹太难民的数量是微不足道的。到了1937年，美国成为德国犹太难民的首要接收国。这一年，来自德国和奥地利的犹太难民合计为1.68万名。1939年，美国总计接收德国犹太难民27370人，1940年基本维持这一数量，而1941年下降至8000人。[②]其中，需要强调的是，美国的"知识移民政策"对于遭到迫害的德国犹太知识分子有着重要的吸引力。20世纪20年代末期，完善的移民限额体系，首次对"引进人才的原则"予以清晰表述，将知识移民列入"非限额移民范围"，第一次以法律的形式表达了对智力移民的渴求。纳粹当局对知识分子的迫害和欧洲大批国家的先后沦陷，迫使大批德裔犹太知识分子移民他国，首选目标就是美国。据美国学者推算，欧洲约有2.8万余名知识分子、2.5万余名教师和2.2万余名专业人员在1933~1945年通过各种途径移民

[①] 〔美〕马丁·杰：《阿多诺》，瞿铁鹏等译，中国社会科学出版社，1992，第26页。
[②] 刘军：《美国犹太人：从边缘到主流的少数族群》，云南大学出版社，2009，第73页。

到美国。① 这一难民群体中包括为数甚多的德裔犹太知识分子，如20世纪最伟大的物理学家爱因斯坦、原子弹之父奥本海默等著名科学家。大多数移民不会说当地语言，尽管得到当地犹太慈善机构的帮助，但仍然没有收入，通常需要奋斗几十年才能在美国中产阶级中获得稳固的席位，但新移民或多或少会受到歧视。当然，新移民主要是一些商人，其中个别人成功地建立了拥有数百万美元资产的公司，还有一些学者、大学教授、医生、科学家，甚至诺贝尔奖获得者。纽约的新社会科学研究院当时准备容纳一些新来的学者，使这里成为一所"流放中的大学"。毫无疑问，"迄今为止从未有过一个移民美国的团体比这批德国人受过更好的教育或更有才华"②。但是，"在社会科学领域内，犹太人几乎没有升任大学教师的机会，这种状况一直持续到20世纪70年代中期以后才得到改变"③。如同维也纳学派犹太流亡学者费格尔讲述的一段经历：在申请美国大学教职的过程中，"我收到大约30家美国大学非常客气的答复（我发出了45份申请信），但是，它们中的大部分那时都'没有开放'。只有三所大学想要'看一看我'……依阿华大学院长乔治·卡埃是一位加拿大籍的杰出地质学家向刘易斯详细询问了有关我的资格、性格和人品。在电话交谈结束（大约谈了20分钟）时，他最后问：'他是犹太人吗？'刘易斯这位清高的新英格兰人对这个问题的回答——我永远不会忘记——是：'我的确不知道，但是即使他是犹太人，也不会有什么麻烦事'。这样我接到卡埃给我提供一个讲师职位的电话。这是我一生中最激动的时刻。……从一个世界性的城市维也纳来到'盛产玉米的'依阿华州的大约只有一万五千人口的小城居住是要作出一定努力的。但是，我们都还年轻并对于开始一种'新生活'抱有热烈的兴趣"④。费格尔的这段回顾颇具代表性，流亡学者的身份和对新大陆的复杂

---

① Laura Fermi, *Illustrious Immigrants: the Intellectual Migration from Europe, 1930 – 1941* (Chicago & London: the University of Chicago Press, 1971), p. 11.
② 〔美〕雅各·瑞德·马库斯：《美国犹太人，1585 – 1990年：一部历史》，杨波等译，第230页。
③ 〔美〕雅各·瑞德·马库斯：《美国犹太人，1585 – 1990年：一部历史》，杨波等译，第264页。
④ 〔奥〕克拉夫特：《维也纳学派——新实证主义的起源》，李步楼、陈维杭译，商务印书馆，1999，第191页。

态度被巧妙地表达出来。这是对新文化环境的一个适应性挑战。文化适应，即文化迁就（accommodation），是生存的一种手段。美国文化几乎总是将族性的要求压制住。融合与混合，自18世纪以来就是美国犹太人的历史。新出现的美国犹太人是有文化的公民，他们以自己的方式忠于其古代宗教遗产。"这造成犹太移民美国化程度越高，其犹太传统就保留的越少。而拉扎斯菲尔德恰恰是一个快速实现了美国化的犹太移民。并且，他是在战争期间获得美国公民身份的非常少的人之一。这是极为罕见的，因为战争期间，几乎没有敌方外国人可以成为公民，奥地利于1938年被德国占领之后，大多数奥地利人自称德国人，由于美国战争局对应用社会研究局的研究非常感兴趣，而没有美国身份则不能参与军事方面的研究，所以，在塞缪尔·斯托夫①的斡旋下，拉扎斯菲尔德在二战期间得到了美国公民身份，他和应用社会研究局接受了战争局委派的任务。② 总之，20世纪晚期的犹太人要么是犹太裔美国人，要么是美国犹太人，前者与犹太人的关系若即若离，后者无论是世俗主义者还是宗教徒都乐于认同他们的祖先。"③ 生存，以及由生存带来的文化适应问题成为犹太移民学者必须面对的首要问题。这也是20世纪中期犹太人几乎到哪里都能被接受的原因。在美国生活和文化的所有方面拉拢全体犹太人的一个重要因素是："犹太人以许多不同的方式显示他们是犹太裔美国人。自殖民时代以来，犹太人就贡献礼物帮助这个接纳他们的国家，使它成为所有在此定居之人的更好的家园。"④

二 左翼立场的相通倾向

凯尔纳在比照法兰克福学派时指出以马克思主义为导向的观点是法兰

---

① 塞缪尔·斯托夫，美国社会学家。二战期间，马歇尔将军负责对美军人员素质及心理状况进行大规模调查，写成《美国士兵》一书。其中，卡尔·霍夫兰主要负责第三章，是在研究局的基础上完成的，拉扎斯菲尔德用一个学期的时间，帮助斯托夫完成了部分测量程序，默顿也成为该项目的顾问，主要研究定性资料。
② 〔美〕大卫·E. 莫里森：《寻找方法：焦点小组和大众传播研究的发展》，柯惠新、王宁译，第160页。
③ 〔美〕雅各·瑞德·马库斯：《美国犹太人，1585－1990年：一部历史》，杨波等译，第270页。
④ 〔美〕雅各·瑞德·马库斯：《美国犹太人，1585－1990年：一部历史》，杨波等译，第272页。

克福学派的特质。卢卡奇一直是阿多诺青年时代的光辉榜样,克拉考尔在1921年写给其学生洛文塔尔的信中说,阿多诺"此时此刻已经完全同卢卡奇合为一体了"[1]。阿多诺在卢卡奇那里发现了一种思考历史的哲学方式,他支持卢卡奇在《历史与阶级意识》中阐发的黑格尔主义和马克思主义立场,不同的是,他脱离了这种立场的阶级考虑,并将其作为一种思辨,这成为阿多诺关于音乐及其进步的哲学灵感之源。在1927年夏季,他写了《先验心灵学说中的无意识概念》,这篇论文的结尾转向了马克思主义。他指出,无意识学说正在发挥意识形态的作用,这种意识形态粉饰经济秩序并转移了人们对这种经济秩序的注意力,同时表明了自己坚信社会存在决定社会意识的马克思主义学说。阿多诺认为知识分子应该联合起来改变社会,阻碍社会进步的不只是政治经济,还有文化心理。通过大众文化批判,他表明了自己的左翼立场。在音乐研究方面,他认为无调性音乐及其外在的文化形态,由于具有商品的形态,并且以消费为目的被生产和接受,在客观上实现了对受众意识形态的塑造与操控,最终难免带有极权主义色彩。因此,他的左翼立场是贯穿其一生的,并且在深层次上是极为坚定与激进的。1964年,他的《否定的辩证法》成为当时席卷欧洲的学生运动的理论纲领。在现实革命中,阿多诺无论做出了怎样的选择或表达了怎样的态度,不能否认的是其鲜明而强烈的左翼立场。当然,阿多诺后来将以音乐为代表的艺术作为人类通向自由的出路,把音乐与斗争相连,通过遵循音乐艺术的逻辑表现了社会状况的困境,成为反映困苦的密码,这是他实践其左翼立场的美学表现。

拉扎斯菲尔德出生于犹太人家庭,这个家庭的女主人为当时维也纳的政治人物和学术人物开办周末沙龙。第一次世界大战后,维也纳在政治上由社会党统治,该党主要由工人和知识分子组成,得到占整个维也纳人口10%的犹太人的支持。作为犹太知识分子的拉扎斯菲尔德的父母都是社会主义者。在拉扎斯菲尔德幼年时期,这对夫妻经常邀约社会主义者在其家中进行集会。所谓社会主义者,在当时的欧洲是指马克思主义者,此时马克思主义在欧洲刚刚流行,成为一战之后欧洲人反思战争和资本主义社会危

---

[1] 〔德〕罗尔夫·魏格豪斯:《法兰克福学派:历史、理论及政治影响》,孟登迎等译,第84页。

机的一股思想潮流。拉扎斯菲尔德的家成为世纪之交知识分子的避风港和探讨社会主义政治学及弗洛伊德思想的中心。政治学、精神分析学和马克思主义三者是拉扎斯菲尔德一生的兴趣所在。家庭成员对社会主义的偏好对拉扎斯菲尔德产生了潜移默化的影响。青年时期，他在奥地利接触到亨德利克·德·曼恩（Hendrik de Man）的社会主义思想，成为一名社会主义者，积极投身于政治活动，是维也纳"社会主义中学生"的领袖之一，带领奥地利年轻的社会主义者组织"红色猎鹰群"，并在"红色猎鹰"夏令营中讲授社会主义原则，后来参加维也纳社会主义小组，是一位思想激进的社会主义者。他的父母、第一任妻子雅霍达均是当时的社会主义者，早年的志趣和家庭的熏染都为他与法兰克福学派产生交集奠定了基础。所以，拉扎斯菲尔德虽然从未成为法兰克福研究所的成员，但一直与其保有紧密联系，并在20世纪30年代中期以后更多地从外围介入其事务。

社会民主是20世纪欧洲追求的主流，19世纪的欧洲出现了一批左翼政党。社会党主张对资本主义进行改良，进而和平过渡到社会主义，反对采用暴力方式夺取政权。欧洲各国最初建立的无产阶级政党大都以社会党命名，如德国社会党推动了德意志民主进程，法国社会党主张以共和理念参加民主选举，二战后的欧洲基本上以社会民主作为政治体制。美国虽然采用了民主党和共和党的两党制，但也在其中注入了大量的社会民主成分。硕士毕业后，年轻的拉扎斯菲尔德加入了国际公认社会党法国分部，并两次参加了在马赛召开的国际社会主义会议。拉扎斯菲尔德在奥地利时是一个典型的社会民主党人，具有社会主义取向。尽管在美国的环境中，他由于种种原因而不断趋于保守，但从未声称反对马克思主义。在刚刚踏上美国土地不久的一次演讲中，他自称是"一个休假中的马克思主义者"。贝雷尔森对此评价，"是啊，那真是一个漫长的休假"，并且"拉扎斯菲尔德对选举研究的浓厚兴趣是他和他自己作为社会主义者的历史之间的善意的联系"。[①] "拉扎斯菲尔德与默顿均对马克思主义的批判理论和社会理论深表赞

---

① 〔美〕大卫·E. 莫里森：《寻找方法：焦点小组和大众传播研究的发展》，柯惠新、王宁译，第106页。

赏，这一点常被哥伦比亚学派的人所忽视。"① 所以，可以确定，拉扎斯菲尔德是可以接受马克思主义批判视角的。此外，有研究指出他是法兰克福学派成员。在《传播理论史——一种社会学的视角》一书中，法国学者埃里克·麦格雷就有这一说法。② 此外，《法兰克福学派史——评判理论与政治》一书所介绍的"霍克海默—皮洛克资料库"保存的社会研究所成员名单上也出现了拉扎斯菲尔德和他第一任妻子雅霍达的名字。③

三　社会批判的共同旨趣

当传统认知将注意力用于打造一个全能的实证主义者拉扎斯菲尔德时，我们发现了拉扎斯菲尔德思想中隐藏的批判意识。罗尔夫·魏格豪斯指出："同霍克海默相比，拉扎斯菲尔德未尝没有一点儿社会批判的倾向，但在社会科学领域内他更是一个实证型的、按着方法论行事的典型的'管理型学者'。当在学院地盘内为鼓吹马克思主义学说而设立的基金尚不可能为研究提供坚实的基础的时候，也只有在高度的进取精神和激情创造的热望相互携手并乐意相互配合的情况下，经验主义的社会科学研究群体才能相当成功地联合起来。"④ 这在一定程度上说明拉扎斯菲尔德的批判旨趣在美国实用主义的科学研究氛围中被主动或被动地遮蔽了。前文提到拉扎斯菲尔德在青年时代便表现出明显的左翼倾向，在与阿多诺的合作中，他肯为阿多诺进行辩护，在申请延长广播音乐项目的建议书中，他写道："我很清楚用全面的方法进行音乐研究是非正统的，而且是一种赌博。但随着研究的进展，我变得更为乐观，这是一个不断增加回报的进程，这个研究不应被放弃。……首先，音乐覆盖了可使用的广播时间的一半以上；第二个原因是出于某种道义上的责任。一个人不能在研究像广播这样重要的工具之时，不去考察它在我们文化的整个框架中的位置，……如果这个项目的作品中没有任何社会批判

---

① 胡翼青：《传播学科的奠定：1922~1949》，第37页。
② 〔法〕埃里克·麦格雷：《传播理论史——一种社会学的视角》，刘芳译，中国传媒大学出版社，2009，第77页。
③ 〔瑞士〕埃米尔·瓦尔特·布什：《法兰克福学派史：评判理论与政治》，郭力译，社会科学文献出版社，2014，第19页。
④ 〔德〕罗尔夫·魏格豪斯：《法兰克福学派：历史、理论及政治影响》，孟登迎等译，第226页。

的尝试的话，它也就没能完成它的主要任务。"① 可见，拉扎斯菲尔德将文化批判作为研究的主要任务之一。在与默顿的合作中，这种潜在的批判旨趣成为二者合作的内在基调。他尖锐地提出媒介传播的负面效果：麻醉功能、赋予地位功能和强制或强化社会规范的功能。这在当时是非常具有批判性的。在此基础上，他进一步指出了媒介具有保守性，在现代社会发展中维持着社会现状，而遮蔽了社会发展的其他多种可能。

阿多诺与拉扎斯菲尔德的差异在于阿多诺始终明确地站在批判立场上，形成了从音乐美学批判到大众文化批判、从纳粹主义批判到资本主义批判的完整理论路径；而拉扎斯菲尔德的批判则是不完全的、隐蔽的，甚至有意回避的一种思想意识，或者说是潜藏于意识表面之下的潜意识。这一方面是学者个人的学术趣味使然，一方面是学术氛围使然，阿多诺选择的路径是哲学，并由此进行激进的批判。他认为现代社会限制并束缚了个体的自由，在审美及趣味表现上被大众文化所销蚀瓦解。哲学面临着一个难题，即如何在批判理论条件下，使一种有关大众文化的思路活跃起来。拉扎斯菲尔德则认为实证是对批判理论的一种补充，认为定量技术比定性技术更容易传递，直接明确的阐述是社会研究和理论进步的前提。相对于社会文化批判，他更感兴趣的是迎接方法层面的挑战，以及如何运用商业资金做感兴趣的项目，并将实证研究作为一种生存方式，后文将具体论述默顿对这一认知的推动。

批判理论之所以能够在法兰克福学派中得以建立、完善并发展成学派的旗帜性理论，是与学派绝大多数成员的犹太人身份密切相关的，他们或是犹太人或是犹太人后裔。这种民族血脉关系将他们无形地联系在一起，并在思想上有着惊人的相似性。他们大都受到犹太教的影响，犹太教拒绝承认基督耶稣为救世主，宣称弥赛亚还没有出现，这使犹太人在信奉基督教的欧洲大陆遭到长期排挤和打击。由于基督教传说中，犹太人犹大出卖了耶稣，因此，欧洲的基督教世界对犹太人持敌视和警惕态度。犹太人虽然在经商上具有高超的才能，但因发放高利贷致富，又为欧洲人所鄙视，从而被排挤于欧洲主

---

① 〔美〕大卫·E.莫里森：《寻找方法：焦点小组和大众传播研究的发展》，柯惠新、王宁译，第175页。

流社会之外。无论是来自上层社会家庭的霍克海默、阿多诺,还是来自一般家庭的弗洛姆、洛文塔尔,他们中最幸运的人也免不了有社会局外人的经验。他们最基本的共同经验是:再恭顺也无法使自己成为社会庇护下的一分子。这种相同的犹太背景和惨痛经历,使他们凝聚在一起。纳粹对他们的迫害使他们逃离欧陆,流亡美国。犹太人的历史和实践表明,他们善于在困境和苦难中寻求真理和出路。大流散以来的社会地位,决定了他们思想意识中最根本的因素就是批判和反抗。众所周知的思想家马克思、心理学家弗洛伊德、文学家茨威格、文化思想家汉娜·阿伦特、哲学家斯宾诺莎和维特根斯坦等都具有犹太血统,他们对文化的思考都具有批判性和反抗性,这极大地拓展了人类思维的可能性,捍卫了自由的思想空间。正如萨特在《对犹太人问题的思考》中所言:"犹太人……接受了他周围的世界,他加入了游戏,而且遵守所有的那些礼仪,和其他人一起跳着那种可敬的舞蹈。而且,他不是任何人的奴隶,他是允许自由竞争的制度下的自由公民,所有社会荣誉和政府职位都向他开放。他可以带上荣誉骑士团的勋章,他可以成为一个了不起的律师或内阁大臣。然而就在他达到法治社会的巅峰的时刻,另一种无形的、弥散性的、无所不在的社会片刻之间出现在他们面前,而且将他们拒之门外。即使是最伟大的成功也无法让他进入那自认为是'真正'的社会的时候,他对荣誉和未来的虚幻感是何等强烈!"跻身于现代资产阶级社会,却普遍遭受"局外人"的歧视,而无法进入主流社会,这正是犹太人竭力批判现代资本主义的初衷。法兰克福学派对资本主义的批判,正源于其对资本社会的失望和怀疑。犹太人在当时很多资本主义国家受到了相当程度地限制、排斥、敌视和残害,很多犹太人沦为无产者或贱民,这促使他们不断反思资本主义,展开对资本主义的批评。

所以,同为来自欧洲的犹太裔学者,拉扎斯菲尔德年轻时受维也纳学派的影响,具有深厚的数理统计背景,到美国后迅速转型,以开放的姿态主动融入美国学术界,以行政研究者的身份转变为以方法寻求研究资金的成功学者。而阿多诺的经历似乎不那么顺利,终究达不到实证研究的目的要求。经历了近十年的流亡生活后,阿多诺回到德国继续其批判理论研究。但是,实证与批判之间并没有因此产生固有的对抗。

第二章

作为方法的理论资源：事实判断与价值判断的分野

拉扎斯菲尔德与阿多诺在广播音乐上的分歧，反映了大众文化研究方法的差异。拉扎斯菲尔德依据价值中立原则，按照实证的方法来测量大众文化，并对受众倾注了不同以往的关注；阿多诺则秉承以价值判断为先的传统立场，运用批判的方法来剖析大众文化。这种方法上的差异标示出事实判断与价值判断的分野，这种分野所牵涉的是作为文化研究方法的理论资源的谱系追溯。通过实证与批判理论资源的谱系归理，我们认为文化研究方法属于人文社会科学方法论的研究视域，人文社会科学的方法问题在西方学术思想史的论争中由来已久。从西方学术思想发展史的视域出发，研究拉扎斯菲尔德与阿多诺的文化研究方法论论争，应首先对他们论争的理论资源、思想语境、历史背景有一个基本的了解。因此，本章从事实判断、价值判断维度对文化研究方法论论争的理论资源进行梳理和回顾；从事实判断角度，对实用主义与实证主义进行描述，厘清实证主义、实用主义的来龙去脉；从价值判断角度，对人文主义和批判理论进行梳理，探寻其发展缘由。我们看到论争尚在持续，对方法论问题的描述呈现出二元对立的状况，问题双方之间也有矛盾、融合和交叉。对此，我们首先要承认两者存在差异，但不是绝对对立，阿多诺与拉扎斯菲尔德在此背景下产生的分歧，是实证与批判之争在文化研究领域的突出表现。解释人文与科学之间貌似简单却错综复杂的关系，需要我们突破传统的二元论思路，置身于大众文化现场，正视人文危机，尝试赋予文化研究以经验支持和人文关怀，这一过程也是重置科学发展旨归并最终审视人的主体性的问题。不能否认，现代科学的发展及其导致的思维模式的改变，已经严重地扭曲了科学与人文的关系，并进一步加速了人、社会乃至世界的异化。所以，梳理文化研究方法论的理论资源是进一步探讨人文与科学之关系的前提，也是这一学术事件的理论语境。

第一节 自然科学、社会科学与人文学科的区分

基于对"科学"概念的不同理解，英美和德国形成了对"科学"的两种划分。英美传统上将科学分为三类：自然科学、社会科学和人文学科。科学是具有高度逻辑严密性的实证知识体系，同时满足以下两个条件：一是具有严密逻辑性，最好能够公理化，能够运用数学模型，至少要有一个能够自圆其说的理论体系；二是能够直接接受观察和实验的检验。[①] 因此，人文学科不能被称为科学，而只能是一门学问。德国传统上将所有科学分为两类：自然科学和精神科学（或称文化科学）。其认为，科学是指一切体系化的知识。人们对事物进行系统的研究后形成了比较完整的知识体系，不管它是否体现出像自然科学那样的规律性，都应该归入科学的范畴。按照德国的理解，人文学也应当属于科学。这里的精神科学包含社会科学和人文科学[②]，可以合称为"人文社会科学"[③]，即人文科学本身具有科学性。本书倾向于英美划分，按照自然科学、社会科学及人文学科进行划分，认为这一划分更为开放、细致、严谨，但对于人文学科中的科学成分仍然持

[①] 吴鹏森：《人文社会科学基础》，上海人民出版社，2008，第39页。
[②] 人文科学原指同人类利益有关的学问，有别于在中世纪教会中占统治地位的神学。后来含义几经演变，其狭义上指对拉丁文、希腊文、古典文学的研究，广义上一般指对社会现象和文化艺术的研究，包括哲学、经济学、政治学、史学、法学、文艺学、伦理学、语言学等。
[③] 人文社会科学是以人、人类社会为研究对象的科学，与自然科学相比，具有典型的人文特质和社会品性：**既具有客观性又具有主观性，既具有事实性又具有价值性，既具有真理性又具有功利性**（或者说既具有认识世界的功能又具有意识形态的功能），**既具有普遍性又具有特殊性，既具有必然性又具有偶然性，既具有理论性又具有规范性，既具有基础性又具有应用性，既具有实证性又具有实地性**。即，综合性是其作为科学之最根本的特性。

有开放性的探索态度，具体阐释见本节第三部分。

表 3 – 1　英美与德国对科学的划分

英美的划分标准	逻辑性	公理性	实证性	直接观察实验	自然科学 社会科学 人文学科	人文是学问
德国的划分标准	体系化				自然科学 社会科学 人文科学	均具有科学性

所谓"方法"，是人们认识世界和改造世界所应用的行为方式、程序及手段的总和。由于人类认识和变革世界的对象不同，方法具有不同的层次性，可分为哲学方法、一般方法、具体方法。三种方法相互联系，其中哲学方法处于各种方法的最高层次，具有普遍性的指导意义。所谓"方法论"，是一系列有关方法的理论与学说，是关于认识世界和改造世界的方法的理论，是抽象的、概括的"方法哲学"。社会科学研究方法论的核心是方法选择的价值、规范和标准问题，涉及什么问题是值得研究的，其理论根据是什么，资料获取的原则是什么，如何进行解释，如何确定众多具体方法的评价体系。本书探讨的实证与批判之争所反映的是人文社会科学领域的方法论问题。

一　自然科学及其研究方法

"自然科学"（natural sciences）是研究无机自然界和包括人的生物属性在内的有机自然界的各门科学的总称。发现现象的规律是自然科学的目标所在。弗朗西斯·培根指出，只有发现自然界固有的规律，才能改造自然界为人类造福。在培根之前的时代，由于神学和经院哲学对理性的束缚，人们对自然的认识缓慢，甚至包含很多错误和偏见。培根认为自然科学是真正的科学，主张在适当的基础上，把科学、艺术和人类的一切知识加以重新改造。到了 19 世纪中叶，科学在社会生活中确立了极为重要的地位，并改变了人们的生活方式和思维方式，自然科学成为收集、整理材料并将这一过程结合为一个整体的科学。

实证性是科学的诸多属性之一，它与自然科学方法论的确立和完善紧密相关。由于科学是从观察自然现象开始的，它的所有发现、所有结论都必须经过检验才能确证，不能通过实验确证的知识不能称为科学。在实证性的要求下，自然科学的研究方法是哲学方法论在各门自然科学中的具体运用。自然科学方法论主要包含三类。一是科学实验法（定性实验[①]、定量实验[②]、验证性实验[③]、对照比较试验、相对比较实验、析因实验等）。二是数学手段，是一种抽象的思维模式。通过科学思考，剔除那些和研究目标没有关系的所有项，只选取研究目标中不同种类的量和量的变化及不同量间联系的一种方式，简单来说，就是在客观前提下，最大程度地将概念或原理进行量化，通过数学手段进行符号运算、逻辑推理和数字计算，最终实现对所研究问题的数学解释和预估，以数学量化的方式对目标的规律进行分析与揭示，通常称这种抽象的思维方式为数学方式。相较于同样具有抽象性的自然学科和社会学科的其他方法，数学方法剔除了事物的其他特征，而极具抽象性。在数学领域中一切对象是以数字和符号的方式存在的，并且符号间的联系只有数量和运算关系，通过这种量化的关系才能以数字的形式将目标内部的潜在规律描述出来。马克思对这种手段的评价是，只有当一种科学能够运用数学手段表达时，才算是真正发展了。三是系统研究方式。系统化的科学是全面解读事物变化及发展的科学。系统科学出现于20世纪上半叶，之后快速发展，并形成了众多分支，如控制论、信息论、系统工程、系统动力学、一般系统论、社会系统论、运筹学、博弈论、耗散结构理论、协同学、超循环理论、一般生命系统论、灰色系统理论等分支。这些学科利用科学的研究成果来进行全面的目标解读，对象的研究始终以全局为基点，把握整体和局部、局部和局部、结构和功能及整体和所

[①] 定性实验：判定研究对象是否具有某种成分、性质或性能，结构是否存在，功效、技术经济水平是否达到一定等级的实验。

[②] 定量实验：研究事物的数量关系的实验。这种实验侧重于研究事物的数值，并求出某些因素之间的数量关系，甚至要给出相应的计算公式。这种实验主要采用物理测量方法，因此可以说，测量是定量实验的重要环节。定量实验一般为定性实验的后续，是为了对事物性质进行深入研究所采取的手段。事物的变化总是由量变到质变，定量实验也往往用于寻找由量变到质变的关节点，即寻找度的问题。

[③] 验证性实验：为掌握或检验前人或他人的已有成果而重复相应的实验或验证某种理论假说所进行的实验。这种实验也是把研究的具体问题向更深层次或更广泛的方面发展的重要环节。

处环境的矛盾统一关系，将研究对象置于最佳效果的目标下进行分析、探索研究。采用该系统方法必须遵循最优化、全局性、综合性、变动性和模型化五个原则。运用的方法包括功能分析法①、黑箱方法②、控制论方法等。

二　社会科学及其研究方法

社会科学（social sciences）是指以社会现象为研究对象的科学，如政治学、经济学、军事学、法学、教育学、史学、语言学、民族学、社会学、传播学等，其任务是研究并阐述各种社会现象及其发展规律。社会科学研究的方法论涉及多个层面的哲学认识问题，社会科学中的一般方法论观点包括实证主义方法论和非实证主义方法论。也就是说，社会科学方法论本身借鉴并包含了一定的自然科学研究方法，间接肯定了科学的社会性问题，即科学具有社会性。这个社会性可以概括为科学与社会的关系，也就是默顿提出的科学社会学。科学社会学把科学作为一种社会因素来看待，将其与其他社会因素的互动关系或科学这个小社会内部各有关因素之间的相互关系作为研究重心。例如，默顿将科学共同体作为一个相对独立的小社会，从不同侧面研究科学共同体内部科学家之间、科学家和科学共同体之间以及科学共同体和整个社会之间的互动关系，研究科学小社会内部的社会因素与科学发展之间的互动关系。所以，如果从社会学视角切入，拉扎斯菲尔德与阿多诺的冲突反映了社会文化研究的方法论冲突。其中，拉扎斯菲尔德的研究属于科学社会学研究范畴，阿多诺的研究属于知识社会学研究范畴。一般教科书中说拉扎斯菲尔德的研究完全属于传播学研究是不准确的，确切地说，他从事的是以传播现象为对象的社会学研究。认识到这一点，有助于我们对实证与批判辩证关系的全面理解及有效解释。

社会科学研究方法作为获取社会知识的重要方式，是我们认识各种社

---

① 功能分析法是从分析系统与要素、结构、环境的关系层面来研究系统功能的方法。它分为要素—功能分析法、结构—功能分析法和环境—功能分析法等。
② 黑箱，亦称为"黑盒子"，是指一个系统的内部结构因某些条件的限制还不太清楚，只能通过外部观测和试验去认识其功能和特性的物质系统。功能分析法是依据要素与功能、结构与功能之间的关系，研究系统的功能，这种分析法只能用于已知系统的要素和结构系统。黑箱方法为我们提供了在不了解系统内部要素和结构的情况下进行功能分析的方法，它是结构分析的补充。

会现象及事物的途径。社会科学研究方法分为方法论、研究方式和具体方法三个层面。首先，方法论是人们研究社会的基本立场、基本假设和基本出发点。方法论可划分为哲学方法论和具体学科的方法论。其中，哲学方法论要解决的问题是怎样看待生活中的社会现象；是否存在客观的社会规律；如何发现这些规律；如何判断社会科学研究中所得到的知识的客观真理性，以及如何区分价值判断与事实判断。其次，社会科学的研究方式是确定研究途径和研究路线。依据不同的研究目的和研究对象，在社会科学领域最常用的研究方式有：调查研究法、文献研究法、历史比较研究法、实地研究或观察法、访问法和实验法。最后，社会科学研究方法、技术与所选择的研究方式相关，其中最主要的是如何收集、观察、分析资料；如何进行访谈、调查及处理数据等。因此，社会科学研究方法既具有基于技术的自然科学属性，又具有精神活动的人文属性。

　　前文指出，实证主义方法论和非实证主义方法论是社会科学研究方法论的主要内容。人们通常把源于孔德，主张社会科学与自然科学具有一致性，并寻求普遍规律性的观点称为实证主义，这种方法秉持着价值中立原则，对社会科学问题的研究坚持以事实为依据。实证主义大致经历了三个阶段：以孔德和迪尔凯姆为代表的经典实证主义阶段、20世纪40~60年代的工具实证主义阶段和后实证主义阶段。非实证主义方法论主要包括现象学与阐释学方法、批判理论、建构主义等。其中，阐释作为一种方法可以追溯到狄尔泰，韦伯则继承和发展了"阐释"的方法，批判了实证主义对主观性的忽视。批判理论源于法兰克福学派，其批判纯经验性和数量化方法，拒绝"价值无涉"，认为科学研究的目的不是解决"是什么"（to be），而是解决"应该是什么"（should be）。建构主义则与知识社会学研究的兴起密切相关，将科学知识纳入研究对象的范围，认为科学知识与其他知识形态并无本质区别，也是社会建构的产物，受到社会文化因素的影响。传统科学观把经验事实当作判定一种思想是否正确的标准，认为知识是客观的，但这是不正确的，因为科学家在解释他们占有的材料时，会受到外界社会、内在利益等多种因素的影响。此外，作为学术共同体，他们得出的结论也是社会协商的结果，因而普遍的科学方法只能是一种理想。社会科学研究的方法论涉及多个层面的哲学问题，而且每一个学科都有自己的方法论问题，随着各学科的发展和人们认识的深入，新的方法论观点与问题还将不断出现。

三 人文学科及其研究方法

"人文学科"（humanities）一词源自拉丁文 humanists，意即人性、教养。原指与人类利益有关的学问，如对文字、文学的研究，后泛指对社会现象和文化艺术的研究。人文学科以人类精神生活为研究对象，对人类的思想、文化、价值和精神现象进行探究，目的在于为人类构建一个意义世界和精神家园，使心灵和生命有所归依。本书认为，"人文学科"的称谓一方面侧重于这一知识体系的特殊性与传统形态，与科学各异其趣；另一方面是因为该知识体系发育虽历史悠久，却仍不成熟。不过，我们今天在使用这一称谓时，应看到这一知识体系的科学化趋势。目前这一知识体系的发展，与一般公认的"科学"标准（可检验性、解释性、内在完备性、预见性）存在不同之处。而且，该知识领域还有一些不能以"科学"来涵盖的重要特点，这些特点是古老而常新的，也是永远不会消失的，如意义追问和价值判断。以"人文学科"称之，更为严谨，也比较切合目前该学科群的发展实际。所以，我们一方面可以借鉴社会科学的研究方法，另一方面也要注意社会科学的研究方法不能完全解决人文学科的问题，因而要用人文的方法和态度来解释人文学科的问题。

人文学科具有非实证性。非实证性是指人文学科在探讨人的本质、建构价值体系、塑造精神世界的过程中所提出的思想和理论，其主体部分是难以通过经验的检验予以证实或证伪的。这也是人文学科与自然科学的不同之处。自然科学的重要特征是要通过经验（观察、实验）对自然科学的思想和理论加以检验。理论之所以能够成立的根据是它同大量的单个观察存在关联，而理论的真理性也正在于此。其中，实验思想是人们运用逻辑推理方法并发挥想象力，在思维中把现实的实验条件和研究对象理想化，而抽象或塑造出来的实验过程。这些过程说明，自然科学的思想、理论都要经过经验检验或者思想实验。而人文科学的思想、理论中也包含可以为经验所检验的内容。但这些能为经验所检验的内容，在人文科学中并不占据最主要的地位，人文科学最主要的部分，是难以通过经验的检验予以证实或证伪的，是不具有实证性的。首先，人文科学所运用的主要方法是体验、理解，而不是观察、实验。这是主客体之间的双向交流，在交流中建立关系并产生意义，这种意义不仅属于客体，也反映了主体的价值。因此，人文科学通过体验、理解所得到的思想和理论，不是纯粹客观的认识，而是必然带有主体自身因素的产物。这些思想理论是人文学者生命跃动的体现。其次，人文学科的基本作用包括建构价值体系并由此塑造人类精神家园。价值是通过客体与主体之间的联系而确立的，既涉及人的文化创造的作用，又涉及人对这种作用的需要和评价。人文学科构造的价值体系，不是纯客观的知识，不是靠经验所能证实的。人文学者可以建构出不同的价值体系，可以进行反复的探求。人的价值体系又是建构人类精神家园的支柱，所以，人的精神家园也不是一个可以证实或证伪的科学理论架构，而是人类繁衍过程中不间断的理想追求。最后，人文学科具有超越性，力求超越现实，提出理想。理想的东西不能在现实中得到具有普遍性的检验和证明，它往往与现实相矛盾，而显得格格不入。这种矛盾冲突往往表现为政治家与思想家之间的分歧与对立。理想的东西有可能成长为现实，但这一过程艰难而又缓慢。在这一过程中，理想往往为现实的东西所修正，并不得不吸纳部分现实的东西，甚至使理想有所变化。所以，人类总是有所希望，有所追求，有所批判的，也正是在这一追求下，需要批判来完成理想向现实转化的过程。人类的思想正因理想和批判的存在才没有凝固和僵化于现实世界之中。[1]

所以，人文科学研究的基本方法一是解读文本，二是理解对象，三是体验生命。人文科学强调理解，理解人的文化生命和本性自然，在研究者与研究对象之间建立一种联系，通过相互交流、感通、共鸣和对话，来揭示人的生命存在和文化价值。这种理解是研究者与研究对象之间的沟通、对话，是心灵与心灵的碰撞与交融。人文学者对文本的解读和对对象的理解所能达到的力度、深度与广度，在很大程度上取决于人文学者自身体验

---

[1] 李维武：《人文科学概论》，人民出版社，2007，第253页。

生命的力度、深度与广度。实际上，研究者与文本、研究对象之间建立了一种深度的沟通与交流，以自我对人的生命存在与生命活动的感受揭示出文本和研究对象所蕴含的生命存在价值。

第二节 以经验事实为准绳的哲学方法论

在实证与批判之争中，拉扎斯菲尔德运用的是以经验事实为准绳的实证哲学方法论；阿多诺运用的是以人文价值为诉求的批判哲学方法论。两种方法论的产生具有不同的哲学背景和发展路径。以经验事实为准绳的哲学方法由实证主义研究方法和实用主义研究方法构成。前者思想资源的主线是孔德创立了实证主义哲学方法论，经由迪尔凯姆对实证主义社会学研究的拓展，又由维也纳学派发展成逻辑实证主义的科学世界观。后者源于皮尔斯提出的"实用主义"概念，经由詹姆斯彻底的经验主义进行完善，最后杜威成为实用主义与经验主义的集大成者。

一 实证主义研究方法

拉扎斯菲尔德的文化研究方法紧密围绕实证而展开，"实证"一词源于拉丁文 positivus，意为肯定、明确、确切。16~17 世纪，自然科学逐渐发展，特别强调观察与实验，追求知识的确定性与实证性，因而有人称实验的自然科学为实证科学。"实证主义"一词，由空想社会主义者圣西门（Saint Simon）首倡，他认为要改造社会就必须具备新思想，要依照经验和科学来建设实证主义。圣西门的秘书孔德接过实证主义一词，为自己的哲学体系命名，并被后世称为实证主义哲学创始人。孔德学说的核心是建立一种"实证主义"思想体系，将社会科学建成与物理、化学一样精确、严密、实证的科学。但他的学说更接近于社会哲学，而非经验科学。[1] 在这一哲学体系中，孔德只承认"实证的"事实（实证即确实的）。知识的最高形式只能是对感觉现象的可能的描述，关于原因的知识则是不可能的。实证

---

[1] 〔法〕孔德：《实证主义概论》，萧赣译，商务印书馆，1938，第5页。

哲学体系要创造一种科学的哲学。孔德反对形而上学，即反对对哲学的根本问题诸如事物的本质、宇宙的本源等进行探究，认为实证主义哲学体系超越了唯物主义和唯心主义，是"科学的哲学"。基于自然科学的成功，实证主义对世界的感知带有强烈的科学主义偏见。19世纪以来，自然科学的经验分析方法被新的人文社会科学当作典范，理智现象被还原为一种纯粹的物理化的基质。"一定程度上是人们期望实证科学不仅能解答关于世界的一切秘密，而且能引起社会的巨大进步。"[1]

受进化论思潮影响，孔德提出人类进步的"三阶段法则"：神学的或虚构的；形而上学的或抽象的；科学的或实证的。与之相应，人类社会的发展也经历了三个阶段：军事社会、宗教社会和工业社会。而孔德身处刚刚到来的工业社会时代，实证主义正是这种社会的主导思想。在《实证主义概论》中，孔德的"实证"概念是："现实的而非幻想的，有用的而非无用的，可靠的而非可疑的，确切的而非含糊的，肯定的而非否定的。"[2] 在这里，实证意味着实在（real），所以，实证哲学强调的是依靠于事实（facts）；实证意味着有用（useful），因此，实证哲学的目的在于改善个人与社会的存在；实证也可以理解为确定与确实（certain and indubitale）。由此，实证哲学的任务就在于引导我们超越早期哲学家的怀疑与争论，以进行精确的决定。概言之，实证哲学以规律、恒定、固定关系代替早期阶段的否定与变化观念；实证成为否定的对立面。孔德认为，在实证阶段人类将观念与推理结合起来，以揭示现象规律为目的，专注于寻找事物之间的稳固联系。在此阶段，想象和论证都附属于观察。实证哲学的格言就是观察，并借以预见。实证哲学中的事实即现象，试图用探寻现象的实际规律来代替探寻现象的绝对因（现象的本质），只探索"如何"（how），而不涉及"为何"（why）。因此，孔德探寻现象的实际规律，其实就是对事物现象间因果关系可知性的否定。[3]

以上对实证概念的描述表明，实证主义与经验主义有着某种相似性。

---

[1] 〔荷〕约斯·德·穆尔：《有限性的悲剧：狄尔泰的生命释义学》，吕和应译，上海三联书店，2013，第117页。

[2] 〔法〕孔德：《实证主义概论》，萧赣译，第71页。

[3] 邱觉心：《早期实证主义哲学概观——孔德、穆勒与斯宾塞》，四川人民出版社，1990，第33页。

因为是以实证的态度对待科学的种种可能性,所以,孔德实证主义世界观的根本预设是:人类思想和社会世界在本质上并非有别于无机和有机的自然界,它们不仅可以以同样的实证方法来研究,而且正如在自然科学中那样,预言和控制也是可能的,社会学作为最后的科学必然进入实证阶段。孔德的实证主义对19世纪和20世纪哲学影响巨大,在19世纪下半叶,实证主义实际上成为欧洲盛行的哲学流派,各种实证主义运动在法国和英国兴起。

在法国,社会学家迪尔凯姆是实证主义的重要追随者,经由他的发展和具体化,实证主义思想逐渐成熟。1897年,迪尔凯姆的《自杀论》问世,用事实证明了社会学或整个社会科学是可能的。《自杀论》是一本充满数字及计算公式的书,是迪尔凯姆运用统计学方法寻找社会规律的尝试。以往的研究者大都将自杀当作一种心理现象,而迪尔凯姆首次将其作为一种社会现象来考察。迪尔凯姆的研究证明:自杀虽然是一种个人现象,但更多地取决于社会外因。社会学家应以各种明确的现象作为研究对象,不应执迷于社会现象的形而上学思考。[①] 这与孔德的"人类智力发展三阶段律"是一致的,强调这些现象是用手摸得着的,是可以说清来龙去脉的,此外还要参考辅助科学,如历史、人种志和统计学。迪尔凯姆尤为强调他所研究的对象是支配个人的超越个人道德的现实,即"集体的现实",这是一些实在的、有生命的力量,随着自身的形成而对个人施加影响,这也证明了社会科学可能而且必须是客观的。社会的整体性是迪尔凯姆研究的出发点,观察和统计是迪尔凯姆的方法。他强调:"社会学的解释主要是建立社会现象的因果关系。对于一种现象,要研究它的原因何在;对一种原因,则要考察它的有效结果。"[②] 可见,迪尔凯姆与孔德认为社会科学与自然科学在学科性质上是一致的,实证主义哲学与形而上学有严格界限;社会科学研究同样是为了寻找和建立"规律",社会科学研究的对象是社会事实,它是外在于人的客观实在,不同于人的心理或意识,具有普遍性、客观性、外在性,基于以上前提,实证主义哲学主要从社会本身出发对社会生活进行

[①] 〔法〕迪尔凯姆:《自杀论》,冯韵文译,商务印书馆,1996,第2页。
[②] 〔法〕迪尔凯姆:《社会学方法的规则》,胡伟译,华夏出版社,1999,第73页。

解释。

　　20世纪二三十年代，石里克和卡尔纳普受物理学家阿尔伯特·爱因斯坦、数学家兼哲学家贝兰特·罗素和哲学家维特根斯坦等人的影响，开创了维也纳学派（Vienna Circle），该学派发起的逻辑实证主义运动在德语国家中没有引起反响，但在欧美国家却被接受和发扬光大。以该学派为中心，逻辑实证主义运动推动并形成了完整的科学哲学体系。通过可实证原则来排除形而上学，以逻辑实验证明为手段，能够在高效的理论指导下进行系统的分析研究，从而凭借其能够验证的实用性方式来避免形而上学的弊端，这种注重建立严密的逻辑推理关系的方法，为科学哲学的推崇者所遵从。在此领域，成就突出的研究者包括石里克、卡尔纳普、赖辛巴赫、亨普尔、奥图·纽拉特等。其中，石里克在1922年受聘于维也纳大学教授科学哲学，并以他为中心，集聚了一批哲学家、数学家和物理学家。该群体成员认为，哲学是一门科学的学科，要以对自然科学那样严格的验证来进行哲学研究。哲学同样必须有清晰的推理、严密的逻辑和公理性质的认同，不可缺少科学内涵。基于这些前提条件的哲学将全面拒绝形而上学。[1] 新逻辑与数学对维也纳学派的哲学倾向有着决定性作用，使维也纳学派进一步理解了逻辑和数学的独特性质，而这种理解正是传统的经验主义者所缺少的。经验的实在并不依赖逻辑和数学对其做出任何断言。由于"逻辑既不表述关于存在物的基本定律，也不提供知识，它所表述的，只是概念次序的基础。逻辑关系所反映的也只是概念的关系和符号系统内部的关系，而不是经验世界中的事实关系"[2]，因此，基于逻辑的纯粹形式的关系，以及它们之间关系的确定无须顾及命题的特定意义，即具体的事态。此外，他们提出，知识只能来自经验，而知识的获得须有一定的研究程序或逻辑，科学研究的目的就是通过经验材料的逻辑分析找出规律。按照卡尔纳普的观点，经验世界是统一的，表述经验世界的科学语言同样也是统一的。科学家通过对事实的观察建立规律性的关系，这种规律或定律是一种因果关系，它或者通过归纳法概括获得，或者从更一般性的定律或理论中推演出来。而且，

---

[1] 〔奥〕克拉夫特：《维也纳学派——新实证主义的起源》，李步楼、陈维杭译，第20页。
[2] 〔奥〕克拉夫特：《维也纳学派——新实证主义的起源》，李步楼、陈维杭译，第25页。

普遍性的定律具有推导性。逻辑实证主义也使实证主义方法论发展到新阶段，20世纪40～60年代出现的"工具实证主义"（instrumental positivism）就是其新的表现形式。工具实证主义思想一方面来自早期法国实证主义，一方面更多地受到"维也纳学派"逻辑实证主义的影响。维也纳学派的科学世界观代表了自然科学对哲学的挑战。他们拒绝形而上学，认为经验是知识的唯一可靠来源，只有通过逻辑分析法，才能解决传统哲学问题。维也纳学派的发展因二战的爆发受到影响，学派成员中的犹太学者为躲避迫害纷纷流亡，直至1938年德国吞并奥地利，维也纳学派解体，逻辑实证主义运动的大陆阶段才告结束。虽然在欧洲最终解散，但逻辑实证主义思想却因此在英美得到传播。其中，"科学的世界观"强调经验和逻辑架构，符合当时美国强调传播研究是一门科学的研究基调，对美国社会科学研究，尤其是传播学研究产生了深远的影响。拉扎斯菲尔德开创的实证研究就是这一学派思想对美国实证主义传播研究的方法论启示。20世纪30年代，逻辑实证主义的方法源于逻辑的、分析的、经验的证明规则，这成为后来拉扎斯菲尔德行政研究的主要哲学背景。

二 实用主义研究方法

拉扎斯菲尔德的实证研究方法也是美国实用主义哲学影响下的产物。实用主义哲学思想产生于19世纪末的美国，是地道的"美国本土哲学"，至今依然在美国受到高度重视，并占据着哲学的主流地位。这一哲学概念由美国哲学家查尔斯·S. 皮尔斯（Charles Sanders Santiago Peirce）于19世纪70年代提出。皮尔斯对实用主义的理解深受其父亲的影响。他的父亲本杰明·皮尔斯在1870年第一次将数学定义为"可以引出必然结论的科学"。皮尔斯也是数学、逻辑学家，数学在他的理论中占据重要的基础地位。有关数学的认识，早在古希腊时期就已有描述，柏拉图在《理想国》第六卷中写道，数学最本质的特征表现为它的抽象所具有的独特种类，它高于物理学，但不及哲学。亚里士多德也同意柏拉图的观点。从此之后，形而上学的代表人物习惯于赞扬他们自己的推理与结论，认为其数量推理的结论更加自由和科学。这在哲学史上产生的一个独特后果是：长时间内一直流行一种看法,即形而上学的推理应当相似于数学推理。康德把数学命题看成是先天综合判断,含有较多的真理。总体来看,这不是所谓的分析判断。所有当代的数学家都同意柏拉图和亚里士多德的观点——数学只研究假设的事态,不随任何事实做出断定。正因如此,数学结论的必然性是可以说明的。除了纯粹的假定之外,它不可能推论出关于任何事物的必然结论。[1] 皮尔斯认为,实用主义"本身不是一种形而上学学说,它不试图决定任何关于事物的真理。它只不过是一种用以弄清楚一些难解的或者抽象的概念的意义的方法。用实用主义方法而产生的那些另外的、间接的效果,就完全是另一回事。我们学派中最杰出的、最受人尊敬的人物威廉·詹姆斯把实用主义定义为这样一种学说,它认为一个概念的全部'意义'把它本身或者表现在所推荐的行为形态之中,或者表现在所期望的经验形态之中"[2]。根据以上看法,皮尔斯实用主义哲学的即时影响是将实际上无意义的形而上学命题从有意义的"科学哲学"中区分出来。前者是指那些因为不代表任何具有可观察的、可被感知的效果以便被赋予任何实际意义的理念而没有意义的命题。科学哲学是有关首要的和最基本的经验元素的可观测性的规则,通常这些元素由于其基础性而难以被分辨。因此,科学哲学和科学不是一个连续规则的组成部分,但是它们各自维持着基础的和渐进的规则的传统层次。

皮尔斯所提倡的实用主义哲学具有独特性,即在他的理论中强调"真理"既不是信念体系中某种具有一致性的内容,也不是行动上的成功。在某种程度上,真理与真实具有一致性,而且自然中必然存在某种普遍、独立的规律。皮尔斯认识到:所有实用主义理论的前提假设,即根据实用主义原理进行预测的可能性,从逻辑上来说都建立在经验的规律性的基础之上。进一步来说,唯一能对这种规律性的表现进行解释的科学假设是一种能使真实由被自然规律所操纵的经验现象所组成的科学假设。

威廉·詹姆斯(William James)在1898年的一次演讲中,将皮尔斯称为实用主义原则的创立者,但他的表述过于狭隘。在1906年进行的一系列

---

[1] 《皮尔斯文选》,涂纪亮译,社会科学文献出版社,2006,第221页。
[2] 《皮尔斯文选》,涂纪亮译,第44页。

演讲中，詹姆斯完整地表述了自己对实用主义范畴的拓展。他指出，"我的哲学就是我所说的'彻底的经验主义'，是和理性主义相对立的，它把说明的重点放在部分、元素和个体上，并且把整体视为一个集合，把共相视为一个抽象。所以，经验主义本质上是一种多元事实的哲学，既不把事实拉到实体上去，为它所固有，也不把它们拉到一个绝对精神上去，以为它所创造，作为它的条件。……彻底的经验主义反对一切有关绝对的学说"①。实用主义观点引起了激烈争论，招致了包括英国哲学家 G. E. 摩尔和贝特兰·罗素的批评，这些批评者认为，詹姆斯的哲学是对庸俗的美国商业主义赤裸裸的证明。20 世纪 80 年代以来，在美国哲学家中，一种"新实用主义"得到稳步发展，理查德·罗蒂将原始实用主义的观点放到了当代哲学论战的背景之下，与他们的哲学前辈不同的是，新实用主义者们通过批评来写作，皮尔斯、詹姆斯和杜威的观点再次被置于哲学探讨和辩论的中心。

詹姆斯所提出的完全经验主义，并非是基于传统的经验主义而进行的改良与升级，它是基于与传统经验主义相关的问题而提出来的一种全新的经验主义。对传统经典主义而言，其经验概念的形成基础是把经验视为知觉或者感觉。他认为，经验并非是能够切割或者抽象的行为，而是人类基本的生存生活方式。人们往往会在自身生存中来经验它、解释它，而无法从事物过程中抽离出具体的因素当作直接经验，假如这么做，则只能得到抽象观念而非真正的生存生活经验。根据詹姆斯的理解，经验并非一种认知过程，而是一种生活过程，通过自身经验和周围的事物产生联系，是人与世界相遇、交往的方式。换言之，我们必须亲历关系，活在其中，这样才可以理解关系。经验是认识的先决条件，认识是以生活经验为基础而形成的。纯粹经验既不可将其说成精神，亦不可将其当作物质，它是超越于两者的区分之上的。② 我们认为经验十分可靠且原始，这是由于它可以对人产生直接的作用，是人的亲身感受与体验。我们凭借感觉可以和周边事物产生直接联系。但问题是，经验始终是动态变化的，而传统的经验主义者通常只会静态地审视它。在现实生活中，我们所处的环境错综复杂，用存

---

① 〔美〕威廉·詹姆斯：《彻底的经验主义》，庞景仁译，上海人民出版社，1987，第 22 页。
② 〔美〕威廉·詹姆斯：《彻底的经验主义》，庞景仁译，第 121 页。

在论来解释,即个体与其他事物间均非单一的关系,相应地,事物也不仅仅是一种认识的对象,即便在单纯地观察某种现象的时候,所得经验亦绝非单一因素,只不过我们在对这个观察过程进行研究的时候只看到了其中的个别因素,却舍弃了其他因素。所以,以存在论视角去看待经验,便可以将传统经验主义的弊病挖掘出来。詹姆斯基于人类的生活实践视角提出了其经验理论。在传统经验主义看来,当人们经验某事时,从中获得的一切要素均被看作事物的单一经验,如形状、体积、材质、味道、声音、颜色等。不管我们接受与否,各种感官对象均会将其观念强置于人的内心当中。各种观念深深烙印在人们的心里,以致无法改变人们的理解。观念自身既然为简单纯粹的,那它们便仅存在一种单纯的现象,所引发的认识也是单纯的,无法再分离出其他观念。然而现实状况并非如此:在实践经验当中,并不存在这种纯一的认识与观念,人类得到的始终都是具体经验。詹姆斯所提出的纯粹经验概念引导我们从静态单一的传统经验走向生命经验。就如同柏格森把理智当作具有工具性的派生物一样,两人有很多共同的见解。所以,在研究詹姆斯的学说时,也会自然而然地谈及生命哲学,而在提到柏格森时,亦会提到实用主义。新现实主义运动领导人之一巴顿·佩里,曾因撰写威廉·詹姆斯传记而获得1936年的普利策传记文学奖,他如此评价詹姆斯的实用主义:实用主义是一种属于年轻人的现代哲学,它能够激发更好的精神代言,是一种反映世俗进步的、民主的和新教的哲学,充满了活力与冒险精神,同时也避免不了幼稚的成分,这使它有时会忽视过去的历史和现在的其他可能性。[1]

实用主义的集大成者约翰·杜威(John Dewey)师从皮尔斯,其思想具有鲜明的"美国性",被尊为"美国民主主义的哲学家""美国人民的领路人、导师和良心"[2]。杜威思考的一个基本范畴是"经验"。所谓经验,是一种感官知觉,具有表象性。杜威对传统哲学的批判核心出自这样的论断:哲学源于整合传统价值与科学的文化需要。传统哲学试图通过引入不同类

---

[1] Ralpha Barton Perry, "The Truth Problem," *Journal of Philosophy, Psychology and Scientific Methods* 13 (1916): 268.

[2] 〔美〕罗伯特·B. 塔利斯:《杜威》,彭国华译,中华书局,2002,第1页。

型的二元论来实现这种整合。尤其是传统哲学在不变的、永恒的实在与变化的、不完美的普通事件的世界之间,确立了一种形而上学的二元论。一旦真实的实在被提升到不能通过科学观察进入,而只对哲学家显现的形而上学领域,经验世界中的对象及科学家所运用的方法就会被视为附属性的。结果是,传统的价值与态度得到了保留。杜威认为,鉴于科学方法之举世公认的成就,哲学必须探讨相反的途径,必须变为一种能使传统文化更为科学的社会批判。哲学家不能再使认识独立于科学之外,改造后的认识论必须根据科学中的试验方法来规范知识概念。因此,杜威将他的观点称为"实验主义"。杜威认为哲学产生于特定的社会条件之下,因而哲学并不是"从公开的、无偏见的起源中以无偏差的方式来发展的"①,它"在一开始就要根除偏见"②。哲学具有社会使命,哲学家们必须放弃对他们从传统中继承下来的谜的研究,转而关注与社会有关的问题。于是,改造后的哲学就成为社会批判的一种方式,社会革新的一种工具。由坚持哲学必须转而关注世界这一立场出发,杜威"为任何一种我们所接触的哲学的机制提供了一流的检验方式",通过检验可否得出这样的结论:当它们关注日常生活经验及其矛盾时,它们使这些经验更重要,更为我们所明了,并使我们对这些经验的处理更有成效?或者它最终使日常经验的事物比以往更加模糊,剥夺了它们以往似乎还有的在"实在"中的重要性?像传统哲学一样,改造后的哲学必须承担起协调文化与科学的社会职能,它并不假装凌驾于自然科学之上,相反,哲学必须起源于科学。改造后的哲学的任务是将科学调查的方法运用到社会问题中。所以,从某种意义上说,现代哲学是"关于经验的认识论价值的两种态度之间的一场竞争"③。

综上所述,皮尔斯对实用主义的贡献是"给了它一个名字"④,并启发了詹姆斯。詹姆斯和杜威所要反抗的,正是以自然科学家为道德英雄的共同体,即在启蒙运动中获得自我意识的世俗知识分子的共同体。詹姆斯和杜威既不反对启蒙运动以科学家作为道德样板,也不反对科学创造的技术

---

① 〔美〕杜威:《我们如何思维》,伍中友译,新华出版社,2010,第102页。
② 〔美〕杜威:《我们如何思维》,伍中友译,第105页。
③ 〔美〕罗伯特·B. 塔利斯:《杜威》,彭国华译,第38页。
④ 〔美〕罗蒂:《后哲学文化》,黄勇译,上海译文出版社,2009,第229页。

文明。它充满了社会希望，要求我们放弃把文化、道德生活、价值、宗教信仰建立在"哲学基础"上的观念，从而迎接新的文明。他们认为"康德对牛顿的理想化，斯宾塞对达尔文的理想化，与柏拉图对毕达哥拉斯的理想化和阿奎那对亚里士多德的理想化一样，是很可笑的"[1]。他们要求我们放弃对确定性的追求，即"永恒的精神价值"的追求，放弃使哲学成为纯粹理性法庭的期望，这是一种新的方向和品性。

第三节　以人文价值为诉求的哲学方法论

阿多诺以批判的方法来研究文化问题，是一种以人文价值为诉求的哲学方法论。人是社会环境的产物，在纷繁复杂的社会现象中，许多事物无法完全用科学予以解释。人之所以为人，在于人是追求意义与价值的，即所谓"人文价值"。以人文价值为诉求的哲学方法论主要包括人文主义研究方法和批判理论研究方法。前者的思想资源来自狄尔泰的生命体验的精神科学、韦伯的人文科学研究方法以及卡西尔的人文科学逻辑。他们形成的这种"阐释的""人文的"文化研究传统追求人行动的内在意义，拒绝盲目效仿用自然科学的研究方法来研究社会科学，并且在此过程中强调人的感受力、判断力和价值观。以批判理论为研究方法的理论资源主要来自马克思、霍克海默和马尔库塞。马克思通过形而上学颠覆与批判哲学的创立确立了批判的传统。霍克海默则区分了传统理论与批判理论的差异，突出了批判的意义。马尔库塞在革命哲学的基础上进一步发展了批判理论。梳理以人文价值为诉求的哲学方法论有助于我们全面理解阿多诺用批判方法来研究文化问题的历史缘由及学术动因。

一　人文主义研究方法

有一部分学者对社会科学的可能性持否定态度。他们认为，社会科学的研究对象是人或与人有关的社会现象与社会问题，而人并非物，其具有

---

[1] 〔美〕罗蒂：《后哲学文化》，黄勇译，第230页。

能动性，可以进行价值判断，这就决定了社会科学应该重点关注人之为人的价值体验与意义思考，即社会科学研究的重点应为个体化的感受、理解和表达，而非像自然科学那样去追求所谓的普遍规律。其中，德国哲学家狄尔泰是此观点的典型代表。狄尔泰主张，生命是哲学的中心问题。围绕这一问题，必须借助个体的生命体验或生活体验，并附加对生命的理解，才是认识文化、解读历史和探寻生命本义的研究路径。他还强调与不同的生活类型（理性的、情感的、意志的）相对应的是不同的宇宙观，任何一种宇宙观都是相对的，这就是历史主义的要义。狄尔泰生命哲学关注的对象是人，他认为对人的研究与自然的研究不同，对自然的研究需要的是外在的"观察"与"经验"，而对人、对生命的研究需要的则是内在的"同情"与"体验"。历史作为人类活动的集合，同样需要用"同情"和"体验"去探索其内在意义。[①] 狄尔泰的全部研究是关于人的研究，其基本出发点是必须把历史研究、经验研究和哲学研究有机地结合起来，同时强调"意义研究"。在当代西方学术界，无论是英美侧重科学维度的分析哲学，还是欧洲侧重人文维度的大陆哲学，几乎无一不把与"意义"有关的问题，当作最核心、最关键的问题来加以对待和研究。"理解"既是人们对其他人所表达的东西的把握、对意义的领会，也是人们对他人心灵的渗透，这三个方面必定是联系在一起的、相互依赖的，因为人类不仅具有共同的本性，而且能够理解他们所创造出来的东西。因此，人们不仅能够理解当下其他人的表达所具有的意义，而且能够对已经成为历史的其他人的表达加以理解，这两个方面是相互交融、紧密联系在一起的。基于这样的观点，狄尔泰认为，就哲学家而言，其哲学体系能否恰当地作为一个整体而存在，取决于这位哲学家所具有的个性，而经过这样的研究，哲学家就可以为人们确定生活中有意义和有价值的东西，并研究某些作为最高级的、决定实践活动的方向，同时为这种活动提供奋斗目标的原则，从而完成自己的任务。

人文主义的研究方法关注的不是因果的推导与说明，而是理解，是阐释学。在文艺学、美学、哲学等领域中，很难发现像自然科学中所发现的精确规律。狄尔泰认为科学应划分为三类：自然科学、社会科学和人文科

---

① 〔英〕里克曼：《狄尔泰》，殷晓蓉、吴晓明译，中国社会科学出版社，1989，第54页。

学。在经济学、政治学、社会学及法学等社会科学领域，人们更容易使用自然科学的方法，发现类似于自然科学中那种具有普遍性、可重复性的客观规律。对于不能用理性去解释的现象，狄尔泰认为最关键、最核心、最重要的问题是"理解"，甚至主张将社会科学叫作"阐释学"。[1]

通过突出"阐释"在人文社会科学研究中的重要地位，狄尔泰强调了自然科学与人文社会科学的区别。狄尔泰在阐述意义时这样论述："一个个体的生活的意义、我自己的生活的意义、另一个个体的生活的意义，或者一个民族的生活的意义存在着，这个事实并不能明确地确定这样一种意义究竟在哪里存在。对于一个把意义作为一系列相关经验来记忆的人而言，这种意义是始终存在的。"[2] 因此，"这种由一些联系构成的系统，就是相关状态所具有的一种独特的形式，或者说就是相关状态的范畴——人们在所有各种能够加以体验的东西那里，都可以找到这种形式或范畴"[3]。

韦伯继承并发展了狄尔泰"理解"的方法，将"理解"解释为对行动意义的把握。因此，韦伯的社会学又被称为"理解的社会学"，并据此批判实证主义者对主观性的忽视。在韦伯看来，社会学类似于历史学，而不同于自然科学。其差别在于：社会学是理解性的科学，是历史性的科学，它所涉及的是人类文化。这种被他称为"理解"（verstehen）的人文科学研究方法，将个人的主观意图当作社会探讨的出发点。这意味着，对观察者而言，要通过一种对行动者的移情联系，去理解社会行动，并通过行动者而非观察者的眼睛去观察行动过程。他并不把理解仅仅看成通过访问之类的方法去找出一种对自我行为进行说明和评价的途径，也并不把统计技术的应用看作一种神秘的东西或者对社会生活现实微妙地歪曲。统计的或然性乃是对任何命题普遍有效的重要检验。同时，也要警惕把解释的意义附加在数字的关联之上，两个变量显示出一种持久的高度相关的事实，并不能自足地建立两者间的因果关系，因为要证实一种因果联系，必须证明变量之间的联系具有直观上的意义。"如果我们能够证明，英镑在对外兑换市场

---

[1] 〔英〕里克曼：《狄尔泰》，殷晓蓉、吴晓明译，第141页。
[2] 〔德〕狄尔泰：《历史中的意义》，艾彦译，北京联合出版公司，2013，第13页。
[3] 〔德〕狄尔泰：《历史中的意义》，艾彦译，第14页。

升值与贬值是精确地平行于离婚率的起伏，我们也不能理直气壮地说，这两件事之间存在着一种因果联系。钞票市场和对婚姻命运的决定之间的相关行动这种乍看上去似乎成立的'动机顺序'，是并不存在的。"[1] 这即是说，统计的联系可以使我们对某种因果环节的可能性产生关注，但这样的一种环节却只有当我们自己满足于一种相关的动机顺序时才能被确立。所有这些都试图说明：理解不能被领会为一种在实证主义和科学方法之间的选择，而是对这种方法的过分机械应用的一种矫正。

科学史上有一种观点认为：科学的使命在于追求客观真理，它不应该与研究者的价值观念和价值判断相联系。韦伯对此表示认同，认为科学应该保持价值中立或价值无涉，即科学只回答"是什么"或"不是什么"的问题，不讨论"应该是什么"或"不应该是什么"的问题。罗素也持同样的观点，将价值问题排除在知识范围之外，认为价值判断是一种自我的情感表达，并不可靠。[2] 例如，科学只负责解决人类能否克隆，但该不该克隆的判断则属于价值问题，不属于科学范畴。科学是客观的，它关注事实；价值是主观的，它关注目的；科学应远离价值，保持纯洁。

韦伯对理性概念的划分说明了理性分类的必要性。他将理性分为工具理性和价值理性。因而，韦伯的理论对分析理性异化具有重要意义。并且，由于韦伯继承的是德国古典哲学传统，同黑格尔、马克思的理性概念有着共同的渊源和传承，因而同样具有批判性；在韦伯看来，社会行动可以分为合理性与非合理性两大类，而合理性行动又分为价值合理性行动与工具合理性行动。工具合理性行动是指能够以数学形式进行量化和预测后果以实现目的的行动；价值合理性行动，则指主观上相信行动具有无条件的排他性价值，而不顾后果和条件要完成的行动。工具合理性强调的是手段对达到特定目的的能力或可能性，至于特定的目的是否符合终极价值及这种终极价值是否合乎人本身的要求，则无须过问。与之相反，对价值和理性来说，关键是行动本身是否符合绝对价值。显然，工具合理性拒斥价值判

---

[1] 〔英〕弗兰克·帕金：《马克斯·韦伯》，艾彦、刘东、谢维和译，四川人民出版社，1987，第9页。
[2] 〔英〕罗素：《宗教与科学》，艾彦、徐奕春、林国夫译，商务印书馆，1982，第123页。

断或主张价值中立,强调手段对目的的首要作用;价值合理性则把价值关怀置于判断的中心,强调目的的绝对性。所以,合理性和非理性的区分不是绝对的。从价值合理性和工具合理性各自角度来看,双方都是不合理的,即存在合理性的非理性、非理性的合理性。正是运用这个观点,说明了由资本主义社会的理性异化所导致的社会异化及在社会支配问题上的两难处境。首先,价值合理性表现出非理性的合理性。从理性主义的角度来看,价值合理性是非理性的。它为不计后果的激情、理想、信仰所驱使,追求超凡、神圣、英雄气概或非凡气质,因而与不能通过理智思考和理性计算的情绪、巫术相通。从目的和价值的相通性上来看,价值合理性与工具合理性有共同之处,具有非常态、革命的性质,因而可以打破传统习惯、促进社会自由和解放及理性进步,从这一角度来看,价值合理性又具有非理性的合理性。其次,工具合理性可被称为合理性的非理性。工具合理性是形式的合理性,依据的是事实间的因果关系,主要被归结为手段和程序的可计算性,追求的是客观、精确、功效。从功能和效率上看,这符合人们的思维常态,但它只为追求功利目的所驱使,因而势必漠视人的情感和精神价值,把功利视为唯一目的,并导致了行为方式的"例行化"(routinization),使社会丧失多元价值和多向度的创造性。从价值合理性的角度看,工具合理性由于其习惯性、例行化、缺乏创造力的特点,有招致社会生活停滞化、单向化的危险,这是合理性的非理性。从工具理性的角度看,韦伯认为科学、技术、资本主义、现代法律体系和行政管理制度都是具备高度合理性的。但这种合理性是纯形式的,与实质合理性即意义合理性及信仰、价值承诺处于一种永远无法消解的紧张对立关系中。

韦伯指出,近代欧洲文明的一切产物都是理性主义的结果。16世纪以来,欧洲的社会现实将现代性引入历史。现代性代表着一种新的时间意识。它针对中世纪,是一种新旧交替的成果。在这个阶段,宗教神学开始被淡化,人的自我发现被凸显出来。韦伯针对这个过程,认为现代性是一个祛魅的过程,也是理性化的过程。理性,成为现代性的核心观念,韦伯视其为现代社会的内在根基。他从社会组织角度将理性所带来的精心规划与细致盘算上升到资本主义社会的国家生活层面。提出理性无处不在,理性能够提高效率，因而在现代社会备受推崇。在理性主义发展中，价值理性发生了向工具理性的转变，韦伯称其为人类社会发展的悲壮选择。这种趋势在资本主义社会达到顶峰。韦伯是追求工具理性的，他也认识到这是一柄"双刃剑"。但正如上文所说，这种合理性是一个"价值中立"的概念，它本身从价值合理性的角度看是非理性的。现代资本主义的发展，已背离了新教禁欲主义的初衷，人的精神被忽视，一切成为盈利的工具。所以，资本主义的"合理性"，是一种"工具合理性和价值非理性"。[1] 韦伯深刻地洞察到，在工具理性支配下，资本主义社会结构与文化价值之间存在不可解决的冲突，这一境况是无法规避的"命运"，甚至永远不可能解决。

　　1874 年，卡西尔生于普鲁士的一个犹太人家庭。他从欧洲不同时代的人文运动中吸取养分，关注人文科学的基础问题和人作为文化缔造者的问题。想了解卡西尔人文科学的逻辑，首先要了解人文科学之所以称为"科学"的原因。在此之前，我们有必要对德文的"Wissenschaft"予以解释。许多人只根据英文的"science"理解"Wissenschaft"，而又只根据物理、化学等学科将"science"理解为纯粹的关乎自然的学问。这种认知明显过于狭隘，而且与相关概念发展的事实严重不符。英美传统有所谓"moral sciences"的说法，其理解往往只从实证和经验归纳的角度入手，怀海特曾明确将"moral science"与"natural science"进行对比。[2] 此外，"social science"或"社会科学"等用语的广泛使用更清楚地反映了"science"与"科学"之概念绝不应被物理、化学等关乎自然的研究所垄断。德文的"Wissenschaft"其实是从德文的"知识"（Wissen）一词引申出的抽象名词。"Wissenschaft"泛指有一定规模的学问。康德对"Wissenschaft"的界说是："只要能够构成一系统，并按照一定原则被组织起来的知识整体，都可以称为'科学'。"[3] 在康德的时代，"科学"所谓的原则指的是"先验原则"，而最符合此定义的"科学"大概只有他所谓的"超验哲学"了，所以康德甚至把只有经验原则的学问如化学也摒弃于严格意义上的"科学"之外。

---

[1] 〔英〕弗兰克·帕金：《马克斯·韦伯》，艾彦、刘东、谢维和译，第 3 页。
[2] Alfred North Whitehead, *The Function of Reason* (Princeton: Princeton University Press, 1929), p. 47.
[3] 〔德〕康德：《纯粹理性批判》，邓晓芒译，人民出版社，2004，第 110 页。

后来，黑格尔进一步把原则理解为"思辨原则"，这更让科学一词带上了浓厚的形而上色彩。在德汉词典中，"Wissenschaft"通常译为"科学"，但实际上，它所表示的意思比汉语中"科学"的含义要广泛一些，除了表示通常所谓的"科学"之外，还可以表示其他各种形式的学问，如"历史学""语文学"；在汉语中，"科学"主要表示"自然科学"或者"理工科"所涉及的"学问"，而"文科"所涉及的"学问"虽然可以勉强叫作"科学"，实际上人们很少用这个术语来指称文科知识。在狄尔泰那里，"Geistwissenschaft"表示的模式包含各种关于人的学科：经济学、政治学、历史学、心理学、人类学、社会学、法理学、文学，甚至哲学。因此，就汉语而言，无论"人文科学""人文研究"，还是"文化科学"或者"文化研究"，基本上都没有准确地表达出狄尔泰在运用这个术语时所涉及的这些含义。所以，用"精神科学"来表示"Geistwissenschaft"似乎更恰当，其中，Geist主要有两方面的含义：一是表示人类所具有的抽象思维、形成概念和逻辑推理等理性创造能力，正是这种能力使人与其他动物相区别；一是表示人的精神性的创造活动所形成和产生的一切结果。[①] 所谓精神科学是包括社会科学和人文科学在内的几乎所有与人的知识有关的学科。[②]

卡西尔认为，"科学运用纯粹数字概念、物理化学常数对事物本质作出决定，而这些物理与化学常数是独特于每一事物种类的。为了要建立一个系统网络，科学以一些固定的函数关系或一些方程式去把这些常数联结起来，这些函数关系和方程式让我们知道某一个数值是如何地被决定于其他数值之上，这样，我们才终于获取了'客观'世界巩固的架构；如是，单一的、共同的事物世界乃被建构出来。然而，这一项成果却必须以一种牺牲作为其代价，即人的事物世界被彻底地掠夺了灵魂；一切以某一方式令人联想到自我之'位格'的生命体验，都遭到压抑、排斥和消解"[③]。在这样的自然图景中，人类文化是难以觅得一栖之所与归宿的。然而文化同时也是"交互主体之世界"，此一世界并不在"我"之中，而是对一切主体开

[①] 〔德〕狄尔泰：《历史中的意义》，艾彦译，第26页。
[②] 〔德〕威廉·狄尔泰：《精神科学引论》第1卷，艾彦译，译林出版社，2012，第5页。
[③] 〔德〕卡西尔：《人文科学的逻辑》，关子尹译，上海译文出版社，2013，第107页。

放的,且是所有主体应该参与的。借此行动的共同参与,众主体相互认识,并在构成文化的不同形式世界的介质中彼此了解。自"我"过渡至"你"这第一步和关键性的一步,也得由感知而出。然而,正如感觉或单纯的印象对构成对象的知识是不充分的,那被动的表达经历对自"我"到"你"的过渡而言也是不充分的,真正的"综合"只有到了主动交流之层面方能成就。这种主动的交流表现于每一种语言层面的"沟通"之上。我们所渴求的恒常性是意义的恒常性,而非性质的恒常性。涉及的个别领域愈多,则此一意义之世界便显得愈丰富和多样化,我们是生活于语言之言辞中的,这或许表现为诗歌与造型艺术的形态,或表现于音乐的形式,我们能彼此"了解"对方,但这种直观的认识尚未具有"科学"的特性。[1] 卡西尔说:"数学性之于自然科学,不但只实实在在地要实现其知识上的理想,甚至要把这一理想予以哲学的证明。因为对于人文科学来说,形式概念一旦泯灭,则人文科学自身亦将不能自保。从语言学、艺术学以及宗教学中获得的认识,其实是某些'形式'而已。而在我们未能回溯这些'形式'的原因之先,必须先对这些形式的纯粹结构有所理解。然而,原因概念的地位却绝不因此而遭到怀疑或歪曲;当另外一种知识与之抗衡之际,它便受到了限定。如是,有关方法论的竞争与对立乃重新展开。在 19 世纪的哲学中,这些竞争与对立终于发展至最为尖锐的阶段了。"[2] 这也可以理解为卡西尔对人文科学逻辑的一种回答。

二 批判理论研究方法

马克思以质疑批判的精神颠覆了传统形而上学,实现了哲学思维方式的变革。他的一系列著作都醒目地标示出批判的主题,从宗教神学到意识形态再到资本主义拜物教等一系列批判,其锋芒直指现代资本主义世界探寻人类自由解放的道路,凸显出思想精神的批判性、革命性和实践性。

1843 年,马克思在确定《德法年鉴》办刊方针时就已经明确了自己的

---

[1] 〔德〕卡西尔:《人文科学的逻辑》,关子尹译,第 107 页。
[2] 〔德〕卡西尔:《人文科学的逻辑》,关子尹译,第 137 页。

理论任务，即"对当代的斗争和愿望作出当代的自我阐明（批判的哲学）"①。他旗帜鲜明地将"批判的哲学"作为自己的理论追求，为了完成"批判的哲学"的理论任务，马克思以黑格尔为批判对象，开展了一系列理论批判工作，确立了"批判的哲学"的基本理论立场和方法，将哲学的批判与现实的批判紧密结合，全面展开了对资本主义现存制度的批判。

马克思说自己的哲学是"实践的人道主义"。《1844年经济学哲学手稿》（又名《巴黎手稿》）在1932年公之于世后，成为当代思想史上一部重要文献，也是重新认识和解读马克思的重要文献，更是20世纪重要的思想理论成果。这本书是青年马克思在巴黎完成的一部未正式发表的作品，书中构建了崭新的创造性思想体系，阐释了人的全面发展和共产主义的雏形，由此引发了对马克思思想的论争。苏联的理论家认为该书是马克思不成熟的思考，但东欧非主流的具有左翼倾向的理论家则据此对马克思进行了新的阐释，"两个马克思之争"随之出现，也即青年马克思和老年马克思。

西方左翼思想家以青年马克思的手稿为蓝本进行解读，形成了"西方马克思主义"。他们抛开了本体论，转向对人、社会、现实的关注。在新的框架中阐释问题，开启了对人道主义传统内在精神的阐发，也对资本主义现实进行了批判。马克思晚年提出，人的主体就是追求人的自由和解放。每个个体全面、自由的发展，是全社会、全人类发展的前提。所以，青年马克思与晚年马克思的思想是一以贯之的。每个人都是艺术家，不受外在的、经济的、社会的束缚，可以自由地支配时间。所以，进一步讲，艺术文化、艺术审美，才是人最自由的境界。人的生命哲学的复兴，从关注物到关注人，要摆脱传统的问题框架的束缚，要提出实践哲学的观察方式、提问方式和思考方式，通过实践的哲学破解传统哲学认识论、本体论的思想方法。

总体而言，马克思以前的哲学都可以称为非批判性的哲学。从此意义上讲，马克思哲学明显具有从非批判哲学进度到批判哲学的革命性特征。马克思哲学思维方式的变革，即从非批判性的思考方式到批判性思考方式的变革。作为一种哲学、一种理论、一种思考方式，批判性思考与非批判

---

① 〔德〕柯尔施：《马克思主义与哲学》，王南湜、荣新海译，重庆出版社，1989，第44页。

性思考究竟有怎样的区别？批判哲学是否拥有一套独立的理论立场，思想方式及运作方法？简言之，批判如何可能？批判哲学如何可能？批判性的思考如何可能？马克思的一系列批判性论著为我们解答或思考上述问题奠定了坚实的理论基础。

马克思主义在发展过程中，同样面临着被实证主义科学化的问题。人们将马克思主义理解为一门科学，强调其科学性，希望这一理论成为一种"放之四海而皆准"的永恒真理。法兰克福学派代表人物马尔库塞在《理性与革命》中对哲学的实证主义倾向予以了批评："实证主义反对经验事实必须在理性的法庭面前受到审判这一原则，从而防止用'全面地批判既定的事物本身'这些措辞来解释事物的'材料'。科学中已不再有此类批判的地位。实证哲学最终促使思维顺从现存的一切，显示了坚持经验的力量。……也就是说，要教育人们对现存的事物采取一种肯定的态度。实证哲学肯定现存的秩序，反对那些扬言要'否定'现存秩序的人。"[①] 在马尔库塞看来，马克思的哲学与实证哲学的根本区别在于，前者是否定的哲学、批判的哲学；而后者是肯定的和维护现存事物的哲学。因而，马克思的辩证法与黑格尔的辩证法也有实质上的不同，"现存秩序终结了黑格尔体系中的一切范畴，而马克思体系中的一切概念都是对整个现存秩序的一种控诉，一切范畴都意指对这一秩序的否定。在此意义上，可以说马克思的理论是一门'批判的'理论"[②]。

马克思哲学是革命的、批判的理论学说，它始终关注资本主义社会中人类生存的境况，分析批判资本主义的社会矛盾，揭示人类异化的历史现实，探寻人类自由发展的解放道路。[③] 因此，"马克思主义的社会科学观是实证主义的主要反对者，同时也可以看作是诠释学的竞争对手。在对社会进行批判之时，马克思主义的社会理论放弃了实证主义和诠释学的价值中立信念，其论点是自我改造，而不是自我理解。鉴于实证知识是现存社会

[①] 〔美〕马尔库塞：《理性与革命》，载《法兰克福学派论著选辑》（上），张燕译，商务印书馆，1998，第372页。
[②] 〔美〕马尔库塞：《理性与革命》，载《法兰克福学派论著选辑》（上），张燕译，第379页。
[③] 〔德〕恩格斯：《时代倒退的征兆》，载《马克思恩格斯选集》第2卷，人民出版社，1995，第112页。

的主张,作为马克思主义者在研究问题时,必须将社会科学知识视为批判的知识。在马克思主义的方法里,批判与解放是辩证地联系在一起的"[1]。马克思所创立的"实践—生存论"的辩证思维方式,使辩证法获得了全新的革命性的理论内涵,它是关于人的生命存在和生存意义的"实践—生存论"的辩证法,是关乎人类生存境遇、探究人的自由与解放的人学辩证法。从此意义上看,马克思辩证思维方式的批判性和革命性,就不仅仅是认识论和方法论层面的问题。因此,应该将马克思的辩证思维方式理解为人的解放的学说。也正是在这一理解中,辩证法作为一种哲学思维方式,作为一种社会批判理论,才可能摆脱认识论、知识论的立场,恢复其实践的理论内涵,并保有批判的理论指向。

从批判的视域和立场来理解和把握人文社会科学,当首推法兰克福学派。法兰克福学派的核心理论是批判理论,批判理论的提出也使法兰克福学派被誉为批判学派。这一概念首次出现在霍克海默发表于1937年的《传统理论与批判理论》一文中,他以实证性与批判性为分野,划分了传统理论与批判理论的不同,强调传统理论是具有顺从性和肯定性的文化理论;而批判理论是一种反思性和否定性的文化理论。人类的发展必须依赖于对现实的不断反思和批判,只有通过不断地否定才能寻找人类未来解放的方向。[2] 他指出:"人类的未来依赖于今日对生存所持的批判态度,批判理论是真正的理论,而非实证的。当然,这一批判,总的来说也继承了传统理论和我们正在衰亡的文化的基本因素。"[3] 霍克海默认为批判理论应该成为人文社会科学的基本思维方式,以实证主义或经验主义为特征的传统理论将人类社会视为一种精致的有待认知的客观事实,标举科学认识的客观中立性,而批判理论则坚守理论的价值立场和意义追问,以辩证的批判精神破解诸种意识形态的虚假形式。在霍克海默看来,传统理论将社会存在理解为一种即成的现实存在,并将其视为自然和永恒的客观实体;批判理论

---

[1] 〔英〕吉尔德·德兰逊:《社会科学:超越建构论和实在论》,张茂元译,吉林人民出版社,2005,第60页。
[2] 〔德〕霍克海默:《批判理论》,李小兵等译,重庆出版社,1989,第229页。
[3] 〔德〕霍克海默:《传统理论与批判理论》,载《法兰克福学派论著选辑》(上),张燕译,第89页。

则将现存社会理解为一个生成变化的过程,"在批判思维影响下出现的概念是对现存秩序的批判"[①],批判理论立足于现存社会存在、现存社会制度、现存社会秩序之上,并对其予以批判。传统理论用自然科学方法僭越到社会研究领域,将人及其所处社会进行概念化、抽象化、逻辑化、实证化的分析研究,割裂了主体与客体、事实与价值、理论与实践之间的内在联系;而批判理论则秉承着变革社会、改造世界的历史使命,反对科学主义的价值中立,它的革命性和批判性,决定了批判理论的目的是达到人的解放,而绝非止步于知识的增长。[②] 在霍克海默看来,虽然批判理论可以理解为马克思理论思想的同义词,但批判理论并非马克思主义所专属,可以说批判理论的精神始终贯穿于西方哲学的历史传统之中。因而,从此意义上说,只有批判理论才是哲学本身的真正传人,是实现人类价值追求的一种理论学说。[③] 遵循霍克海默奠定的理论纲领,法兰克福学派一直守持批判理论的视域和立场,成为20世纪影响最大的西方马克思主义流派。

霍克海默指出,"在研究所的全部历史中,它都坚持在两条线上勇敢地包围理性。除了在20世纪已堕落为全然反启蒙的、愚昧的非理性主义的攻击外,还有一个来自不同阵营的或许是更严重的威胁。随着黑格尔式的综合在19世纪下半叶的崩溃,对社会科学经验方面的新的强调,促使它沿着自然科学对人类生活日益增长的控制的方向的发展,实证主义否认传统的理性观念的有效性,这个观念被当作空洞的形而上学而被打发掉"[④]。这表明了他对实证主义在不同历史环境中功能变化的敏感。当代逻辑实证主义者失去了这种颠覆的性质,他们相信知识虽然最初源于感知,但其真正关心的是对包含在"约定句子"中的感知判断。由于把现实限制在这种句子所能表达的问题内,不可言说的便被排除在哲学之外。更为重要的是,"一般经验主义者强调直觉而忽略整个认识过程中的积极因素,各种形式的实

---

① 〔德〕霍克海默:《传统理论与批判理论》,载《法兰克福学派论著选辑》(上),张燕译,第89页。
② 〔德〕霍克海默:《批判理论》,李小兵等译,第232页。
③ 〔德〕霍克海默:《批判理论》,李小兵等译,第236页。
④ 〔德〕霍克海默:《批判理论》,李小兵等译,第230页。

证主义者最终都放弃了反思,其结果是把事实绝对化并把现存秩序实体化"①。除了对这种事实的拜物教感到厌恶之外,霍克海默还反对逻辑实证主义者依赖形式逻辑而排斥实质逻辑的做法。他认为把逻辑看作数学的类似物就是把它简化为一连串在历史世界中没有真正意义的同义反复,以为所有真实的知识都要追求科学的、数学的概念化,其前提就是向形而上学投降,而这正是早期的实证主义所反对的。在霍克海默看来,实证主义最严重的问题是使事实和价值相分离的要求。他注意到在原来的启蒙运动里,经验主义被用作反对迷信和传统的迷惑的武器,而现在它早已开始堕落了。一个社会可能"着了魔"般向既存秩序的权威投降,而不论其主观意图如何。因此,人必须重拾掌握自己命运的能力,为此,理性就应该重新被置于作为目标的裁判者的恰当地位,而不仅仅是工具。理性应该再次回到曾被得胜的知性驱逐出去的场所。使霍克海默对理性的强调显得如此复杂的原因是他具有强烈的反形而上学倾向,现实不能不接受"理性法庭"的审判,理性却不能理解为历史之外的超越观念。由此看来,批判作为一种理论态度,作为一种思维方式,可以成为审视、评判思想史流派的基本视域和尺度。

批判学派成员马尔库塞(Herbert Marcuse),始终在尝试回答什么是本真生存和如何达到本真生存的问题。他自称是一个马克思主义者,期望建立一个如马克思所设想的合理社会。他认为合理的社会组织是合理社会的存在方式,只有在这样的社会组织中,人才成其为人。与此相对的现实则是异化的,人不过是劳动的工具,从属于一个庞大的外在经济组织,因此,研究异化的产生、深化和废除便成为建立合理社会的有效途径。异化就是人的不合理(不合目的)的生存状态,是由人的不合理的生存方式造成的。什么是合理的生存方式?怎样才算合理地组织人的社会生活?马尔库塞的回答是根据人的理性。因此,理性成为马尔库塞批判理论的最终根据。马尔库塞考察了理性的发展史,并对理性予以分类。从源头上梳理,理性概念的形成与逻各斯(Logos)和奴斯(Nous)两个源于希腊的哲学名词相关。其中逻各斯一词在毕达哥拉斯学派的理念中,具备数值比重的意义,包含计算、推导、数值比等多种特点。该概念还为毕达哥拉斯学派中音乐

---

① 〔美〕马丁·杰伊:《法兰克福学派史(1923—1950)》,单世联译,第75页。

天文学的形成提供了理论基础，并反映了那个时代所具有的智慧、学识和真知。最早从哲学角度来论证逻各斯的哲学家是赫拉克利特，他认为逻各斯的内涵包括宇宙的隐秘智慧，宇宙自身构成的规律、规则及宇宙事物的理性思考三部分。而斯多葛学派则将逻各斯进行了更大程度的发展，他们指出逻各斯不但是宇宙中所有理性分析应该遵循的准则，还包含了人类所有行为的动机，也是人类社会建立道德法律的依据；柏拉图和亚里士多德则认为逻各斯是一种理性秩序与必然规则。奴斯与逻各斯有着紧密的联系，荷马认为奴斯反映的是人的心灵及其所具有的作用。从哲学家苏格拉底的观点来看，奴斯指的是知识和理性。而柏拉图则将奴斯比作个体灵魂所包含的唯一不灭的理性内容。在《蒂迈欧篇》中，他认为奴斯维持着宇宙世界的有序运行，是世界灵魂的原则。在亚里士多德眼中，奴斯则是相对于感官知觉的理智存在。在他的《形而上学》里，奴斯是推动思维发展的首要因素，通常被用于代表宇宙或是圣洁的灵魂。基于奴斯所代表的灵魂意义，斯多葛学派将奴斯和逻各斯等同起来，这样，奴斯成为宇宙和人的理性，二者的发展从此紧密地联系在一起。所以，从理性含义的来源进行分析，理性包含其所代表的有序性和维持这种有序性的依据，综合来说，理性是其目标和目标所指的统一体。马尔库塞指出，在柏拉图之前，"认识论本质上就是伦理学，伦理学本质上就是认识论"[①]。这表明，理性概念并未分裂。在《爱欲与文明》中，他也基本上把逻各斯和奴斯看作一个意思，在《单向度的人》的"单向度思想"中，他认为理性的分裂始于柏拉图和亚里士多德。柏拉图的辩证逻辑和亚里士多德形式逻辑的差异可以说明这一点。辩证逻辑成为批判的价值理性的主要内容，形式逻辑和数学则演变为工具理性和技术理性的范型。正是这种分离造成理性本身的对立和倾轧，而社会发展史、哲学史及文明史也被解释成两种理性的斗争史和兴衰史。[②]

受韦伯将理性分为价值理性和工具理性的理性观影响，马尔库塞也基本上采取了这种分法来批判资本主义意识形态。批判理性是一种价值理性，

[①] 〔美〕马尔库塞：《单向度的人》，刘继译，上海译文出版社，1989，第113页。
[②] 傅永军：《批判的意义——马尔库塞、哈贝马斯文化与意识形态批判理论研究》，山东大学出版社，1997，第48页。

与工具理性截然相反，具有实践性、批判性、辩证性和乌托邦性，并与工具理性相对抗，构造出其意识形态批判的基础。技术理性在资本主义社会绝不是价值中立的，它已变成意识形态。马尔库塞认为统治理性、技术理性具有历史性。作为技术理性，它可以成为解放的技术。科学只有在批判理性的规范下，才能服务于人的根本需要。他认识到科学技术可以成为解放的工具，但必须使技术转化为艺术。核心问题是，从理性本身厘定其本真概念，并以此为指导，实现一种文化救赎，完成一次社会重建。这便是马尔库塞所努力追求的从工具理性向历史合理性的转化。这个问题也成为马尔库塞社会批判理论的核心。实证哲学导致了肯定的文化思维模式。马尔库塞指出，"实证哲学最终促使思维顺从现存的一切，显示了经验的力量。也就是说，要教育人们对现存的事物采取一种肯定的态度。实证哲学肯定现存秩序，反对那些要'否定'现存秩序的人"[1]。

马尔库塞认为批判理性就是指出工具理性的不合理性，科学技术作为控制的形式成为压迫的工具。他追问了技术的目的，将终极目标规定为"和平生存"，改变了技术的功利目的，把价值准则设立为科学技术的目的。为了使技术由压迫工具变成解放的工具，或者说使控制与解放联结起来，马尔库塞找到的途径是，让艺术与技术联姻，恢复艺术的"想象"功能，用艺术的形式来实现解放。当然，马尔库塞并不认为只依靠技术和艺术就能实现解放，他一直认为这牵涉政治变革，要求人们"大拒绝"或"彻底革命"，以便实现对工具理性的彻底超越，这也是他的革命哲学。这个理想明显带有某种超越现实的理想主义色彩。所以，他一再强调，他的理论并不能为发达工业社会提供一套蓝图，其作用仅仅是否定的，意在通过批判，激发一种反抗现存秩序的力量，从而引导社会更为合理的发展，这种革命的新理论是相对于马克思的革命理论而言的。马尔库塞认为，随着社会主要矛盾和工人阶级自身的变化，马克思的革命理论亟待重新思考。由于马尔库塞坚持人性解放的宗旨，所以把人的解放主要归于审美的感性解放，因而也就把艺术看作寻求人的现实解放的广义政治学。艺术革命论就是他所谓"总体革命"的开路先锋，艺术成为文化革命的武器。马尔库塞强调

---

[1] 〔美〕马尔库塞：《理性与革命》，载《法兰克福学派论著选辑》（上），张燕译，第372页。

意识革命的在先性，认为观念的彻底解放是社会彻底变革的前提，所以，他的"总体革命"最终落脚在文化革命上，而文化革命又可以归为艺术革命。只有艺术的革命才能够恢复人固有的感觉形式和本能追求，以及人应有的否定力量；只有审美向度的革命，才能造就一个与现有社会具有质的差别的非压抑的社会。马尔库塞的艺术革命论，只具有纯粹美学的意义，就像弗罗姆指责的那样，马尔库塞的艺术革命与其说是一种行动，不如说是一种姿态，流露出对大众文化不屑一顾的傲慢态度。这种革命缺少群众基础，无法落到实处，是一种"乌托邦"理论，一种虚无主义的革命。

第三章
作为理论事件当事人的阿多诺

道格拉斯·凯尔纳指出，文化批评的元理论来源之一就是法兰克福学派的批判理论，法兰克福学派开辟了对大众文化的批判性研究，发展了文化研究的早期模式。[①] 其中，阿多诺是学派中最早对大众文化展开批判的学者，开辟了文化研究的批判视角。阿多诺的研究领域涉及哲学、心理学、美学和社会学，他的理论定位于一种悲观主义的文化批判策略。其思想的复杂精微，通过时代背景、个体境遇，凝结成真切的生命体验，构成在场的心性品格，内在地制约着欧洲现代知识分子阿多诺的思想基调和理论指向。阿多诺生活在资本主义时代，经历了两次世界大战，遭受过纳粹残害犹太人的痛苦，在流亡中敏锐地发现了美国后工业社会发展带来的文化问题。这些经历促使他从哲学高度反思批判了20世纪欧美发达资本主义国家发生的各种文化现象。批判理论应如何切入大众文化现象？后工业时代的文化批判如何可能？阿多诺通过否定的哲学给予了解释与回答。本章结合阿多诺的生平经历与相关文献，梳理其思想发展脉络，试图厘清其学术研究与社会历史的有机联系。阿多诺的观点及担忧随着时间的流逝，重新成为一种对文化研究中实证主义方法论范式进行反思的重要思想资源。

---

① 〔美〕道格拉斯·凯尔纳：《媒体文化——介于现代与后现代之间的文化研究、认同性与政治》，丁宁译，商务印书馆，2013，第49页。

第一节　阿多诺其人

阿多诺生于德国法兰克福一个富庶的家庭。父亲是一名富有的犹太酒商，母亲是一位出色的歌唱家。[①] 作为家中的独子，阿多诺自幼就享有优渥的物质与精神生活。受母亲的影响，音乐成为家庭文化的核心，阿多诺自幼钢琴演奏极好，深受欧洲古典文化和音乐熏陶，在二十几岁之前以作曲家为志业。他早年受到了良好教育，15 岁开始研读康德的《纯粹理性批判》，1921 年开始在法兰克福大学系统学习哲学、社会学、心理学及音乐理论，1924 年获得哲学博士学位。1921 年，他结识了霍克海默，历经 40 余载合作，谱写了法兰克福学派的辉煌篇章。在他的人生中，有这样几个重大事件：一是建基于德国古典哲学素养对现代艺术，特别是音乐的深刻领悟；二是作为犹太知识分子流亡美国后的思想冲击与苦闷经验；三是 1940 年其思想伙伴本雅明的自杀对阿多诺心灵的冲击；四是 1968 年欧洲青年激进运动的冲突所造成的断裂与幻灭。这些共同勾勒了阿多诺的人生经历和精神轨迹。

一　欧洲时代：音乐社会学运思

学生时代的阿多诺一方面表现出音乐理论家的才华，一方面表现出激进的哲学态度。1924 年，阿多诺以胡塞尔的现象学为批判对象撰写了论文《胡塞尔现象学中物和思维的超越》，并在科内留斯门下取得博士学位。科内留斯具有音乐、雕刻、绘画等方面的才能，著有美学著作，在哲学方面接受了康德的先验论哲学。毕业后，阿多诺很快成为一位富有激进的现代精神的音乐评论家，通过对音乐创作、传播、接受的社会条件及影响做出审美判断，进而获得对社会的整体性认知。他发掘音乐社会内容的方法是分析作品本身的审美形式法则，而非外在地采用社会学方法。通过音乐社会学研究，阿多诺初步形成了一种有关社会整体过程的、跨学科的意识形态批判理论。1928～1931 年，他出任批判性音乐杂志《维也纳破晓》编辑，

---

① 〔德〕洛伦茨·耶格尔：《阿多诺：一部政治传记》，陈晓春译，上海人民出版社，2007，第 5 页。

从事激进现代派的音乐评论工作。[1] 对音乐会、音乐作品、流行音乐发表述评，目的是把哲学思想和对现实社会的批判与音乐思想联结在一起。[2] 1932年法兰克福社会研究所出版的《哲学与社会科学研究》第一期中登载了阿多诺的《关于音乐的社会状况》一文，阿多诺在文章中把音乐引入阶级斗争这一处于紧张状态的领域，并从中引发了两种作曲的形式：一种是影响社会方面的，追求商业成就的；另一种是完全避开市场，站在"音乐的一方"（理查德·施特劳斯的音乐即为这种类型）。这种类型只是表面上与轻松和严肃音乐的区别叠合在一起，是严肃音乐中迎合市场的音乐。阿多诺接受他的《莎乐美》《埃勒克特拉》，但施特劳斯在这些作品中已经突破了市民欣赏能力的界限，并从此满足于妥协。通过音乐，他提出左翼知识分子的权力要求，认为音乐应遵循自己的艺术逻辑，在其中表达"社会状况的困境"，号召用"反映困苦的密码来引发变革"。进步音乐的客观目标是"消除阶级统治，哪怕它的形成在社会上是孤立的，是在阶级统治期间像细胞繁殖般产生的"[3]。音乐并不像人们认为的那样是一个完全自律的整体，在它的结构中始终包含着社会冲突，尽管它与现实的关系是需要重新探索的，但就像一切艺术现象一样，它是自律与他律的统一。失去贵族供奉的音乐创作，已经减少了很多自律的成分。特别是在现代社会，音乐作为文化工业的产品，其生产受到市场支配，表现出明显的商品特征。因此，真正能够对现代音乐构成有效区分的就不再是轻音乐与严肃音乐这种传统的二分法，而是音乐与市场需求之间的关系：如果一种音乐自觉地采取抵制市场体制的姿态，那么，即使不能被听众接受，它依旧是进步的。如勋伯格的无调音乐因表现出现代资本主义的自我崩溃特征，就被阿多诺视为进步的音乐；另一方面，如果一种音乐不将破坏的矛头最终指向市场体制本身，那么，哪怕它再具有破坏性，也只能是倒退，斯特拉文斯基的音乐即属此类。[4] 在此观点的基础上，1936年，他撰写了《论爵士乐》一文，批

---

[1] 〔德〕格尔哈特·施威蓬豪依塞尔：《阿多诺》，鲁路译，第4页。
[2] 〔德〕格尔哈特·施威蓬豪依塞尔：《阿多诺》，鲁路译，第57页。
[3] 〔德〕格尔哈特·施威蓬豪依塞尔：《阿多诺》，鲁路译，第72页。
[4] 张亮：《"否定的辩证法"：新音乐空间中的哲学建构》，《河北学刊》2001年第4期，第59~63页。

判看似具有解放功能的爵士乐,认为它是彻头彻尾的商品,是社会技巧的产物。爵士乐代表了流行音乐的虚假个性和程序化的特征,这种危险的流行音乐形式将助推文化工业对人的侵蚀,它置换了人的真实愿望和需要,代之以虚假的个性自由,使音乐变身为社会的黏合剂。但阿多诺也承认,爵士乐中仍然存在一种孤立的否定成分。阿多诺就流行音乐提出了两种社会心理模式:"节奏服从型"和"情感型"。前者通过节奏,使爵士乐迷受虐式地服从于集体权威,在服从中表达自己的快感。后者则利用情绪化音乐摆脱情绪,首先是不愉快的情绪,而他们实际上都顺从了自身所处的社会境况。

阿多诺对爵士乐的批判所触及的问题是究竟何种否定是革命的?在文中,他凭借独到的视角辩证地阐发了自己的观点。首先,阿多诺对爵士乐丰富的情感表现手法、融合不同种族文化的特色、切分式节拍的随意性等诸多特点给予肯定和认可,但同时犀利地指出,这些外在表现形式并非其原始状态,而是在同严肃音乐的融合碰撞中演化而来的,虽然借鉴的过程中有一定程度的调配和改动,但自身的整体框架结构没有改变,先前弱化的部分通过另一种形式转换呈现在公众面前,并没有突破原有的束缚。爵士乐利用切分来修饰调性,时而低沉时而激进的旋律能够依据演奏者的心境随时切换,宣泄自身情感,有丰富的感染力。所以,爵士乐逐渐被底层群众接受,从街头场地走向高级舞台,社会地位似乎逐步提高,并被上层白人所接受,致使爵士乐的创作动机和目的开始变化,商家开始生产消费者偏好度较高的流水线音乐,将爵士乐变成一种固定程式,并以获取利润最大化为目的。① 其原因有以下几点。第一,为生计而工作的黑人演奏者迫于商业压力,没有自由选择的权利,自然也没有机会跳出窘境去思考和表达,作为自身优势的淳朴自然特性开始被市场磨灭。第二,为了保障演出的顺利进行,会尽量减少意外突发状况的产生,即兴演奏并未受到商家的青睐,更多的是为了吸引观众眼球而做出的毫无内涵的改变,就像是其他领域的私人订制一样,只要有需求,就有商家想方设法地创造符合条件的

---

① 张亮:《崩溃的逻辑——阿多诺早中期哲学思想的文本学解读》,江苏人民出版社,2014,第59页。

模式供给。面对此种状况，爵士乐开始丧失自我，丧失真正的音乐灵魂，被约束和囚禁于各种框架之内，失去其天性和自由。这是一种变相的屈服，是以个性为表征的伪个性。文化工业通过流行音乐制造了某种虚幻的受众需求，在满足这些需求的过程中宣扬了被肯定的文化和意识形态，这使受众在毫无察觉中逐渐放弃了思考，而麻木自满。爵士乐打着自由与解放的旗号向前来寻找慰藉和生活方向的人们宣传如何服从，阿多诺认为这是"卑躬屈膝的造反"。通过对爵士乐的批判可以看出，阿多诺对流行音乐的蔑视几乎与生俱来，对传统音乐的热爱使音乐成为阿多诺一生的研究兴趣，他也的确把一生大部分精神能量献给了音乐。他将音乐作为一种辩证的介质，创造性地提出复调音乐是一种最低限度的审美表现，是批判理论所拒绝正面描述的"无形象彼岸"最适合的表现。[1] 而以流行音乐为代表的新音乐大多体现其商品特性，不仅没有摆脱异化，反而加强了异化，是严格意义上的商品，其主要社会功能是缩短异化的个人与其肯定的文化之间的距离，是"社会技巧的产物"[2]，是假民主。

其间，阿多诺的第一批老师开始走进他的视野，阿多诺老年时回忆说，他们分别是克拉考尔、布洛赫、卢卡奇。三人的思想都源自德国的传统哲学并在20世纪20年代初接受了马克思主义，这表明阿多诺最初有可能成为一位激进的马克思主义者。此外，存在主义哲学家、后现代主义先驱克尔凯郭尔（S. Kierkegaard）则为他奠定了内在生命体验的生存论基础。1931年，他通过了关于克尔凯郭尔的授课资格论文并应聘到法兰克福大学做编外讲师，讲授哲学。这篇名为《克尔凯郭尔的审美建构》的论文阐释了克尔凯郭尔的哲学美学，充满了哲学的社会性内容及潜在的批判性内容。克尔凯郭尔的心性气质暗合于阿多诺，成为其生存哲学的基底，他对克尔凯郭尔的一段评论可以看作对自己的写照："他宁愿让意识无始无终地在其自身和其相连的通道的黑暗迷宫中转圈，在最偏远的竖井里，毫无希望地等待着作为出口的遥远的亮光的希望是否会向他升起，也不愿意对静止的本体论的虚幻着迷，这种本体论所许诺的自律的理性是不能兑现的……内在

---

[1] 〔美〕马丁·杰伊：《法兰克福学派史（1923—1950）》，单世联译，第209页。
[2] 〔美〕马丁·杰伊：《法兰克福学派史（1923—1950）》，单世联译，第214页。

性忧郁,自然的映像和审判的现实;他关于具体的个人生活的理想和他对地狱的梦想,这位绝望之人在有生之年就像住在一幢房子里那样住在地狱中,他所有概念的模式在晚上的房间中的迷惑人的光线中都发誓成为沉默的图画。"① 这是一种从个体内在性出发的生存哲学。他的美学现代性批判理论所追求的艺术真理性旨趣深受克尔凯郭尔的影响,其早年的生存境遇形塑了他的心性品格,尤其是克尔凯郭尔为他奠定了内在生命体验的生存论基础,现代性成为他思想的外壳,阿多诺认为知识分子应该联合起来改造社会。1933 年,由于纳粹上台,他因犹太人身份而失去了授课资格,一度移居英国,并继续在牛津大学学习。

二 美国时代:批判社会学构思

1938 年,在霍克海默的帮助下,阿多诺移居美国并正式加入法兰克福学派。他最初接受了来自拉扎斯菲尔德广播研究项目的邀约,从事广播效果研究,后因两人的方法论冲突而导致项目终止。此时的法兰克福学派将 20 世纪 30 年代发展起来的"批判理论"用于对社会进行"内在的"批判,即对美国的大众文化进行多方位的分析。在美国期间,他们始终处于德国思辨传统与美国社会科学反思辨倾向的摩擦与冲突中。美国社会科学研究领域对法兰克福学派并不重视,有关大众文化和包括媒介技术在内的科学技术的悲观论调使该学派受到攻击。但从深层次上说,通过将文化和大众传播领域与工业、政治及意识形态领域联结起来,法兰克福学派直接参与了美国的大众文化论战,并从政治、文化和意识形态方面为与传播媒介相关的研究提供了独特的理论基础,提出了具有广泛现代意义的深刻见解。1938~1941 年,阿多诺受聘于纽约社会研究所并兼任普林斯顿广播电台音乐部主任。1941~1948 年,他出任普林斯顿·拉杜克社会研究项目课题组组长,专司权力主义研究。1948~1950 年,他受聘于加利福尼亚大学伯克利分校,任社会歧视研究项目课题组组长。阿多诺在美国的学术成就主要表现为对文化工业的批判和对纳粹主义的反思,这些思想凝结在《启蒙辩证法》(与霍克海默合著)、《权威人格》(与桑福德、布伦斯威克、莱文森

---

① 陈波:《真理与批判——阿多诺〈美学理论〉研究》,四川大学出版社,2011,第 15 页。

合著）两部著作之中。

《启蒙辩证法》探讨了文化进步走向其对立面的各种趋势。阿多诺通过对 20 世纪三四十年代美国社会现象的描述，来揭示这一主题。他和霍克海默把对法西斯主义的批判追溯到启蒙精神的自我摧毁，并把极权主义归因于科学的逻辑，进而对西方文化进行激烈批判。这开创了对发达工业社会或晚期资本主义社会进行法兰克福式批判的先例。在《启蒙辩证法》中，阿多诺指出："启蒙因其自身的逻辑走向了它的反面。"[①] 真正意义上的"启蒙"并非单纯的一场运动就能概括，而是众多思想家学说的结晶，是将人类从神话束缚中解放出来的指引，是一种进步思想。在这里，阿多诺将人与自然的冲突取代了阶级冲突作为历史的原动力。启蒙精神追求一种使人能够统治自然的知识形式。在这一过程中，理性最初是作为神话的解毒剂出现的，但其后来却变成了一种新的神话，使科学成为统治自然的工具。更为严重的是，科学的统治从自然扩展到人类自身，启蒙的理性主义带来了自然的异化和人的异化，"启蒙精神走上了自杀的过程，和自然征服同时发生的，是大多数人对于一种作为第二自然而毫不留情地加诸于他们的社会秩序的服从，而科学技术的发展只是完成着这种暴政的机器"[②]。因此，阿多诺在《启蒙辩证法》中的结论是："历史的目标不应是对自然的统治，而应是同自然的和解，而这就意味着要抛弃那种使自然服从于人的'粗野'而'无望'的企图，要摆脱逻辑和数学的'专制主义'。"[③] 在《启蒙辩证法》中，阿多诺第一次提出"文化工业"[④] 的概念。从流行音乐的单调节奏中，阿多诺听到的是工厂大锤的敲击声，文化工业加深了人的异化（alienation）——这个概念源自马克思用来形容工人在整个生产消费体系中被自己

[①] 〔德〕霍克海默、阿多诺：《启蒙辩证法》，洪佩郁等译，重庆出版社，1990，第 120 页。
[②] 〔德〕霍克海默、阿多诺：《启蒙辩证法》，洪佩郁等译，第 123 页。
[③] 〔德〕霍克海默、阿多诺：《启蒙辩证法》，洪佩郁等译，第 129 页。
[④] 文化工业与大众文化：阿多诺认为，为了消除认为"大众文化"是从大众出发并为大众服务的通俗文化这种误解，就必须用"文化工业"（culture industry）取代"大众文化"（mass culture）这个概念，并最大限度地把它们区分开来，这主要是因为"文化工业"并非真正服务于大众，而是为了经济上获益并适合大众消费而特意制作及在很大程度上决定着消费性质的那些文化产品，它或多或少是刻意炮制出来的；同时由于它的制作必然经过工业经济，所以它的各个组成部分构成了一个几乎没有多样性差别的系统。

的劳动产品所统治的情形，法兰克福学派则认为这种状态已经扩展到了精神文化的生产与消费领域。"文化工业"概念的形成，可以追溯到阿多诺切身的经历。最主要的影响因素是德国魏玛时期的群众文化、纳粹时代的法西斯主义以及流亡美国之后的大众文化冲击。阿多诺思想中有许多本雅明的东西，但和本雅明、布莱希特、克拉考尔不同，他对人们用现代技术在大众艺术中进行的实验缺乏同情，他始终对大众文化保持着警惕。科学技术，尤其是媒介技术的发展使大众越来越方便快捷地得到各种文化产品，它们填充了大众的日常闲暇时间，带来了各种休闲方式，似乎满足了他们的文化需要。但这是一种虚假的需要，是一种消费的需要，而不是人真正的、自由的、创造的需要。人们为取得这种便捷所付出的代价是其思想被文化工业掌控者、制造者所操控。通过大众媒介，掌控者决定了人们看什么、怎么看、怎样思考。科学技术通过设置标准程式，大规模生产复制文化产品，使文化产品生产变得标准化、伪个性化，将意识形态巧妙地隐藏在娱乐与休闲之中。在法兰克福学派所处的纳粹时代，工具理性被政治意识形态所利用。阿多诺指出这不是一种真正值得骄傲的意志，它应该被质疑和反省。同样在美国，由大众媒介策划的大众文化更隐蔽地造成时代与人的"异化"，通过运用工具理性的异化功能，媒介将意识形态完全商业化。马克思所描述的存在于生产领域的异化形式有了新的发展，派生出诸如消费异化、精神异化、社会关系异化等问题。所以，在工业文明社会，科学技术异化为社会控制的工具这一事实表明技术和理性成就了统治的合理性，技术和理性正趋向于极权主义，并且这种具有极权主义特征的技术和理性已经扩展到工业社会的各个领域甚至文化领域。人逐渐变成缺乏否定精神和批判意识，更无超越欲望的单向度的人。在后来的《再论文化工业》一文中，阿多诺再度对文化工业进行批判，强调了文化工业的意识形态功能，认为它将制造文化商品作为谋利手段，通过文化商品带给人们"替代性满足"，这种虚假的幸福感，使人们心智衰退，安于既有秩序，作为一种"反启蒙"形态，它为某种最有力量的利益服务，强化了权力的集中。文化工业所设计的机械复制技术意味着"物性"，它具有流水线似的精度和硬度，即便存有某种审美形式，也是一种已经被理性打磨后的浪漫。

阿多诺认为这是一种被阴霾包裹着的灵晕,具有意识形态的虚假性。更不幸的是,人们面对这种所谓的"娱乐",不仅陶醉其中,而且即便发现这是一种欺骗,也选择视而不见。作为痛苦和矛盾的表达,那些被称为"文化"的东西,希望确定关于正确生活的观念,但它既不能描述纯粹的"定在"(dasein),也不能描述那些习俗的、没有束缚力的秩序范畴。文化工业借助这些范畴悬置了现实,仿佛现实就是正确的生活,这些范畴就是关于正确生活的衡量标准。与此相反,如果文化工业的倡导者提供的根本不是艺术,那它本身就是一种意识形态,一种想逃避社会责任并且被商业所依赖的所谓"艺术"。① 至此,阿多诺以社会意识形态和文化作为理论研究的主题,在机械的经济决定论之外找到一个多元的批判理论视角,通过批判大众文化,加深了对资本主义文化自身矛盾的认识。

在《权威人格》中,阿多诺采用了在美国习得的经验方法,使用具体有效的问卷和社会调查以期从心理学角度阐释现代资本主义带来的种种问题。他从未否定社会生产力发展带来的变革,但这不是他真正要思考和探索的问题,他始终专注于在这种经济趋势下文化会产生何种影响。二战期间,问卷调查成为最受文化研究者欢迎的方式之一,简单便捷且便于量化的特性在市场研究中备受青睐。阿多诺重视问卷调查的深层概念,在原有调查形式上加以改进创新,将这种方法用于测试民众对权威的态度等相关问题。将统计学引入这项研究,花费大量时间琢磨整个研究的维度、变量,与合作者构想出一系列指示器,试图创造一种研究工具,以揭露隐蔽的极权主义倾向。F衡量尺度作为研究组设计的重要测量指标被实际运用,② 并且这些条目与研究主题的关系透露得越少则越符合设计标准。③ 问卷主要以问答的形式面向全体社会公众,将题目接受认可度划分为若干等级,认可度由上至下依次上升,测试题目以人性和家庭教育为主,例如:不反抗、

---

① 〔德〕阿多诺:《再论文化工业》,王凤才译,《云南大学学报》(社会科学版)2012年第4期,第4~8、111页。
② 〔德〕洛伦茨·耶格尔:《阿多诺:一部政治传记》,陈晓春译,上海人民出版社,2007,第189页。
③ Adorno, "Scientific Experiences of a European Scholar in America," in Donald Fleming and Bernard Bailyn, eds., *The Intellectual Migration: Europe and America, 1930–1960*, trans. by Donald Fleming (Cambridge: The Belknap Press of Harvard University Press, 1969), pp. 338–370.

质疑自己认为正确的事情，倾向于被动接受是一种美德吗？家境对个人未来发展是否具有决定性意义？接受教育程度的高低是否会影响人际关系交往？转移注意力是否有助于控制自身情绪？做一个对周围有帮助的人，是否会得到大家的尊重和认可？依据最终的数据报告，阿多诺发现如果受众具有权威人格心理，极易被极端的法西斯主义所感染，即平日里最温顺的人，往往最容易转化为暴民。阿多诺通过"F量表"的问题（法西斯倾向量表）尝试发现那些留存于新一代人思想深处的法西斯主义。除了通过立法和煽动，还可以通过心理学改变政治立场。一个人在成为种族主义者、独裁者之前，他们很可能遭受着心理脆弱和不成熟的折磨，社会需要尽快通过洞悉其日常的疯狂行为来发现他们并更好地回应他们。对阿多诺来说，关于"权威"的文化研究应该成为推动社会进步变革的先锋，他精心制作问卷，并选择有代表性的个人与之进行深入会谈。在此基础上，他运用文化研究方面的理论成果来解释所得到的研究结果。《权威人格》在方法论上的成就超越了社会研究所早期《权威与家庭研究》中运用的简单技术，被称为"社会科学中划时代的事件"。拉扎斯菲尔德也给予了充分肯定，他在1959年写道："作为权威潜能考量指标的F表充分展示出了其独特的价值，即对这个时代事物关系的显在层次的现象描述和时代特征的深层次原因分析。"[①] 阿多诺则坦言，"如果说《权威人格》作出了什么重要贡献，这并不在于其积极的洞见具有绝对的真实性，更不在于其统计数字，而首先在于它所提出的问题上，这些问题由真正的社会关切所促发，关系到此前还从未被转化成定量研究的一种理论，这里的关键并不在于它测量了什么，而在于它所形成的诸多方法。这些方法一经改进，使得以前不大可能进行测量的方面变得可以测量了。正是受到《权威人格》影响，人们才常常借助实证方法尝试去检验精神分析理论"[②]。

不可否认，在美国的流亡生涯赋予了阿多诺独特的生存体验与学术境遇。正是在美国的经历和对广播音乐的了解及研究，在阿多诺面前开启了

---

① 〔美〕马丁·杰伊：《法兰克福学派史（1923—1950）》，单世联译，第279页。
② Adorno, "Scientific Experiences of a European Scholar in America," in Donald Fleming and Bernard Bailyn, eds., *The Intellectual Migration: Europe and America, 1930-1960*, trans. by Donald Fleming (Cambridge: The Belknap Press of Harvard University Press, 1969), pp. 338-370.

一幅大众文化研究的现实图景。阿多诺曾言,自己生命的头三十四年以纯理论思维为方向,对现象进行诠释,而非对事实加以确认。他对音乐的研究建立在一种固有的、与总体性相矛盾的观念之上;而流亡美国之后,他不仅感激于能从二战的灾难中被解救出来,而且逐渐意识到德国传统文化观念的可疑之处,即在精神史上存有的民族主义和文化傲慢。[1] 正是拉扎斯菲尔德引领阿多诺认识到实证作为一种方法可以作为文化研究的补充,对大众文化新的探讨和分析进一步激发了阿多诺批判的活力。也正是在这里,阿多诺实现了批判视角的转换,从音乐批判转向文化批判。正是在此意义上,我们可以在实证主义与批判理论之间建立起内在的关联,而这种内在关联构成了两者比较分析的前提。

三 返德时代:批判美学反思

阿多诺在1949年返回德国之后,其学术研究主要集中在纳粹反思和美学理论的重建等方面。在1955年出版的《棱镜》中,阿多诺写了那句著名的"奥斯维辛之后,写诗是野蛮的"。阿多诺的这一著名论断,拒斥了一种试图用语言来简化乃至抹杀人类极端经验的轻巧努力。1942~1943年,德国当局决定系统而彻底地消灭犹太人,这是一项种族灭绝政策。世界各国后来称之为"纳粹屠犹"(holocaust)。在这期间,有500万至600万犹太人被纳粹以各种方式杀害,这成为有文字记载的犹太史上最大的灾难。大屠杀从某种意义上讲,是不可描绘、不可书写、不可重建的经验。纳粹屠犹的经历让大多数幸存者宁愿选择忘记,他们甚至连记录恐惧的愿望都没有,而是刻意将之隐藏,但许多细节已经深深嵌入了他们的潜意识。面对现代人类社会的原罪,艺术家需要面对的是艺术本身的不可能。阿多诺具有一半犹太人血统,虽然他的世界主义排除任何宗派的、种族的和宗教的认同,但在他被纳粹德国驱逐时,在他的精神挚友本雅明自杀身亡之时,在大屠杀全面展开时,阿多诺却开始坚定地承认他的犹太身份。尤其是1953年在

---

[1] Adorno, "Scientific Experiences of a European Scholar in America," in Donald Fleming and Bernard Bailyn, eds., *The Intellectual Migration: Europe and America, 1930-1960*, trans. by Donald Fleming (Cambridge: The Belknap Press of Harvard University Press, 1969), pp. 338-370.

他返回德国面对"不可驾驭的过去"及为"不可驾驭的过去"工作之后，奥斯维辛集中营的含义提醒着他，"奥斯维辛之后写诗是野蛮的"。纳粹记忆在法兰克福学派理解西方文明危机的过程中成为底色，这里蕴含着弗洛伊德精神分析的有效成分。阿多诺曾说，进步的最大代价之一是由统治自然所引起的苦难和痛苦的压抑。自然既是外在于人之物，又是人的内在现实，所有的物化都是一种忘却。积极的遗忘，意味着重新开始；消极的遗忘，则是一块用来抵御罪责和羞耻的盾牌，并意味着免责。奥斯维辛的回忆不应该被阻止，直到1966年，阿多诺仍带着幸存者的全部悲痛沉思这个问题。"在'奥斯维辛'之后，你能否继续生活——特别是那些偶然逃脱的人和按理说已被杀死的人是否会继续生活下去。他仅仅幸存着，这要求冷酷无情——资产阶级主体的基本原则，没有它便不会有'奥斯维辛'；这是幸免于难者的极端的罪孽。"① 这也是阿多诺和法兰克福学派所尝试建立的一种文化对话机制，通过与历史的对话，面对创伤，不断反思批判，在阿多诺等学者的努力下，犹太大屠杀成为全球共同的文化记忆。

阿多诺开启了反启蒙理性，反启蒙作为一种现代性思潮，对纳粹德国、法西斯主义、迫害犹太人等事件进行追问与反思；对苏联列宁主义的马克思主义进行批判；对美国的商业文化与文化工业进行批判，即从心理、政治、文化等角度对现代社会问题进行全面而尖锐的反思批判。由于"非同一性"概念的提出，阿多诺的批判理论最终走向了美学与文化批评。在返回德国后，他的研究兴趣重新回归到美学领域。应西德政府之邀，阿多诺于1949年重返德国法兰克福大学任教，讲授哲学和音乐社会学，并与霍克海默一道重建社会研究所。由时代问题引发的思考与对音乐的偏爱始终交织在一起，他出版的《新音乐哲学》专论勋伯格，认为现代音乐可作为现代艺术的典范，通过对欧洲350年音乐历史发展的透视，以黑格尔的辩证法、马克思主义政治经济学、马克斯·韦伯的社会学为理论背景，用批判的社会历史方法建构起新音乐哲学。1952年，他写了一篇分析瓦格纳作品的颇有争议的论文，认为这些作品是希特勒纳粹主义的起因；之后写于1966年的《否定的辩证法》被广泛翻译和传播，在该书中，阿多诺将同一

---

① 〔德〕阿多诺:《否定的辩证法》，张峰译，中国社会科学出版社，1993，第362页。

性批判推向极致,这种批判既反对传统形而上学,又反对科学主义。为了反抗工具理性,他的努力是痛苦的,在现实层面不能见证于历史,过去是"废墟",现在是"黑暗",未来只存在"希望";理论上不能进行概念式逻辑论证,希望一旦离开论证逻辑便只能随风飘荡。最终,阿多诺选择了独立于现实的现代艺术。艺术以谜语的形式保有真理,反映了一种星丛式的建构。对真理的探寻,阿多诺只保留了一种批判观念,一种乌托邦希望,他所诉诸的真理在现实中是不存在的,也不可能存在,而只存在于想象之中,存在于艺术中,作为谜底又要靠哲学家的反思意识来揭示。在阿多诺的思想中,艺术既不指向实用的真理,也不指向野蛮的非理性,其艺术理论在反对理性主义的同时也反对非理性,艺术本身即是一种合理性。① 20 世纪 60 年代中期,法兰克福学派作为青年学生运动的指导者备受瞩目,阿多诺的《否定的辩证法》更因反映了 60 年代西方社会"新左派"的心声而被奉为其政治纲领的理论论证。但在争取变化的手段上,阿多诺与抵抗运动分道扬镳,他拒绝任何形式的过激行为和暴力行为。鉴于对早期法西斯主义反民主行为的认识,他认为这些行为会非法地以革命行为自居。被他激怒的左派运动学生们,对他的行为感到异常愤慨,认为这是其理论与实践的背反,并公开反对阿多诺。1969 年 4 月,三名学生军女战士赤裸着上身冲上讲台去拥抱他,以象征性弑父的方式羞辱了这位"口头革命派",阿多诺情绪激动,愤然退场。② 8 月 6 日,阿多诺在写给马尔库塞的信中指出,霍克海默的原意被媒体扭曲;他并未低估学运改变世界的能力,所忧心的只是学运中暗含的极权主义残余以及毁灭性的疯狂。而研究所确实像马尔库塞所说的那样,已经不再是原来的研究所了,但阿多诺说,这是因为德国也不一样了,成员们必须尽一切力量捍卫研究所。他抱怨马尔库塞并不知道当下的德国有多少负面力量正攻击着研究所。然而,这是最后一封信。这一天,阿多诺怀着愤怒、忧郁的心情在瑞士猝然离世。

著名小说家、散文家托马斯·曼曾经在第二次世界大战尚未结束之际

---

① 孙斌:《审美与救赎:从德国浪漫派到 T·W·阿多诺》,复旦大学出版社,2014,第 236 页。
② 张亮:《崩溃的逻辑——阿多诺早期哲学思想的文本学解读》,江苏人民出版社,2014,第 8 页。

为阿多诺撰写了一部个人传记,传记中指出在哲学和音乐之间,阿多诺难以做出抉择。勋伯格对于无调性音乐与哲学的结合与阿多诺的思想具有相似性,勋伯格坚定地发展了内部具有各种历史倾向的音乐题材,这也是阿多诺选择勋伯格的原因。[①] 阿多诺直到离开才领悟到自己的音乐梦想只有与哲学相融合才能得到真正的发展与升华。而此次他的再度涉入,又会带来怎样的变化呢?他虽然延续了马克思对资本主义的批判,但随着自由资本主义走向现代资本主义,其批判维度已经发生了偏移和深化,即转向了对资本主义的社会文化、工具理性及意识形态的批判,他是跟随着资本主义发展的内在逻辑来批判资本主义的。他学习和继承了西方哲学经典,包括黑格尔的辩证法、康德的"三大批判"、韦伯对现代理性的分析、弗洛伊德的心理分析,对马克思主义哲学进行了新的阐释,以此对资本主义思想文化形态进行更为深入的批判。但是,这条道路在后现代语境中又发生了扭转,表现在阿多诺的学术生涯中,就是他晚期思想研究中的美学回归。现代性是阿多诺思想的外壳,在现代性价值分裂的历史语境中,马克思在经济学批判理论中论证的革命实践让位于文化价值层面的审美批判,这种审美批判主要表现为一种价值姿态,并从中呈现出未来救赎的乌托邦希望。这种现代性造成的两难境地让阿多诺寻求突破的途径:在实践上,他采取"冬眠战略",认为革命的时机已然错失;在理论上,既不完全与现实隔离,也不与现实同流合污。这一理论策略的逻辑归属必然指向现代主义艺术,自律的、高雅的艺术通过与现实保持否定的、批判的张力,以"谜语"的方式道说一切,这一切以"精神"性的"真理性内容"保有"自然"的真实,呼唤未来的希望。他道出了批判理论的社会意义:"社会的批判和对知识的批判是同一个问题。"[②] 真理只是阿多诺心中某种弥赛亚式的期望,绝对的理性和现代性批判,消除了对理性和真理进行规范论证与现实把握的可能性。艺术通过批判美学阐释变成"批判理论"的一种新的途径,成为社会进行批判性自我反思的中介,构成了社会进化的内在机制,也承载了阿多诺的希望与无奈。这是阿多诺美学的历史使命。

---

① 《外国美学》第 3 辑,商务印书馆,1986,第 372 页。
② 陈波:《真理与批判——阿多诺〈美学理论〉研究》,第 45 页。

《美学理论》凝聚了他一生的现代性批判思想，阿多诺批判理论的核心"问题意识"是对现代性及整个西方历史的追问。在美国，他看到的现实整体上是错误的。人的希望与未来何在？在大众文化中他得出了否定的结论。在科学和道德已然缺失的情况下，只有艺术中还存在抵制同一性社会的特质。他的视线又转回音乐、艺术，通过现代主义艺术包含的审美理性，揭示社会历史的真理。所以，艺术的真理是其理论晚期建构的核心范畴。他的现代性美学批判就此展开。通过对艺术的哲学讨论及对社会的批判，艺术成为真理现身的方式。[1]

第二节 社会批判理论构成及局限

作为一种反思社会的方法，批判理论是法兰克福学派对现代资本主义社会有意识地进行跨学科综合研究、分析批判而逐渐形成的哲学、社会学理论。马克思思想中的批判传统、弗洛伊德的心理分析以及早期批判理论家的理论遗产是批判理论的主要理论来源。其中，韦伯对意识与社会行动关系的探讨策略是法兰克福学派对启蒙进行批判的基本路径。所以，批判理论汲取了欧洲最为经典的学术传统和学术旨趣，具有浓厚的思辨色彩和鲜明的价值意识，成为有别于其他理论的欧洲学术话语。

一 社会批判理论构成

批判理论是法兰克福学派的社会哲学理论。它以恢复马克思主义的激进意识和批判潜能为起点，在整合了精神分析、存在哲学等现代思想后，发展为对现代社会，特别是发达工业社会进行跨学科综合性研究和批判。[2]

社会批判理论对人的异化、技术理性、大众文化、社会心理及现代性进行深入评判，其中，大众文化批判是批判理论的重要议题之一。阿多诺对大众文化的批判并不借助政治概念或道德规训，而是依据文化自身的规范与属性对其做出否定性价值判断，"否定"是其内在的逻辑起点和精神

---

[1] 陈波：《真理与批判——阿多诺〈美学理论〉研究》，第108页。
[2] 〔美〕马丁·杰伊：《法兰克福学派史（1923—1950）》，单世联译，第2页。

旨趣，通过否定现存的否定之物以达到更为完善，是阿多诺哲学之思之于大众文化的一种批判性反思策略。这里的"否定"是绝对的否定，不包含任何肯定性要素。因此，批判理论呈现出反科学主义、反实证主义、反工具理性的显著特征。前文指出，实证主义的核心思想体现为"实证的"这一形容词，它同时可以解释为"肯定的"。因此，实证与批判在方法论上的冲突主要是肯定与否定的博弈。在此意义上，排斥肯定方面，就是排斥实证主义。在《否定的辩证法》序言中，阿多诺明确提出"否定的辩证法是一个蔑视传统的词组"，将否定的辩证法解释为绝对排斥任何肯定方面的辩证法源自他对实证主义的敌对态度。从此意义上，我们认为，阿多诺反对的是实证主义，但对于实证方法，他是持有宽容态度的。在霍克海默看来，传统理论和批判理论的最大差别在于，前者是一种肯定性和顺从性的理论，而后者是一种否定性的理论。霍克海默宣称"人类的未来依赖于现存的批判态度"，因此"真正的理论更多地是批判性的，而不是肯定性的"[①]。传统理论家力求通过纯粹智力劳动来实现一种没有矛盾的和谐理论的企图，这一观点的危害在于其把抽象概念变成具有实体的意识形态范畴。霍克海默指出，在知识和研究领域包含社会历史因素，科学研究是由工商业与政府指导和提供经费的，它们接受的指令主要来自生产过程，观察的对象是历史给予的，观察的主体就方法论和范畴的工具来说是历史、社会决定的。其次，传统理论实际的社会环境和它所服务的目标对这一理论而言是外在的，它自称以"脱离价值的研究"为规则，而批判理论则把一个确定的目标纳入其分析结构中，并明显地把自己作为"创立一个适合于人能力需要的世界的历史努力中不可分离的重要环节"。这一理论服务于一种合理的社会制度是由社会历史条件决定的，它关乎对社会的合理改造。因此，对研究中使用的概念和方法必须仔细检查，将现存制度与超越这个制度的可能性之间的紧张动态揭示出来。可以说，法兰克福批判理论是在集体的、垄断的资本主义代替个人的、自由竞争的资本主义的时代出现的。

批判主义就其论题而言，主要包括如下几点。首先，对纳粹法西斯的

---

① 〔德〕霍克海默：《批判理论》，李小兵等译，重庆出版社，1989，第202页。

独裁行为进行批判。由于法兰克福学派成员民族身份的独特性——以犹太人为主，而他们作为希特勒纳粹极权暴力行为的受害者，对法西斯的恶劣行径极为痛恨和厌恶，因而，在二战期间，他们在美国本土对法西斯行径和极权主义从多角度进行了全面披露，并分析其心理成因。其次，他们将弗洛伊德的精神分析与马克思主义哲学相结合，运用一种跨学科的研究视野和开阔思路，将社会学与心理学相关方面联系在一起，更全面地批判了资本主义。再次，对大众文化的欺骗性、麻醉性进行了剖析，指出大众文化是文化工业的产物，是商品拜物教在资本主义时代文化中的异化形态，并对此提出警示。最后，考察了技术理性发展对社会文化的影响，揭示了资本主义对人的束缚及物化的产生。

如果将阿多诺思想的形成置于欧洲现代性思想史的语境，可以看到，20世纪上半叶的历史境况与阿多诺的人生境遇凝结成独特的生存体验，构成他看待世界的主体视界。在向审美批判理论演绎的过程中，其批判理论形成了鲜明的问题意识和独特的解决路径。艺术最终成为批判理论的舞台，成为对抗现实和寄予希望的乌托邦。艺术的真理性内容谓之精神、价值和意义。真理如何现身，以及以怎样的形式存在？以艺术的模式，历史性的真理历史性地存在于现代艺术中，现代艺术以幻象、谜语的方式保持着真理，真理的这些悖论性存在样式，以及源自现代历史性真理的意义就是对现实的否定。因此，批判理论现在只能以批判美学的形式存在。阿多诺的深层理论动机预示着社会批判理论范式的"美学转向"。

二　作为方法的批判与否定

批判具有一种解构性特征，在阿多诺思想的发展历程中，"批判"一直是贯穿其学说的主题，"否定"构成其内在的精神旨趣。同时，他的思想路径又伴随着各种游离："理论游离开实践，哲学游离开科学，理性批判游离开对理性的拯救，理论性的工作游离开研究所的工作。"[①] 这种"游离性"暴露了阿多诺理论生涯的矛盾性。他继承了马克思主义的批判意识，但在构建自己的理论体系时，又将社会批判作为一种纯理论的批判；他对大众

---

① 〔德〕罗尔夫·魏格豪斯：《法兰克福学派：历史、理论及政治影响》，孟登迎等译，第7页。

文化予以坚决否定，但仅停留在抽象的人道主义立场上对其进行声讨，他的批判是一种价值层面的批判。学者张亮指出："否定的辩证法是后期批判理论的纲领，这一过程是历史性的……否定的辩证法的原初形态就是没有同一性的辩证法。"① 如果要理解否定的辩证法，就需要返回阿多诺的历史现场。他的哲学起点介于音乐与哲学之间，受到康德、卢卡奇、韦伯、弗洛伊德的影响而成为西方马克思主义者。否定的辩证法的提出意味着批判理论的逻辑转型，即法兰克福学派理论的领导权由早期霍克海默提出的《传统理论和批判理论》经由《启蒙的辩证法》而转入阿多诺手中。这种转换是对当时二战以来的社会主义形势判断的一种标示，也反映了阿多诺在现实与理论判断上的矛盾。这种矛盾在20世纪60年代的欧洲学生运动中最终爆发，阿多诺非但不支持左派学生行动，还站在左派学生对立面，与学生发生冲突并展开争论。大多数评论认为阿多诺在思想上是激进的，但在实践上是保守的。但阿多诺不这样认为，因为在他的理论体系中，"批判"是一种思辨过程，是对现代社会进行综合性、全面性的透彻分析和评判，其中要对发达工业社会进行重点批判和审视。其以辩证法为指导思想，坚决反对同一性，力图在否定文化意义的过程中予以阐释。所谓"否定"是"批判肯定的否定"②，阿多诺认为"哲学所寻求的秩序和不变性实际是不可能的，唯一可能的是连续的否定"③。阿多诺与马克思哲学思想的不同在于：马克思认为辩证的否定是推动事物发展的根源，事物只有不断地进行自身的否定，在内在批判的基础上进行新的发展，辩证否定的实质是"扬弃"，辩证的否定不局限于绝对的肯定和绝对的否定，而是包含有肯定的否定；而阿多诺哲学中的否定是绝对的否定，是不包含任何肯定性的否定。否定的哲学是阿多诺社会理论研究和文化研究的共同基础，他对科学和技术的不信任也正源于此。对阿多诺来讲，思想本身就是一种否定的因素。所以阿多诺的哲学是一种否定的哲学。批判理论作为法兰克福学派的社会哲学理论，以焕发马克思主义的激进意识和批判潜能为起点，在整合了精神分

---

① 张亮：《崩溃的逻辑——阿多诺早中期哲学思想的文本学解读》，第10页。
② 〔德〕阿多诺：《否定的辩证法》，张峰译，第156页。
③ 〔德〕阿多诺：《否定的辩证法》，张峰译，第207页。

析、存在哲学等现代思想后,发展为对现代社会,特别是发达工业社会进行跨学科的综合性研究和批判。① 我们把阿多诺对历史过程的思辨称为"否定",他全部的悲观主义论点"存在于否定的辩证法定义之中,即它不会像总体似的达到对自身的依赖。这是它的希望的形式"②。批判理论的表述虽然过于笼统,且含有精英主义偏见,但抓住了大众文化与社会不平等之间的关系,即意识形态的影响问题,至今仍有现实意义。

三 社会批判理论的局限

早期法兰克福学派社会批判理论的弱点在于:理论体系过于宏观,一些结论过于绝对;对大众文化的批评过于偏激,进而低估了大众的能力;没有给予人们通往自由的有效途径,从而走向了乌托邦。

首先,社会批判理论过于宏观且只破不立。早期法兰克福学派对文化工业社会提出批判,但没有提出一个科学的理论体系和建立新世界的科学方法,也没有提出通往希望的途径,只是用整合弗洛伊德主义和马克思主义等方法,探讨建立其所向往的"乌托邦"世界的可能。阿多诺甚至认为,绝望是历史和社会所造成的最后的意识形态。马尔库塞也承认:社会批判理论并不拥有能够在现在与未来之间架桥沟通的概念;不抱有任何希望,也不显示任何成功,它只是否定。它要仍然忠于那些没有任何指望的、已经献身和正在献身于大拒绝的人们。③ 这源于犹太教的弥赛亚。弥赛亚对犹太传统中的乌托邦予以了启示,洛文塔尔指出,这种乌托邦会使批判理论陷入绝境,沦为某种"空虚而犹豫的悲观主义"。霍克海默和阿多诺拒绝命名并描述"彼岸",这是批判理论一直坚守的承诺。这种谨慎的态度与犹太人禁止谈论圣物的禁忌一致,犹太人不称呼上帝的名字,因为弥赛亚时代还未来临。④ 同样,法兰克福学派不愿勾勒乌托邦的形象,"自由的王国"不能被"不自由的人"所展望。在晚期的阿多诺理论中,哲学应是否定的,因为反思性自我意识的批判功能,揭示了传统形而上学同一性概念建构的

---

① 〔美〕马丁·杰伊:《法兰克福学派史(1923—1950)》,单世联译,第2页。
② 〔德〕阿多诺:《否定的辩证法》,张峰译,第406页。
③ 〔美〕马尔库塞:《单向度的人》,刘继译,第72页。
④ 〔美〕马丁·杰伊:《法兰克福学派史(1923—1950)》,单世联译,第298页。

肯定性，打破这种策略的应是艺术，对此具有明确自我意识的哲学就成为美学。从理论策略上看，他们进行的是一种总体性批判，解放和未来必然寄托于现实和理性的"他者"，即艺术。可见，法兰克福学派离开了建设性的形而上学批判，他们渴望革命的成功，却又忽视大众的力量，把希望寄托于人们对高等文化的领悟和体会，似乎只有具备高度审美情操的人才有可能走上这条希望之路。事实证明，抛弃批判理论的实际基础——大众的力量，单靠知识分子的批判是不可能的。批判理论并不提供人如何达到解放的行动指南，而是谨慎地与现实保持着距离，始终站在学术立场上对人的解放问题进行批判与反思，这种乌托邦性质拉大了它与激进实践之间的距离。即使是在一种微弱的否定形式上，理论也是向那些诚实的人敞开的实践的唯一形式。

其次，对大众文化的偏激态度。对大众文化持有完全否定的态度，也间接否定了大众的能动性。《启蒙辩证法》指出，无线电之于法西斯正如印刷术之于文艺复兴。本雅明曾提出流行艺术是一种消遣，霍克海默与阿多诺也表示了怀疑：闲暇时劳动以另一种方式继续，被文化工业唯一许可的笑是幸灾乐祸的笑，笑那些不幸的人，压抑代替了升华，欲望被刺激只是为了被否定。总之，大众文化成了可望不可即的仪式。阿多诺更是在《再论文化工业》中犀利地指出，大众文化（大众媒介）是大众自我膨胀的精神问题。而且，美国的媒介传播技术渗透到文化工业的各个环节，其作用和在欧洲帮助极权政府进行法西斯宣传的模式十分相似。[1] 对大众文化进行分析时，他们只能看到大众文化受意识形态控制的一面，却看不到大众文化中的进步力量和革命潜力。因此，他们的理论结论与实际有一定距离，他们坚守着欧洲人文主义传统，在建立理论体系时以"人"为中心，强调"人"和"人性"，对大众没有信任感，从俯视众生的视角探索解救众生的方法。他们的社会批判仅是一种纯理论的批判，而不是马克思所强调的人道主义实践批判。他们的揭露也只是站在抽象的人道主义立场上对资本主义社会现实进行声讨，而不是立足于科学基础上的剖析，他们的批判停留

---

[1] 〔美〕马丁·杰伊：《法兰克福学派史（1923—1950）》，单世联译，第 249 页。

于价值层面，是非科学的。[1] 未能认真对待现代哲学和社会科学成果，并拒绝用它来丰富自己的理论，沉醉于工具理性批判之中，拘泥于文化与意识形态批判，而没有对这个复杂的现实社会进行经验分析。所以，这种批判对社会经验研究的贡献受到了限制。比如，在批判美国社会时，暗示纳粹主义压迫和"文化工业"之间没有真正的区别。因此，一些研究者就有理由指责：纳粹的经验深深刺伤了研究所成员，使其仅仅根据法西斯的潜能来判断美国社会。他们孤立美国社会到如此程度，以至于无视使美国的发达资本主义和大众社会不同于在欧洲遭遇的独特的历史因素。在美国接纳欧洲流亡者的过程中，有一个选择模式：最受欢迎的是那些思维接近魏玛时期流行的"新现实派"（Neue Sachlichkeit）精神的外来者。所以，无论是包豪斯建筑、维也纳哲学小组，还是拉扎斯菲尔德的实证性研究，冷静的客观主义和技术进步敲击着美国精神生活的感应之弦。研究所原先的大楼属于新现实派，但研究所一开始就批评它，霍克海默认为它代表了一种与主体的破产及现代人诸种矛盾未成熟的克服有关的风格。20世纪三四十年代，他们日益反抗这一潮流，对现代性不利的严厉批判终于引起美国公众的注意。阿多诺建立了"文化工业"的批判话语，成为媒介文化批判的代表。但他对大众文化的批判过于激烈和无情，以致备受批评，甚至被指责为文化精英分子。就像后来哈贝马斯指出的那样，早期法兰克福学派批判理论的弱点在于，未能认真对待现代哲学和社会科学成果，并拒绝用它来丰富自己的理论，沉醉于工具理性批判之中，拘泥于文化与意识形态批判，而没有对这个复杂的现实社会进行经验分析。也就是说，他们对大众文化的否定只是站在抽象的人道主义立场，而非立足于科学基础上的剖析。

另外，批判理论观点并不能为人们摆脱资本主义统治指出任何行之有效的途径，而且其主要代表人物都对青年学生和工人的造反行动持反对态度。所以，随着"新左派"运动的退潮，法兰克福学派也开始出现了分化和瓦解，不可避免地走向了悲观主义。对此，学者张亮指出，阿多诺对暴力革命的反对，是辩证法对传统革命的理论反思，反映出阿多诺否定辩证法的缺憾，即"在反对主体性的同一性暴力的过程中，失去了现实的革命

---

[1] 石义彬：《批判视野下的西方传播思想》，商务印书馆，2014，第45页。

主体"①。对阿多诺而言，在大众文化时代，人成为新的神、自己的神，信仰因此解体。上帝死后，新的神是人自身。所以，从某种意义上说，文化工业批判是对人自身的批判，权威人格批判也不只是对法西斯统治者的批判，所有的矛头都指向了人，参与活动与意义、历史构建的人。哲学因此回到人本身，批判也回到人本身。阿多诺不能对解放提出具体出路，人的问题是无解的。人的自由如何可能？这始终是一个形而上学问题。阿多诺的思想释放出对人的无奈，甚至是放弃。音乐成为救赎的方式，艺术成为救赎的方式，但艺术最终被人创造的工具理性消解了，人的解放与救赎也就无从谈起，就像犹太教所宣扬的那样，弥赛亚还没有到来。他在哪里？他是否会来？犹如等待戈多般的情境，成了一种荒诞戏谑但也无比严肃的寓言。

阿多诺对现代性的批判是一种绝对的总体批判，对批判之前设规范基础并没有合理的论证，也缺少建制化原则设想，因而没有充分重视现代性的合理成就，想象不出现时社会解放的潜能，所以，批判只能在自我消耗中痛苦地进行。他对真理内容的拯救只是某种意向和希望，因为科学、民主以及自律的艺术的现代成就并没有得到阿多诺充分的估价。

因此，在实证与批判之争这一理论事件中，阿多诺的局限在于，在处理事实判断与价值判断的过程中，陷入依个人主观喜好、受内在超验影响的绝对判断。因此，他返回德国后，对这种由方法差异所带来的不足进行了反思，认为以爵士乐研究为例，虽然与相关的音乐事实紧密相连，却依然存有未经验证的缺陷，它逗留于对听众起作用的材料领域，即"刺激物"方面，却不能或不愿通过使用数据采集法进展到"篱笆的另一边"。② 阿多诺大众文化批判受诟病之处也集中于无视大众文化的进步要素，仅将批判运用在价值判断层面，成为一种激进的批判，从而不可避免地陷入悲观主义。

---

① 张亮：《崩溃的逻辑——阿多诺早中期哲学思想的文本学解读》，第60页。
② Adorno, "Scientific Experiences of a European Scholar in America," in Donald Fleming and Bernard Bailyn, eds., *The Intellectual Migration: Europe and America, 1930–1960*, trans. by Donald Fleming (Cambridge: The Belknap Press of Harvard University Press, 1969), pp. 338–370.

第三节　阿多诺对实证主义的批判

阿多诺认为从方法论角度讲，传统社会学的科学意图是以所谓客观的手段去衡量社会行为者的意识，它实际上不能透视依然和阶级有关的客观现实的本质层次。实证主义社会学家只能反映社会现实的表面层次。尽管这种方法确实揭示了残存的阶级冲突，但是不可能弄清楚范围更广泛的社会运行的意义。确实，基本的社会范畴本身总是巧妙地避开经验的观察，而这种观察是有关行为的社会科学的基础。阿多诺表明，"我们既不可能用现行逻辑意义上的概念定义社会，也不能以经验来证实它，然而在这同时，社会现象仍然要求某种概念化，后者的特有机构是思辨的理论"[1]。他对实证主义的经验主义原则、科学主义主张和肯定性的思考方式进行了批判，并提出批判学派反驳实证主义的观点：纯粹的客观事实、主体的旨趣是知识的构成要素，科学不是知识的唯一可能形式等。但他对实证主义的批判不乏切中要害之处，但也有偏颇、武断之处。

一　反对实证主义的经验主义原则

经验主义是实证主义的一种原则，它源于英国的经验论。从这一原则出发，实证主义者认为，在文化研究中，唯一可靠的知识基础是经验事实。据此，他们强调一切价值因素都应该从科学研究中剔除出来，因为对于经由科学和观察而得到的方法是无法用思想来予以评价的。现代思想之所以成功的原因之一就是严格地区分了科学与价值。经验主义的这些观点，是阿多诺及法兰克福学派其他成员坚决反对的。他们认为，实证主义过于信赖经验事实，过分追求理论的客观性。事实上，并不存在能够完全独立于理论的事实经验。经验，并非指一种认知过程，而是一种生活过程，通过自身经验和周围的事物产生联系，是人与世界相遇、交往的方式。霍克海默曾以相对论的出现为例，驳斥了实证主义对经验的片面认知。他指出，

---

[1] 〔美〕马丁·杰：《阿多诺》，瞿铁鹏等译，第144页。

相对论之所以能够改变人的经验结构,就在于它没有将思想与经验分离。在此意义上,社会批判理论反对实证主义的经验主义,是为了强调在文化研究的过程中,不能盲目地接受所谓的客观事实,更不能把实证科学视为研究文化现象的唯一途径和研究方法,在这种实证态度之下,潜藏的危机是对现实的盲从。早在20世纪30年代初,霍克海默就通过《对形而上学的最新攻击》一文,批判了逻辑实证主义原则,强调对事实应持有批判的态度。不久,他又发表了著名的《传统理论与批判理论》,标志着社会批判理论的诞生。传统理论中就包含着实证主义传统,霍克海默对传统理论的批驳明确了法兰克福学派对实证主义的批判态度,并成为该学派的一贯立场。阿多诺认为自启蒙时代以来,理性已经坠入实证主义思维模式的深渊,他坚定地站在反实证主义的立场,并且在60年代与波普进行了著名的实证主义论战。①

阿多诺在20世纪50~60年代,即在他关于社会文化的大部分理论反思成型的时候,其所捍卫的观点基本上是黑格尔的论点,这种观点在他与波普及其追随者激烈的实证主义论战中提出。然而,他对经验主义的批判并不意味着从根本上否定他在美国流亡时已经勉强学会并表示尊重的方法,尽管他自己使用这种方法是有限的。阿多诺反对那些不需要实证主义"事实"的独断的辩证唯物主义者,他强调实体化的辩证法成为非辩证法的东西需要用事实的发现来加以纠正。发现事实的兴趣,是由经验的社会研究实现的,而反过来,其又被实证主义的科学理论不正当地实体化。他有分寸地捍卫某种经验研究的要求,这不仅直接针对刻板的辩证法家,而且针对那些依然专注于历史主义的、文化科学传统的德国社会理论家。他警告人们,不要把社会学变为仅以知性的移情式理解为基础的精神科学。关于观察者的主体性可能重新体验历史的行为者原初的主观意向性设想,不过是黑格尔的绝对精神恢复到自身世俗化的翻版,因此是"主体—客体"统一性理论的一种形式。阿多诺想付诸实施的社会学,仅仅在表面上与行为主义者主观实现的目的和手段有关,它更多地与借助和反对这类意向而实现的规律有关。从认识的主体或社会行动者来看,阐释是主观意谓能力的

---

① 〔德〕霍克海默:《批判理论》,李小兵等译,第16页。

对立面。因此，一方面，使人客观化的经验方法是错误的，因为它们虽声称是真正客观的，却没有透入主观意识的层次；另一方面，它们又是正确的，因为它们把现代人看作客体，在"被管理的世界"中大致已经被转变为这种客体。或者换一种说法，实证主义方法的真理性在于，它们反映了人在现代社会中的物化处境。在现代社会中，零碎而未被反思的主观意识与较深刻的客观倾向相分离。其错误在于，它们不能否定和超越这种条件，只有非经验的社会理论才有助于做到这一点，这种理论可能尝试把社会概念化为矛盾的总体。阿多诺坚持认为："经验的东西和理论的东西不可能在一连续统一体中表达出来……这并不是消除歧义并使它们和谐相处的问题。只有一种协调的社会观点才能把人们引向这种尝试。相反，这种张力必须以一种有效的方式进入头脑。"① 因此，辩证的总体概念必须承认自己的局限性。他还没有放弃超然于经验主义片面性之上的尝试，因为社会既充满矛盾，也是可确定的；它是将理性和非理性集于一体的对象，是一个支离破碎的系统；既是盲目的自然，又经由意识沟通。那么，理论怎样才能确信它不是任意地把一种构造强加于任何层面都如此异质的现实之上呢？构造总体的第一个条件是客体的概念，无联系的材料在这个概念的周围被组织起来。从活生生的经验出发，而不是按照由社会设置起来的控制机构已经确立的经验出发，也不是从那种对过去已经设想过的内容的记忆出发，更不是从个人反思的一贯结果出发，这种构造必定总是使概念对物质产生影响且在与后者接触时重新对其进行形塑。记忆、反思和经验都是理论构造的必要组成部分，这些要素一直都是阿多诺用来证明其批判理论观点的"正确的想象"。所谓批判，甚至意味着削减这种作为总体的辩证范畴的无限有效性，不管它们现在作为对经验主义的矫正是多么的必然。其实，抛弃对社会现实恰如其分反映的特殊范畴，是否定的辩证法的最终希望。因为，阿多诺坚持认为"被解放的人类绝不会是总体"，总体作为必然的概念工具所达到的程度也是社会仍然不自由的程度。虽然其社会理论的批判布局与经验研究相对立，但将阿多诺就此归于现代黑格尔式的理性主义者的观点显然是不合适的。这经由阿多诺拒不设定一种综合其他一切东西的、

---

① 〔美〕马丁·杰：《阿多诺》，瞿铁鹏等译，第148页。

成为其他一切理论中心的元理论而得到证实。

二 拒斥实证主义的科学主义主张

自培根以来，科学技术在推动社会发展和带给人们便捷生活等方面取得了惊人的成就。这引发了人们对自然科学的崇拜，使人们相信科学技术的实验模式和研究方法可以移植到社会科学和人文学科的研究中来。科学技术是衡量人类社会诸多参照体系的唯一标准逐渐被大多数人接受。科学技术具有促使研究对象合法化的力量，这种力量来自它的工具合理性，它是理性与技术的结合，并且不断地执行意识形态功能。其过度膨胀所引发的问题即是科学主义的弥散。

"科学主义"一词最早出自逻辑实证主义维也纳学派的创始人之一——哲学家、经济学家奥图·纽拉特。纽拉特与卡尔纳普一道提出物理主义的主张。所谓物理主义，是在将心理学划归到物理学范畴的前提下，将物理语言提升到科学的普遍语言的高度，以此，把心灵的、精神的与心理的、物理的范畴进行二元对立。与经验主义不同的是，纽拉特认为从实验与观察中获得的记录，是科学知识的对象，并且命题之间的比较才是经验命题的检验标准。在他之后，卡尔·波普和哈耶克开始以攻击的态度使用科学主义一词，认为这一概念暗含了对科学方法普适性和权威性的过度依赖和过分信仰。

科学主义反映出人文学科受到自然主义和实证主义的影响，科学主义在人们心中有着充足的威信，这促使人们认为其方法不仅适用于物质世界，而且适用于人文世界。这是科学的一种僭越。文化研究的对象是人的思想，人是有感情、价值观和个人意志的主体，人与人之间的关系也是相互作用且不断变化的。在有关人的研究中，必须要拒绝科学主义的普世价值观和纯粹的自然主义。那种追求确定性、因果性、规律性、常态性的科学主义信条在不依赖于实验室的人类社会失去了它存在的条件，就像康德提出的那样，人的社会除了对"真"的判断，还有对"善"和"美"的判断。在如何解答人与人关系的问题上，科学主义那种将其转化为人与自然关系的做法，使这种关系合理化、固定化。这种通过理性方式所强化的行为规范具有潜在的强制性,它导致了对现实的顺从和继之而来的明哲保身思想。

霍克海默认为,只有在社会更为合理时,社会科学家才有可能预测未来,至于人类能够理解历史是因为历史是人类创造的洞见尚未实现,目前人类还不能创造自己,科学预测的可能性被方法论和社会所限定。① 因此,在当代社会,视知识分子为"自由漂浮"(free-floating)是错误的,知识分子超越论争、"自由漂浮"的理想是现实主义的幻象,必须抛弃;同时,像种族理论和庸俗马克思主义者那样把知识分子视为完全扎根于其文化与阶级之中也是错误的。总之,两种极端思想都错误地视主体为完全自律的或完全依他的。尽管研究者肯定是其所处社会的一部分,但他是有可能超越其上的,知识和利益最终是不可分割的。

"总体性"到阿多诺这里已经崩溃,对总体的不信任,对非同一性的强调,使其哲学成为"无调哲学",其表达方式也是非体系性的。"非同一性"概念围绕阿多诺思想中的马克思主义、美学现代主义、文化贵族的保守主义、犹太情感和解构主义等五种并列而不整合的要素来批评性地论述其哲学,是对现存社会的批判性考察。批判理论也仍然保有重要性,它恰当地适应了在其初创时期只是朦胧觉察到的一种时代的关切和焦虑。福柯承认,"如果我在年轻时就遇到法兰克福学派,除了评论他们的工作就不会再有其他事情来吸引我一生了,而现在他们对我的影响却是回溯性的"②。阿多诺"冬眠的战略",从学术进展而言,实际上是法兰克福学派这种类型的批判思维最后的逃亡地,实现其思想的机会已然消失。阿多诺的"漂流瓶"是扔向"野蛮主义湖水横溢的欧洲"的信息瓶,在值得欣慰的、有较少野蛮主义的今天已经到达许多海岸。现在,法兰克福学派的遗产及其在当代的继续探索,可以在公共领域得到全面判断,如果像哈贝马斯那样,"公共领域"的生存经常是不稳定的,那么,它至少可以在亚领域,即我们通常称为学术界的领域中得到判断。不能否认,这种成功可以归结为资本主义文化机制的驯化能力,但只有那些认定边缘性是自足的美德的人不承认这种裨益。

阿多诺对工具理性弊端的分析尤为重要,他对科学和技术的不信任也

---

① 〔美〕马丁·杰伊:《法兰克福学派史(1923—1950)》,单世联译,第97页。
② 〔美〕马丁·杰伊:《法兰克福学派史(1923—1950)》,单世联译,第12页。

源于此。接韦伯的观点分析，他认为近现代资产阶级社会内部矛盾的根源在于工具合理性和价值合理性的分歧。工具合理性从学术角度解释，意为从客观的立场出发详细计算和制定合适的策略以达到效率最大化，从而实现效益最大化的根本目标。工具合理性之所以不同于价值合理性主要是由于工具合理性的出发点和切入点是工具手段实施的可行性和价值创造性，只要计算精确且配合明确的谋划策略，并且内容和过程不违背法律要求，则该行为即具有可执行性，同时有利于社会效率的提高和利益的实现。在韦伯看来，价值合理性以所谓的使命感和英雄主义为目标，为了达到目的可以用尽一切办法、手段和策略，只要进行这种行为的初衷是好的，以此为基础进行的活动就具有价值和理性。这种观念虽克服了工具合理性忽视价值信仰的重要性的弊端，但其为实现目的而不择手段的认知也为社会秩序的稳定带来了潜在威胁。韦伯以此为基础提出新的认识理论，认为工具合理性与价值合理性的内在矛盾，充分证明了合理性本身也存在不合理的一面，这也解释了阿多诺对科学和技术不信任的原因。

三　批判实证主义的肯定思维模式

实证哲学导致了肯定的文化思维模式。马尔库塞指出，"实证哲学最终促使思维顺从现存的一切，显示了经验的力量。也就是说，要教育人们对现存的事物采取一种肯定的态度。实证哲学肯定现存秩序，反对那些要'否定'现存秩序的人"[①]。就过去而言，"肯定文化"是对自由资本主义时代的文化氛围和历史特征发挥作用的。在马尔库塞的理论概念中，"所谓的肯定文化（affirmative culture），是指资产阶级时代按其本身的历程发展到一定阶段所产生的文化"[②]。资产阶级发展到一定程度后，"肯定文化"就演变成人们美好而虚幻的精神世界，以及与文明社会相比具有一定优势的思想成果。"肯定文化"是从维护当前社会利益出发而逐渐发展的一种文化理论，指引人们与现代社会相协调，使人们在幻想中感受到幸福，阻止人们反叛意识的产生。这种文化让人们学会了顺从和压抑需求，即使不幸福也

---

① 〔美〕马尔库塞：《理性与革命》，载《法兰克福学派论著选辑》（上），张燕译，第372页。
② 〔德〕阿多诺：《否定的辩证法》，张峰译，第156页。

应当默默忍受。这种文化为受压抑的人建立了一个虚拟的理想国度。独立的个体显示人性的普遍规律，表面的苦痛显示精神的高尚，外在的禁锢显示内心的自由，这些思想文化所构筑的社会看似美好，却压抑了人们的自然追求和原始渴望，严重脱离了社会现实。但是为了满足资产阶级统治的需要，这种所谓的"肯定文化"为统治者发挥着巨大的作用，为人们构建了乌托邦式的社会，使人们安于现实的苦难，放弃了自由的追求。

《启蒙辩证法》中，阿多诺将对法西斯主义的批判追踪到启蒙精神的自我摧毁，并把极权主义归因于科学的逻辑，该书成为20世纪60年代西方"新左派"的运动纲领并广为流传。科学成为统治自然的工具，更为严重的问题是，科学的统治从自然扩展到人类自身，启蒙的理性主义带来了自然的异化和人的异化，增长了一些人对另一些人的统治力量。从文化工业的角度来看，文化被物化，人的主观性被物化，拜物教盛行，思想本身也因此被摧毁。阿多诺曾明确指出，社会个体的兴趣以及各种价值观念会随着社会文化的发展而不断改变，并且逐步融入新时代的文化特征，人们思想的进步对于大众文化的普及具有积极作用。大众文化引领着受众的欣赏口味和审美情趣。一种辩证的或"内在论"的艺术批评，是认真对待这一原则的，即它不是虚假的意识形态本身，而是与现实相对应的主张。然而，并非所有的艺术都包含着这种否定的因素。阿多诺批判大众文化的核心之一是其相信"幸福的承诺"，即另一个社会的幻象已经随着"肯定文化"的增长被系统地消除了。"肯定文化"的核心思想就在于抑制人们的反叛思想。对于"肯定文化"，马尔库塞认为"这是指资产阶级时代按其本身的历程发展到一定阶段的文化。在这个阶段，它把作为独立价值的心理和精神世界这个优于文明的东西与文明分离开来。这种文化的根本特性在于认可普遍义务、永恒美好和必须无条件肯定的更有价值的世界：这个世界与日常为生存而斗争的实际世界有着本质的不同。然而，无需任何实际状态的改变，只要通过每个个体的'内心'就可以实现"[①]。

阿多诺所承认的辩证法的否定是绝对的否定，是不带有任何肯定的否定，他如此诠释的原因有两方面。第一，阿多诺所主张的绝对否定与实证

---

① 〔德〕阿多诺：《否定的辩证法》，张峰译，第97页。

主义的肯定思想是从根本上对立的，实证主义的精髓是"经验"，在经验中验明真理，即有肯定的意味，而此认知与阿多诺绝对的否定在根本上是对立的。辩证法中包含辩证的否定，是指既克服又保留，既肯定又否定，而实证主义只认同肯定的方面。二者的分歧也是造成辩证法拥有评价资本主义的理论支持，但实证主义发展却陷入瓶颈的原因。第二，对"奥斯维辛"的记忆使阿多诺彻底改变了对事物存在肯定方面的认同，德国纳粹在奥斯维辛集中营的毁灭行为说明了同一性的最终结局就是灭亡。

四 批驳实证主义的实用主义倾向

霍克海默在《理性之蚀》一书中对实用主义和实证主义的关系做了详细说明，他认为实证主义的重要形式之一即为实用主义，其将哲学同化为科学，体现了现代哲学从客观理性向主观理性的转变，但也存在区别。在这方面，霍克海默的出发点是马克斯·韦伯的观点。在霍克海默看来，"客观理性"可以从以下两点进行理解。第一，该观点认为社会中客观地存在一种系统，能够在各种境遇下表现出不同的执行方式，对世界观理论和方法论实践统一适用。第二，不同于主观理性的是，客观理性可以用来衡量人们为使这种系统广泛运用而做出的不懈努力。霍克海默还认为，在社会的进步中，逐渐出现了客观理性被主观理性所代替的倾向。客观理性包括具有实际特质的理性和以自身为目的的理性，主观理性则具有以下特征：首先，主观理性缺少了客观理性的实质性，强调理性的形式化和主观化；其次，主观理性不同于客观理性将个体行为合理化，反而增添了其自身的独立性和工具性。在研究实证主义、实用主义和主观理性的关系时，霍克海默总结性地指出：主观理性直接导致了实证主义。理性作为一种工具，忽视了自我控制，并使其增加了工具性而被人们利用。就主观理性的形式而言，实证主义强调理性与事实存在的无关性；从主观理性的工具性而言，实证主义强调理性对其履行内容的可效仿性和可操作性。在这样的关联中，理性的操作价值被凸显，工具性和操作性成为它试图统治自然的唯一标准。所谓的理性评价标准被迫偏向一致。这些理性观念被运用在工业社会的生产中，并与生产力相结合，思想本身则被归入工业生产过程。霍克海默对实用主义的批判体现在：实用主义具有主观主义倾向，它的不足之处在于把真理利益化，且提出了所谓的"我们的"利益，使对利益的追求成为一种普遍现象。主观理性主义的"我们的"方法论，所起的作用主要体现在其理论创新和知识进步的过程中，而非能够被接受的程度。

实用主义作为美国的本土哲学，最早由皮尔斯提出，经由詹姆斯的发展完善，最后由杜威集大成。后实用主义者罗蒂又在前人基础上对实用主义进行了新的阐释。实用主义在美国受到推崇并成为主流哲学，对社会科学方法论的形成和发展有着潜在的驱动作用。皮尔斯基本的科学哲学思想开始于现象学，即事物以经验的形式呈现在我们面前。他所提倡的实用主义哲学具有独特性，其理论中所强调的"真理"既不是信念体系中某种具有一致性的内容，也不是行动中的成功。在某种程度上，真理与真实具有一致性，而且自然中必然存在某种普遍、独立的规律。皮尔斯认识到：所有实用主义理论的前提假设，即根据实用主义原理进行预测的可能性，从逻辑上来说都建立在经验的规律性的基础之上。更进一步说，唯一能对这种规律性的表现进行解释的科学假设，是一种能使真实由被自然规律所操纵的经验现象所组成的科学假设。杜威师从皮尔斯，其思想与"实用主义"哲学运动相联系，具有鲜明的"美国性"，被尊为"美国民主主义哲学家""美国人民的领路人、导师和良心"[①]。虽然有批评家认为，杜威哲学中存在对科学技术危险的沉迷以及绝对民主的激进幻想，但其向美国民众提供了一种行为准则和价值信仰。杜威对传统哲学批判的核心基于这样的论断：哲学源于整合传统价值观与科学的文化需要，它充满了一种社会希望，要求我们放弃把文化、道德、价值、信仰建立在"哲学基础"上的观念，从而解放我们新的文明。这要求我们放弃曾经对确定性的追求，即对"永恒的精神价值"的追求，放弃使哲学成为纯粹理性法庭的期望，这是一种新的方向和品性。拉扎斯菲尔德的文化研究方法正是美国实用主义哲学影响下的产物。

拉扎斯菲尔德及哥伦比亚学派的研究被称为"效果研究"，所谓效果，即与动机相关联，也成为体现和检验动机的依据。所以，效果研究反映了

---

① 〔美〕罗伯特·B. 塔利斯：《杜威》，彭国华译，中华书局，2002，第1页。

研究者研究的目的与意图,以广播音乐为例,这一文化研究就不单纯是为了考察广播与受众之间的纯粹关联,而是要通过研究两者关联来寻找如何提升广播效果的方法。这种方法的寻找,恰恰是为了满足项目投资者或发起者的一种控制受众思想及行为的企图。它反映了一种实用主义精神,即不去关注价值因素,而单纯地从科学用途的角度去规避价值的指控,以寻找规律为借口,抹杀寻找规律的企图的非正当性。

第四节 批判方法论意义的多重指向

詹明信在《晚期资本主义的文化逻辑》一书中,专门开辟一章"时间川流中的阿多诺"来论述阿多诺在方法论上的发现,阐述了阿多诺与后现代之间的关系,并称他为"后马克思主义者"[①]。詹明信指出,在理论和理论性话语的时代,阿多诺既不是20世纪20年代的哲学家,也不是四五十年代的哲学家,更不是60年代的哲学家,而是我们这个时代的分析家。现代主义是一种更为深层的政治革命,阿多诺的学术实践介入了德国精神生活,承担起重建德国社会学的责任,其批判方法论的独特性在于将哲学的抽象与一种恰当的审美感受力结合在一起。在阿多诺那里,被称为形而上学或同一性的是一种日益强势的社会系统效果。

一 从批判哲学转向批判社会学视角

霍克海默强调"批判的时代需要批判的哲学",社会批判理论正是现时代"批判的哲学"。[②] 1930年,霍克海默在其就职演讲中阐述了社会哲学和科学的内在联系,他曾经尝试用社会哲学的相关知识来说明社会与人的发展历程,个体是社会的组成部分,不存在完全脱离社会的个体。与此同时,霍克海默认同哲学的传统问题在哲学理论发展中的重要作用,譬如,社会个体与群体之间的关系,文化意义与社会生活的联系等。霍克海默还主张

[①] 〔美〕詹明信:《晚期资本主义的文化逻辑》,陈清侨译,生活·读书·新知三联书店,1998,第216页。

[②] 〔德〕霍克海默:《批判理论》,李小兵等译,第176页。

对这些关系的研究要突破纯粹的理论分析，提倡社会科学研究所应建立一种全新的社会科学和人类哲学，以整个人类文化为研究对象，不仅仅局限于资本主义政治经济分析，还要揭示人类命运，阐释社会个体的发展困境，进而整体地评判资本主义社会现象。阿多诺继承并发展了霍克海默的观点，对批判理论进行了全面而丰富的说明解释，丰富了批判理论的发展形式，使其成为一种"批判的社会学"。批判的社会学是与实证的社会学不同的一种解释社会现象的方法。它并不像实证主义那样专注于直接经验内容，也没有将形而上学作为一种"无意义"的形式，而是寻求经验内容与抽象概念的有效结合方式。阿多诺指出实证主义社会学忽视了一个矛盾，即流变的世界与普遍的经验的矛盾是永不停歇的。实证主义社会学是脱离了社会的学说，没有从社会全局出发来研究问题，造成社会整体性和现象意义的流失，使社会的客观存在失去了意义。实证主义社会学把社会仅仅看作客体，忽视了社会也是主体。它虽然是一门立足"价值中立"的理论学说，主张对社会的看法不偏不倚，却表达了一种主观任意性态度，因为经由人的认识所阐释的世界或观察到的现象都不免带有人的主观烙印，纯然的价值中立只是一种理想状态。阿多诺在批判实证主义社会学的同时，还构建了自己的宏观社会学理论，即"批判的社会学"。他对实证主义社会学的批判在很大程度上触及了实证主义的弊端，但有些批评内容是建立在歪曲理解实证主义的基本观点之上的。

阿多诺的后半生致力于批判实证主义社会学，对之前的"社会批判理论"进行了批判继承，首创了宏观社会学理论，以此来区分和对抗实证主义社会学派。实证主义社会学以客观、科学之名在形式上研究人的行为及现象，对于人的思想及心理并未做出具体的把握和阐释。这使实证主义社会学具有一定的狭隘性，对社会的认识有所偏颇。所以，在发展自己的理论时，阿多诺特别说明了这一点：社会不同于自然，自然科学研究范式不能直接应用于人文学科研究。当然，不可否认的是，对经验材料的收集过程也是非常重要的。这就意味着可以运用早期的经验资料、数据，以此来指导实际研究，并有利于透视社会的主体性。人存在于社会中，人的意识具有主观能动性，这就决定了社会也是一个主体，它凝聚了人与人之间的思想观念。但社会又是独立存在的，是客体的。实证主义社会学只把社会当作客体来研究，模仿自然科学的分析方式，在排除研究者价值判断的同时更剔除了研究对象的价值因素影响，阿多诺称这种研究方法为"残余真理论的变种"，这种研究最后剩下的只能是谬误。

"批判的社会学"的分析主体是整个社会和与之相关的社会现象的相互影响。阿多诺提出的批判的核心理念之一是"总体性"。阿多诺认为现代社会属于"对抗性的总体"，社会具有先在性，这一性质导致了生存在其中的个体会不断地融入社会，接受被形塑的命运，继而在思想上将社会作为一个总体来对待，这种强制性使人们不得不将这种总体性思想存留于脑海中。可是，纵观全局，总体由单个的个体组成，个体的性质影响了总体的外在表现形式。因此，从批判的社会学角度进行分析可知，就单独的个体而言，总体具有虚假性，这个总体的存在是对个体意义及价值的自主性的否定和威胁，阻碍了人们从理性的角度对社会进行分析、认知，进而妨碍了资产阶级独立意识的形成。显然，阿多诺认知的主体是建立在批判精神上的，他批判了实证学将社会当作零矛盾的总体，同时揭示了个体和总体之间的矛盾与摩擦，力争站在个体的立场上对整体实施反抗，从而抵制资本主义社会的物化进程，保全人的主体性。此外，"批判社会学"赞同运用辩证的方法进行理论思辨。这就是阿多诺提出的否定的辩证法，否定的辩证法不同于传统的辩证法，是一种表达矛盾的方式，是一种理性批判的介质。传统的辩证法作为一种方法，重视总体性、概念及一般性，认为矛盾双方既对立又统一，是可以相互转化并不断向前发展的。它通过"否定之否定"的途径，最后要达到的是"肯定"。实证主义社会学的哲学方法论依据一定程度上来自传统辩证法。它通过否定之否定的矛盾运行轨迹，试图在思想中消灭矛盾，以达到实证学理论上的突破和物质精神上的超越，加强对形式主义的实践，肯定其必要的社会作用。阿多诺首先质疑了传统辩证法中对概念的认识，提出消除对概念的一切崇拜。[①] 他认为，非概念性始终不可清除，任何概念中都包含非概念性与概念性的矛盾，也就是永恒的、普遍性的领域与流变的现象世界之间的矛盾。社会既不能在一般的逻辑意义上

---

① 〔德〕阿多诺：《否定的辩证法》，张峰译，第151页。

被界定为一种概念,也不能得到经验的证实,在社会现象不断产生出某种概念的同时,概念的反对者恰恰是思辨理论。此外,否定之否定,一定会导致肯定吗?阿多诺认为,这是一种不彻底的否定。彻底的否定是一种不带有任何肯定的绝对否定,这一任务由否定的辩证法来完成。所以,法兰克福学派的理论思辨是认识社会的重要方法。面对资本主义发展中不断出现的物化与异化现象,人逐渐变成被自己发明的东西所奴役和压迫的对象,阿多诺看到了这种危机,所以其批判的社会学不单单是一门学科,还是一个强大的斗争工具,以此推动人类社会向着自由的方向不断发展。批判的社会学也是一门强调综合性,努力打破学科区隔并予以整合的研究形式,这使它对资本主义社会的批判具有更为宏大和开阔的视野。这种学术的整体架构清楚地表明了阿多诺沿着霍克海默的前进方向来对批判理论加以完善。虽然霍克海默明确指出发展批判理论最基本的方法来自马克思政治经济学批判和辩证法,但他并没有对此观点予以深化和发展。阿多诺通过对黑格尔辩证哲学的研究,借鉴了马克思当代辩证法的传统,建立起作为批判理论方法论的"否定的辩证法",否定的辩证法具备否定和批判现实的功能,目的是通过解释现实,最终达到对现实的否定和废除。这一方法在社会科学领域批驳了哲学上的认识论与实证哲学。由此看来,否定的辩证法的出现,是社会批判理论得以完善的最主要的方法论支撑,它使批判的社会学作为一种强有力的理论与实证哲学指导下的社会文化研究相抗衡。

二 跨学科研究方法的理想主义形式

由于文化研究注重将社会理论、文化分析、政治干预、社会历史、社会心理、哲学基底等因素结合起来,因而超越了将文化与媒介、传播等领域相割裂的专业做法,打破了传统的学院式研究分工。因此,文化研究一开始就是以跨学科观念来运作的。[①] 它吸纳了哲学、社会学、心理学、文学、经济学、政治学、历史学、传播研究等多学科的理论话语,将文化研究从文本分析推向了文化和社会的宏大情境,阐释了人的主体性、人与世

---

① 〔美〕道格拉斯·凯尔纳:《媒体文化——介于现代与后现代之间的文化研究、认同性与政治》,丁宁译,商务印书馆,2013,第50页。

界的关系问题。文化研究的跨学科方法最早由霍克海默提出，他认为批判理论必须克服专门化的学科区隔所造成的碎片化现象。从担任社会研究所所长之日起，他的目标就是建设一种新型的跨学科研究，因为包括文化研究在内的社会哲学，是一种经由经验补充的理论，它虽然不像自然科学那样寻求规律与真理，但同样需要自然哲学思维的启迪与补充。因此，法兰克福学派的研究，无论是对广播音乐、杂志、流行音乐等大众文化样态的研究，还是对"权威"的起源及演变的研究，都反映了一种跨学科视野及方法的需要。法兰克福学派成员 A. 施密特就中肯地评价，社会批判理论代表了跨学科的研究倾向，它对资本主义社会进行的综合研究，汇集了心理学、社会学、经济学、哲学等领域的杰出思想与方法。事实上，社会研究所在组织机构设计和人员组成方面就反映了这种跨学科的理论架构。例如，其早期主要成员包含音乐理论家阿多诺、精神分析学家弗洛姆、文艺批评家本雅明、哲学家霍克海默、美学家马尔库塞、经济学家皮洛克等。

　　随着社会的发展，科学技术也取得新的进展，社会环境追求多元化趋势，将现存的随意性和不合理的缺陷暴露出来。当下的哲学任务首先是探讨如何将哲学与其他科学分支融会贯通，从而对旧有的哲学问题提出新的理解。霍克海默早在接任社会研究所所长之初，就发现精神分析是社会研究中一个未被充分运用的重要研究工具。所以，当时的研究所是德国第一个向心理分析敞开怀抱的研究机构。霍克海默认同社会研究所第一任所长格吕堡所倡导的注重经验并讲求实际的研究主张。在1933年对德国工人阶级的现状进行分析以及在1936年对权威与家庭项目进行调研的过程中，他从一开始就对那种条分缕析、不讲理论或反理论的实证主义保持着警惕。在他看来，哲学不能束缚或封闭人的主动性，更不能回避其他学科的成果体系。社会研究要打开思路，具备富有朝气的推动力，拒绝纯技术与纯经验，而这一理论框架所面临的最大困难来自理论与经验之间如何渗透。通过建立一种跨学科研究方式，霍克海默保存并传递着马克思主义的信息。当然，这也是他隐藏这一信息的一种策略，尤其是在研究所移往美国之后，他对如何保留并继续这一传统进行了许多尝试。比如，他在阿多诺还未移居美国之前，就写信提醒道："我请求你在到达美国之后在为社会研究所讲座的过程中，千万要避免谈论政治话题，你只要讲科学就可以。即使像社会主义这样字眼也要避免使用。不要因为你个人的言论而影响到研究所，让人们误以为这代表了研究所的公开立场。"[1] 这段话十分细致地反映了霍克海默领导研究所求生存的困境。因为在当时的美国，学术界是对马克思主义保持警惕的，霍克海默既不能丢掉社会研究所的马克思主义立场和传统，又不能使研究所在流亡期间陷入更大的危机，因此，他选择了一条跨学科的研究模式，通过心理学、社会学、经济学等学科内容及理论的介入，淡化了研究所的政治倾向。同时，他负责的学术刊物《哲学与社会研究》也一直以德文出版，这就保留了欧洲的文化传统，语言作为思想的载体，在美国的学术海洋中，保留了一座欧洲马克思主义思想的孤岛。在跨学科研究导向的支持下，社会研究所的主要成员也扩展了自己的研究思路和观察视角，并获得了在美国社会生存的新的学术能力。譬如，阿多诺从音乐批判研究转向了大众文化批判研究，并担任了普林斯顿广播公司音乐研究部的领导人；马尔库塞则应聘为美国巴纳学院的客座讲师；诺依曼开始为政府部门和私人机构工作，在美国司法部的反托拉斯局谋得一职；洛文塔尔则参与了广播公司的研究工作。他们都在工作的过程中，以新的视角诠释和丰富着批判理论，这不能不说是得益于跨学科研究方式的开放性。霍克海默提倡用这种更加稳妥稳健的方式来探索社会问题，与拉扎斯菲尔德的行政研究是有所不同的，但也反映了作为犹太学者的共同处境。从学术发展史的角度来看，西方马克思主义在分析社会与文化问题的过程中，能够尝试运用其他学科的优势与精髓，整合资源，创造性地丰富了自己的思想理论。

霍克海默在《权威人格》的序言中指出社会科学是日常生活的要素。研究目的不是描述偏见，而是解释偏见，以便最终消除偏见。[2] 而拉扎斯菲尔德的研究目的有着根本不同，他的社会科学研究是为了满足一种实证的需要，一种实用的需要，而绝不是变革社会，也不会提出变革社会的主张。所以，他将自己的研究定位为"行政的研究"，是对这种研究的准确定义。

---

[1] 〔德〕H. 贡尼、R. 林古特：《霍克海默传》，任立译，商务印书馆，1999，第44页。
[2] 〔德〕阿多诺等：《权力主义人格》，李维译，浙江教育出版社，2002，第4页。

霍克海默和法兰克福学派的同人所进行的社会科学研究在这一前提下并不排斥实证方法，霍克海姆说："根据当代社会科学的技术寻求真理是我们唯一的宗旨。尽管方法和技术各不相同，但在寻求真理方面已经达到相当程度的一致。"①"本研究既具有理论价值又具有实践价值"，"在理论分析和实践活动之间并不存在不可逾越的鸿沟"，"对这一伟大历史意义的现象进行系统的科学的阐释，可以直接对文化氛围的改善做出贡献"。②"我们希望，这部著作可以在科学和文化之间的相互依存的历史中找到一席之地。它的最终目标是在研究领域开辟新的路径，使其具有直接的实践意义。它谋求发展和加强对一些社会心理因素的理解，因为正是这些因素使权力主义者取代个人主义者和民主主义者的威胁成为可能，同时理解这种威胁可能包括的因素。……美国像欧洲一样，为把人类作为一种社会现象进行研究，作出了相当多的努力，发展了各种学科，而且达到了有组织的合作水平，这原本是自然科学的一个传统。我所想到的不只是把不同领域的研究成果综合在一起，而是动员在不同的理论领域和经验主义调查中发展起来的各种方法和技术，让它们为一个共同的研究计划而做出努力。"③这使马克思主义哲学与心理学互通有无，这种相辅相成的研究方式在《权力主义人格》中得以实现，来自不同学科的学者从自己所研究的范畴出发，互相交换彼此的心得体验与理论成就。经过深入探讨与紧密配合，最终展示出他们的研究成果，即现代社会中权力主义者的基本要素。④

三 批判理论与文化研究后现代转向

法兰克福学派关于大众文化的多种著述使批判理论推动了文化研究的后现代转向。回应现实是理论变化与发展的内在驱动力，回到事件本身去探讨其发生、发展及流变是理论发展的必然要求。在20世纪60年代西方左翼运动兴起之后，随着解构主义、后结构主义、后现代主义以及交往理论、对话理论的兴起和流行，批判理论促进了现代向后现代的文化转向。

---

① 〔德〕阿多诺等：《权力主义人格》，李维译，第5页。
② 〔德〕阿多诺等：《权力主义人格》，李维译，第1页。
③ 〔德〕阿多诺等：《权力主义人格》，李维译，第3页序言。
④ 〔德〕阿多诺等：《权力主义人格》，李维译，第3页。

阿多诺提出的否定的辩证法作为一种社会历史观，表明在当代历史发展中，需要一种以"绝对的否定"为意旨的方法和理论。从此意义上讲，否定的辩证法中蕴含着一种崩溃的逻辑，这种逻辑意味着破坏。经历了两次世界大战及"奥斯维辛"的苦难经历后，阿多诺不相信未来存在于现实之中，通过否定的辩证法，他要打破这些陈旧的记忆与历史。因此，这一方法的指向就是破坏、拒绝、批判与革命。由于这种崩溃的逻辑所引发的一系列思想冲击，否定的辩证法对后现代主义思潮产生了不可忽视的影响。后现代主义对形而上学进行批判，宣布主体已经死亡，要解构形而上学，这与阿多诺反对同一性的观点是一致的。马尔库塞在此基础上提出的"大拒绝"提供了后现代思潮的端点。后现代主义认为，20世纪50~60年代，西方文化与过去的文化彻底决裂，后现代主义的产生，建基于现代主义运动之上。现代主义是一种前卫、反叛的文艺思潮，是人对工业社会的困惑与思考。作为对现代主义的反拨，后现代主义弥合了高雅文化与大众文化之间的罅隙，表现出强烈的反传统倾向。詹明信指出："阿多诺的现代主义如同一个序幕，涵盖了后现代文本的放任恣肆的游戏，在这些词句的、形式的东西里面仍存有某种特定的真理概念。至于美学上的现代主义，人们能在语言中构筑的东西之所以包含着某种真实，正是由于那些语言的争夺，这种真理性不但攫取自沉默寂静的自身，也攫取自命题形式的破坏性内容、它的主题化和物化的危险。它同样需要在与一众玄学的错觉与歪曲的角斗中建立自身，而这种错觉与歪曲无可避免地加于那种在某处开始与终结的要求，那种取悦于这样那样的流俗的论争标准或证据规范的要求，阿多诺本人以其独特性与辩证思想融为一体。"①

阿多诺的哲学既开创了后现代思潮的理论端点，也为后马克思主义思潮奠定了逻辑基础。他以其独特的音乐社会学运思，开始了这一梦幻般的哲学建构过程。② 他全新地面对马克思主义，在方法论和基本立场上承袭了马克思的批判传统。张一兵在《从青年卢卡奇到阿多诺——西方马克思主义哲学的历史》一文中指出，阿多诺面对的研究对象是后现代语境下的全

---

① 〔美〕詹明信：《晚期资本主义的文化逻辑》，陈清侨译，1998，第223页。
② 张一兵：《梦幻哲人阿多诺》，《江苏行政学院学报》2001年第2期，第33~38页。

球化。詹姆逊在《晚期资本主义的文化逻辑》中指出，批判理论最大的贡献是把意识形态分析引入传媒研究，它分析了思想受到的影响，而不是条件反射，发展了马克思主义关于经济剥削的观点，用马克思主义的经典论断把经济统治和社会统治的概念应用于文化领域。文化不是无辜的娱乐或中立的艺术，而是力量对比的空间。[①] 但是，批判理论在文化统治和政治经济统治之间建立的联系是僵硬的联系，即经济基础决定上层建筑（主要指文化）。批判理论认为，大众要么被煽动，要么哀叹，这也是传媒精神毒药的两大效果。"快乐使人顺服，顺服助人遗忘""民众对被施加的恶有一种可怕的依恋，这种依恋比权威者的手腕更有效"[②]。阿多诺认为，"奥斯维辛"之后的反思应该提升到文化思想层面，这不仅反映了纳粹的邪恶，而且西方文明出现了问题，要对"奥斯维辛"进行拷问。在某种意义上，西方文化与奥斯维辛有某种共谋的关系，即它反映了一种同一性哲学，是从柏拉图时代就建立起来的追求绝对同一性的哲学，这种哲学对与德意志相异的种族进行了灭杀。在"奥斯维辛"之后，同一性哲学就是死亡哲学，从而否定了欧洲文明建立的同一性基础。对此，他的判言是：奥斯维辛之后，写诗是野蛮的。这宣布了同一性哲学的终结，无论从哲学还是艺术层面，通过这一判言确立了后现代主义的思想范式。在阿多诺流亡美国期间，他看到大众对权威的依恋以及权威对受众的压迫并未因远离战争而有所减少，大众越来越倾向于放弃文化的否定功能，这不啻于一种意识形态入侵，它以一种柔性的面貌将压抑与霸权植入人心，甚至更具危害性与隐蔽性。在工业文明社会，科学技术异化为社会控制的工具这一事实表明技术和理性成就了统治的合理性，技术和理性正演变为极权主义，并且这种具有极权主义特征的技术和理性已经扩展到工业社会的各个领域。人已经变成缺乏否定精神、没有批判意识、更无超越欲望的单向度的人。所以，阿多诺以社会意识形态和文化作为理论研究的主题，在机械的经济决定论之外寻找到一个多元的批判理论视角，补充了马克思主义社会经济研究。所以，批判理论是分析和批判资本主义社会结构转型后（后资本主义时代）的文

[①] 〔美〕詹明信：《晚期资本主义的文化逻辑》，陈清侨译，第234页。
[②] 〔美〕詹明信：《晚期资本主义的文化逻辑》，陈清侨译，第256页。

化研究。

从文化研究后来的发展轨迹来看，20世纪中期以来，大批后现代思想家继承了法兰克福学派的大众文化批判立场，从多方面为文化研究提供了理论资源并被纳入批判学派的范畴，其中包括福柯、利奥塔、布尔迪厄、詹姆逊、鲍德里亚等。这些后现代主义理论家用否定、消解、摧毁、颠覆代替本能、意志、存在等非理性因素来瓦解理性的理论基础。这种对理性的消解，是后现代媒介批判的理论来源，也确定了他们在方法论上的人文主义倾向。"批判"是为了将"人从奴役中解放出来"[1]。福柯在《什么是批判?》一文中，从批判的视域出发，对西方思想传统进行了历史的审视和梳理。将批判的考察与权利统治关系紧密地结合在一起，认为"批判就是如何不被统治的艺术。……它是一种普遍的文化形式，一种道德的和政治的态度，一种思想方式。……批判的焦点本质上是权力[2]、真理和被统治者的相互牵连的关系"[3]。福柯认为西方哲学思想史的发展离不开"批判"这一重要线索，它建立了以"批判的态度"为中心的一种理论发展模式，而且其发展与延续的方式方法是多种多样的。因而，从批判的视域和立场来看，可以将哲学史或思想史理解为"如何统治"与"如何不被统治"的历史。而对于哲学的发展方向和趋势，福柯着重指出现代性或后现代性不仅要体现一种特有的态度，而且要体现一种治理艺术、一种文化形式，秉持着这种态度及治理艺术与文化形式，并对我们自身的历史存在不断地进行批判。根据历史反思，对自身进行批驳否定，并在此基础上，以反本质主义的现代危机意识为切入点，对变动不居进行反思批驳。

此外，阿多诺终生不能忘情于"救赎"的愿望，批判理论也被称为"隐蔽的神学"。后现代思潮自有其批判含义，它和批判理论家，特别是阿

---

[1] 〔德〕霍克海默：《批判理论》，李小兵等译，第232页。
[2] 权力：韦伯将权力定义为把自己的意志强加于别人行为之上的可能性，而阿伦特的观点正与此相反，她把权力理解为在自由交往中就一种共同的行为步骤所取得一致的能力。他们都主张权力是一种在行动中得以实现的力量，不同的是他们以不同的行动模式作为基础。所有的政治制度都是权力的具体化和物质化，一旦人民活生生的权力停止了对它们的支持，它们就会马上僵死和腐朽。麦迪逊所说的"所有的政府都依赖于舆论"就是这个意思。
[3] 〔法〕福柯：《什么是批判?》，载詹姆斯·施密特编《启蒙运动与现代性》，徐向东、卢华萍译，上海人民出版社，2005，第390~391页。

多诺、本雅明的亲缘关系也早已得到确认。从理论源头去探索它们产生、兴起和在当今世界变化与发展的过程是非常重要的，这是因为这些理论与观点的变化发展是根据现实来做出调整与改变的，它们紧跟着时代的步伐。随着20世纪六七十年代西方新社会运动的涌现，主张主体消散、思想自由的解构运动、反对西方近现代哲学体系的思潮以及各大学派逐渐兴起，语言文化也在哲学研究中发挥作用，越来越多的理论观点被大众所接受，这些都推动了文化研究的发展以及人文精神的构建，也在某种程度上开启了后现代文化研究的尝试。

第四章
作为理论事件当事人的拉扎斯菲尔德

保罗·F. 拉扎斯菲尔德是美籍奥地利人，著名社会学家，同时被认为是传播学领域的四大奠基人之一。他创立和领导的哥伦比亚学派是传播实证主义研究方法的源头。时至今日，与媒介相关的文化研究中的众多实证方法均发源于该学派，并仍在广泛使用。美国社会科学方法论遵循效果至上原则，在实用主义思潮的背景下展开，拉扎斯菲尔德的实证研究满足了美国社会科学的需要，从而形成了自己的方法论范式，并取得了成功。本章回顾拉扎斯菲尔德的学术生涯，发掘拉扎斯菲尔德社会学思想的复杂性，在他身上由于实证研究的成功而被消解的批判向度值得我们重新审视。通过再现实证主义经由自然主义到经验主义再到功能主义的方法论形成过程，本章尝试探讨以下问题：传播研究与文化研究的关系是怎样的？如何理解传播研究中的价值立场？价值中立的实证方法论原则是否可以实现？本章还专用一节探讨默顿与拉扎斯菲尔德的学术合作，旨在阐释默顿的科学社会学在推动实证与批判融合过程中的桥梁作用和理论铺垫作用。

第一节 拉扎斯菲尔德其人

作为科学时代的哲学，实用主义的兴起与近代美国产业力量与技术优势的发展同步进行。拉扎斯菲尔德预见到实证主义和实用主义的基本观点，并始终践行将二者结合进而实现科学实用性的追求。拉扎斯菲尔德以工具制造者著称于该领域,学界对他的评价褒贬不一,本节通过对拉扎斯菲尔德生平、著作的梳理,试图还原一个完整的社会学家的形象。拉扎斯菲尔德的复杂形象由他的人生经历、知识构成、学术进路、科研环境、合作伙伴等诸多因素共同铸就,对他的解读不能陷入对实证主义者的刻板成见之中。其中,早期的社会主义者的底色、行政研究的需要、实用主义的熏染、合作者的潜在影响、犹太移民的政治身份等方面的资料发掘对打破这种刻板成见尤为重要。还原拉扎斯菲尔德的多元性,是重新书写学科史,接近历史原貌,进行自我修正与完善的契机,也是重新诠释实证与批判之辩证关系的一个具有哲学意义的切入点。

一 社会主义者的底色

1901 年,拉扎斯菲尔德出生于维也纳一个犹太人家庭,他的父亲是一位贫穷的律师,母亲是一位个体心理学家,为当时维也纳的政治人物和学术人物开办周末沙龙。第一次世界大战失败后,维也纳在政治上由社会党统治,该党主要由工人和知识分子组成,得到占整个维也纳人口 10% 的犹太人的支持。作为犹太知识分子的拉扎斯菲尔德的父母都是社会主义者。所谓社会主义者,在当时的欧洲是指马克思主义者,此时马克思主义在欧洲刚刚流行,成为一战之后欧洲人反思战争和资本主义社会危机的一股思想潮流。在拉扎斯菲尔德的幼年时期,这对夫妻经常邀约社会主义者在其家中集会,这里成为世纪之交知识分子的避风港和探讨社会主义政治学的沙龙以及研究弗洛伊德思想的中心。政治学、精神分析学和马克思主义三者成为拉扎斯菲尔德一生的兴趣所在。家庭成员对社会主义的追求对拉扎斯菲尔德产生了潜移默化的影响。在青年时期,拉扎斯菲尔德就成为一名社会主义者,并积极投身于政治活动,是维也纳"社会主义中学生"的一个领袖,领导奥地利年轻的社会主义者组织"红色猎鹰群",并在"红色猎鹰"夏令营中讲授社会主义原则。

1924 年,拉扎斯菲尔德获得维也纳大学数学博士学位,系统的数学教育是其实证方法论专长的有力支撑,也为他实现不同学科领域的转型夯实了基础。毕业之后，他在维也纳高级中学教授数学和物理，同时在维也纳大学心理学系任教，讲授统计方法、社会心理学和应用心理学方面的课程。维也纳大学心理学系主要研究诸如失业者的精神状态、年轻人如何成为努力工作的人、退休的人怎样使其生活具有意义等当代社会问题。他们的研究方法是从年轻人那里收集日记，对老年人进行个人访谈，并观察家庭生活，这可以说是个人访谈法的雏形。基于一战失败后维也纳严峻的经济形势，拉扎斯菲尔德并不能从家庭中得到太多的资金支持，作为一个年轻的犹太裔教员，迫于生计问题，其于1925年开办了"经济心理学研究中心"[1]，结合所学的数学、心理学、社会学知识进行市场调研。该研究中心通过对香皂、黄油、面包、啤酒、巧克力、咖啡、牛奶、醋、鞋、香水等消费品的市场调研勉强维持运转，同时为维也纳电台进行听众研究，并对社会选举表现出兴趣。这个"在一个接近崩溃的社会里创办的一贫如洗的研究中心"[2] 得到了霍克海默在项目上的支持，成为拉扎斯菲尔德早期研究活动得以存续的重要支撑。这个研究所的雇员大部分是拉扎斯菲尔德的左翼朋友，其中许多人在"红色猎鹰"中接受过他的社会主义原则教育。他将这些年轻的社会主义知识分子改造成社会研究者，曾说这个研究中心使"整个失败的社会主义团体"转向了"一个新的与社会现实足够接近并有些学术魅力的领域"，这也与拉扎斯菲尔德在奥地利时期的马克思主义政治背景有关。正如他在自传中指出的那样，研究社会选举和购买者在方法上的等同性，是他在维也纳做市场调查的源起。[3] 有学者认为"经济心理研究所"是一个超现实主义的矛盾体："一个由社会主义者组织的中心，要推进社会心理学，后来又从事市场研究以便增加企业家利润。"[4] 1931~1932年，他们对著名的"马林塔尔"地区展开了失业调查，这表明拉扎斯菲尔德的政治倾向是实证调查方法与政治价值诉求的融合。该项

---

[1] 经济心理学研究中心：该中心存在于1925~1938年，后因从事地下政治活动，被迫关闭；担任过该中心领导人的分别是拉扎斯菲尔德（1925~1933年在任）、雅霍达（1933~1936年在任）、蔡塞尔（1937~1938年在任）。

[2] 〔美〕E. M. 罗杰斯：《传播学史——一种传记式的方法》，殷晓蓉译，第260页。

[3] 〔美〕大卫·E. 莫里森：《寻找方法：焦点小组和大众传播研究的发展》，柯惠新、王宁译，第84页。

[4] 〔美〕E. M. 罗杰斯：《传播学史——一种传记式的方法》，殷晓蓉译，第269页。

调查是雅霍达、拉扎斯菲尔德和 H. 蔡塞尔（Hans Zeisel）① 合作的成果，是首次关于失业的探讨，也是当时世界范围内重要而尖锐的社会问题研究。该项目得到来自美国洛克菲勒基金的小额资助。他们选择维也纳东南部的村庄马林塔尔作为研究基地，马林塔尔是一个典型的失业社区企业镇，曾被奥地利最大的纺织厂支配了近 100 年，该纺织厂于 1929 年倒闭，镇上居民随之失业。通过对住户的个人访谈、深度的案例探讨，来搜集历史资料，诸如图书馆登记簿这样不起眼的测度指标也被获取。他们用 6 个月的时间进行实地资料收集，用 8 个月的时间来分析整理资料并寻找结论。最终得出的结论是：失业个体的反应是冷漠的，这与奥地利社会党有关。当这些失业者被允诺得到食物、住所和工作的时候，他们会立刻跟随煽动者，而不会判别煽动者实施的政治方案是否极端、是否正义。这个结论预示了 1938 年希特勒占领奥地利时，奥地利对占领所持有的不抵抗态度。② 这一项目成为维也纳经济心理学研究中心最著名的研究，也为拉扎斯菲尔德赢得了最初的学术声誉，并引起美国学界的重视，得到美国洛克菲勒基金会提供的赴美旅行资金。1933~1935 年，拉扎斯菲尔德赴美。可以说，思想志趣、学术经历和家庭影响使拉扎斯菲尔德早期的学术生涯呈现出鲜明的社会主义底色。

二 杰出的工具制造者

赴美之后的拉扎斯菲尔德面对的是一个迥异于欧洲传统的社会科学界。一方面，20 世纪 30 年代末，出于对法西斯主义德国的警惕，美国政府对宣传和舆论的形成及传播研究产生了兴趣。一方面，广告机构的发展导致文化商业化，进而催生了以设计、推销产品来迎合消费者需要的市场研究。

---

① M. 雅霍达（Marie Jahoda）：社会学家、社会主义者。1926 年，拉扎斯菲尔德结识了帮助他在卡宁茨问卷研究中制表的雅霍达，后来两人结婚。雅霍达曾在维也纳大学卡尔·比勒夫妇门下主修心理学，1928 年在维也纳师范学院获得教师资格，1932 年获心理学哲学博士学位，后在维也纳经济研究中心任职。1936 年，该中心因从事地下政治活动遭到警察袭击，并在两年后关闭。雅霍达因参加社会主义活动遭逮捕和监禁，1937 年获释被迫离开奥地利赴英格兰，后赴美任纽约大学心理学教授，曾参与法兰克福学派的反犹主义研究，任 AJC（美国犹太人委员会）研究助理。1958 年返回欧洲，任教于伦敦布鲁内尔大学，至 20 世纪 80 年代，她在失业研究方面颇有成就。雅霍达是拉扎斯菲尔德早期的重要学术伙伴，两人相互影响和配合，是学术史书写中不应忽略的事实。

② 〔美〕E. M. 罗杰斯：《传播学史——一种传记式的方法》，殷晓蓉译，第 229 页。

电台运营者与市场研究机构建立起紧密的合作关系，以便获得有关广播对其听众效果的经验咨询，进而说服广告商购买广告。因此，大量的市场研究技术被创造出来，以便为各式广播测定无线电受众的规模及听众人口学特征。在这股潮流中，拉扎斯菲尔德成功地跨越了大学对理论和研究的学术侧重与政府和私人企业的应用兴趣之间的界限，成为制造工具的专家。

1937年的"广播研究项目"便始于这样的问题：有多少听众？他们是什么人？在"广播研究项目"中，他从盖洛普[1]处获得关于广播听众及其对不同类型广播节目反应的民意测验资料，并对民意测验资料进行了分析，同时进行了少量开放式的、深度的个人访谈，以便补充来自大型样本更加量化的调查资料或收听率资料。这种将广播效果方面的定量资料和定性资料结合起来的做法成为"广播研究项目"的惯常手法。他运用调查研究、广播节目的内容分析、收听率和其他种类的第二手资料，驱使"广播研究项目"超越了传播研究全景，在他所经之处进行了创新和即兴创作。这一项目实际上开创了大众传播研究领域，取得的成果包括：1. 赫佐格[2]对日间

---

[1] 盖洛普（Gallup），美国数学家，抽样调查方法的创始人、民意调查的组织者，他几乎是民意调查活动的代名词。盖洛普是一个不同寻常的、正直的人。尽管他深入总统大选民意测验这一工作，但他从不参与投票，而且从不为任何政治上的竞争者工作。1947年，盖洛普离开罗比凯广告公司，继续研究他的民意测验并建立了盖洛普民意测验公司，这个具有"冲击性"的测验开始成为美国的潮流。有人说，"盖洛普是一个喜欢寻根究底的人"。也许正是这一性格造就了他的成功，他自己曾说"我能用统计的方法证明上帝的存在"，这句话也许是他民意测验这一事业最好的写照。盖洛普是众所周知的广告研究、媒介研究和市场研究的前辈，他主张广告应该提供给消费者所需要的情报和消费诉求，坚持用科学调查的方式来测量消费者的需要和广告效率。

[2] 赫佐格（Herta Herzog），拉扎斯菲尔德的第二任妻子，最主要的学术伙伴之一。赫佐格是拉扎斯菲尔德在维也纳大学的学生，1928~1933年，赫佐格在维也纳大学社会心理研究所攻读博士学位，在当时担任数理统计教师的拉扎斯菲尔德的指导下完成其博士学位论文《声音和性格》。该论文以当时刚兴起的大众传媒"广播"为研究对象，探讨了广播播音员声音的差异所造成的不同性格的构建。1935年，赫佐格随拉扎斯菲尔德来到美国后与之结婚。1937年，她加入拉扎斯菲尔德主持的广播研究项目，完成了著名的报告《火星人入侵》。1941年，她调查了家庭主妇收听日间广播肥皂剧的动机，赫佐格的观点完全符合法兰克福学派的传统，通过对真实读者进行案例研究，她完善了法兰克福学派关于消费主义文化如何折磨、欺骗受众的观念，将肥皂剧迷视为沙发土豆，对其进行精神分析。赫佐格是定性的试点研究专家，被认为是焦点小组方法的实际发明者。1943年，赫佐格离开广播项目，加入了麦肯世界集团在纽约的市场研究部门，成为麦肯市场研究单位主席。1945年，赫佐格与拉扎斯菲尔德离婚。1964年，她组织建立了麦肯创新智库，1970年退出全职市场研究，并于1976年回到欧洲。赫佐格在20世纪80年代重返传播学领域。（转下页注）

广播肥皂剧的研究；2. 坎特里尔、赫佐格对 1938 年的广播剧《火星人入侵》所引起的恐慌性反应的研究；3. 阿多诺对流行音乐与严肃音乐的研究；4. 拉扎斯菲尔德对广播与阅读（印刷品）的比较研究，即《广播和报纸：广播研究及其在思想传播中的作用的导论》。这一研究催生了 4 部著作和 40 多篇文章，确立了实证研究的基本方法。以 1938 年的广播剧《火星人入侵》研究为例，赫佐格与少量抽样听众进行了深度访谈，这种"焦点小组访谈"以一种开放的方式向调查对象提问，以收集他们在特定情景下（听某个广播节目、观看演出等）有关情景定义的资料，进而得出有关待研究的媒体信息的高度自主的资料。作为结果而产生的资料通常是定量的，对后来诸如问卷等资料收集手段的设计是能够提供帮助的。借助这种方法，拉扎斯菲尔德尝试将调查访问和多变量资料分析结合起来以使民意测验变为一种科学工具。至今，焦点小组访谈仍是商业市场研究的主要工具之一，不仅在政治竞选中发挥着重要作用，而且被学院的传播学学者广泛使用。斯坦顿也在"广播研究项目"中做出了重要贡献，发明了"斯坦顿—拉扎斯菲尔德节目分析仪"。这是一种资料收集仪器，从本质上说是媒体效果的测度仪器，记录实验对象即时的心理反应，从而促使研究者将广播节目或广告内容预期与受众的情感影响连接起来。

　　1944 年出版的《人民的选择》是对俄亥俄州伊利县调查的成果，它为拉扎斯菲尔德在美国学界赢得了声誉。该项调查旨在研究大众媒体和人际传播对个人的决定性影响。在伊利县研究中，他期望媒体在改变个人选举的选择中发挥非常重要的作用并采用民意测验方法来测定广播对于听众的效果：组成一个专题小组，在一段时间内，对同样的调查对象一遍又一遍地进行测定。伊利县研究小组的研究模式由 7 个个体访谈组成，从 5 月到 11 月隔月进行，以 600 名调查对象为一个样本，其模式继承了广播效果研究中所使用的方法。D. L. 西尔斯在《P. 拉扎斯菲尔德……他告诉我们社会学是什么——或应该是什么》一文中指出："拉扎斯菲尔德实际上创造

　　（接上页注②）关注的依然是流行文化和广播电视，曾发表关于电视剧《达拉斯》的研究《解码达拉斯》，对德国观众和美国观众的收看情况进行对比，包括性别差异对接受造成的影响。赫佐格的分析更多地将社会情境纳入了考量范围。

了数学社会学领域,多元调查分析以及对选举行为和大众传播这两方面的经验研究。"[1] 这段话很好地诠释了拉扎斯菲尔德在伊利调查中的方法论贡献。

后来,这种研究方法被运用在拉扎斯菲尔德的晚期研究项目"个人影响"(又称迪凯特项目)之中。该项目用于回应通俗家庭杂志的出版者麦科法登出版社希望将他们的读者提升为更高层次的家庭的想法。通过对伊利诺伊州迪凯特的800名女性对象进行研究,确定了个人如何获得信息,如何获得人们看什么电影、怎样投票、购买什么样的时装等方面的见解。这种以调查为主而后结合统计数据进行分析的研究风格沿袭了拉扎斯菲尔德一贯的经验主义传统,并巩固了定量研究的风格。此外,医药扩散研究测量是否应该继续在《美国医学协会学报》上为一种新药做广告呢?研究者通过与伊利诺伊州4座城市的专业医生进行个人访谈来收集资料,询问他们在什么时候采用了普菲泽公司的新抗生素四环素,根据药剂师给作为研究对象的医生的处方记录,这些资料得到了核实。研究对象还要求报告他们与其他医生的人际关系网络。研究局的药品研究认定创新扩散基本上是人与人之间谈论新思想的社会过程,最先采纳创新思想的人,即创新者不断被系统中的其他个人所尊敬,所以采纳的速度最初增长缓慢。然后,这个系统中的舆论领袖采纳了这个创新思想之后,人们关于这个创新的讨论是促使"S"形的扩散曲线向上飙升。这样,一段时间以内,采纳的速度呈现出"S"形的特色。

拉扎斯菲尔德在传播领域中创立的数理(定量)研究方法的意义在于,这种社会调查的数学模型可以有效地测定社会传播的潜在结构并进行定量分析。他首创了交叉列表方法,有利于研究传播变量之间的关系和分析传播现象。通过收集资料的方法提出调查方法论,这种收集资料的方法包括收集不醒目的测度、焦点访谈、相互印证策略及各种资料分析方法。所以,拉扎斯菲尔德既是一系列传播理论的开拓者,又是传播研究中定量研究方法的开拓者。[2]

---

[1] 〔美〕E. M. 罗杰斯:《传播学史——一种传记式的方法》,殷晓蓉译,第214页。
[2] 邵培仁:《传播学》,高等教育出版社,2007,第42页。

三 被遮蔽的批判意识

有学者认为与欧洲其他的流亡学者不同，拉扎斯菲尔德是一个"顺民学者"，他用实证主义方法所从事的宣传的效果研究等，采取了一种不负责任的价值中立原则。其中，吉特林认为，拉扎斯菲尔德和"美国主流媒介社会学巩固了美国上世纪中叶资本主义繁荣，竭尽全力为其提供合法性依据"[①]。米尔斯指责拉扎斯菲尔德的研究方法使社会科学研究的主要读者从公众转移到顾客，这是不祥之兆，因为这会带来"观点科层化"（bureaucratization of reflection）[②] 问题，使具有独立批判思想的社会科学家受到研究机构的威胁。[③] 对于这样的说法，我们通过梳理他的著作及研究理路得出以下结论。首先，以和阿多诺合作的广播音乐为例，阿多诺指出文化是不可测量的，拉扎斯菲尔德在《广播与印刷》（*Radio and the Printed Page*）中，将广播听众按照人口特性、收入、教育程度进行分类，比较其收听与阅读习惯的差异。他就广播的社会效果提出了若干通则，诸如广播的整体面貌使技术进展极为壮观，但对所有社会事项具有明显的保守倾向。一般而言，广播刻意避免使用令人不愉快的材料，以免引起社会抨击，曲意迎合听众既有的偏见以防止造成疏离感，回避争论性问题，不播放内容特别精深的节目。拉扎斯菲尔德提醒读者，"美国的广播是用来贩卖商品的，广播其他可能的效果大多数隐藏在一种怪异的社会机制里，把商业广告效果烘托到极致"[④]。在这里，拉扎斯菲尔德已经注意并揭示了现代媒介的商业本质，指出广播业的商业本质对促进传播研究这一领域的统合具有推波助澜的作用。再以《人民的选择》为例，他所从事的研究从总体上说是关注政治的，

---

① Todd Gitlin, "Media Sociology: The Dominant Paradigm," *Theory and Society* 6 (1978): 205 – 253.
② 科层制又称理性官僚制或官僚制，由德国社会学家马克斯·韦伯提出。韦伯认为任何一种合乎需要的统治都有着合理性基础。既然科层制能够稳定地运作，并且呈现出等级制的权力矩阵关系，它必然也是以某种合理性作为其实现前提的。他认为，科层制是特定权力的施用和服从关系的体现。
③ 〔美〕C. 赖特·米尔斯：《社会学的想像力》，陈强、张永强译，第63页。
④ P. F. Lazarsfeld, *Radio and the Printed Page* (New York: Duell, Sloan, and Pearce, 1940), p. 332.

但这种关注是在承认美国民主体制合理合法的前提下展开的。可以说，对于拉扎斯菲尔德这样具有犹太身份的移民学者来讲，这样的研究策略不失为一种圆滑、折中的安全策略。在这样的前提下，行政研究模式下的实证传播研究对社会优势权力所造成的压迫和宰制现象，以及弱势团体的抗争意义往往忽略。同时，在这样的合理性外衣下，拉扎斯菲尔德也在这些作品中不时地流露出对社会问题的思考和对欧洲传统的人文主义关怀。他与默顿合作的论文《大众传播、流行趣味与组织化社会行为》充满了批判意味。以二战中的德国为例，他们指出当希特勒掌握实权之后便出现了组织性的暴力活动与大规模的高压政策。假如有人所持的信仰及态度与全国制造商会这类权力群体相悖，那么他们很有可能会被永远打入集中营。社会中真正掌握人们观点及信仰的人绝不会诉诸强权，他们通常会通过对大众的劝服来达到自己的目的，如将电台节目与广告作为恐吓与高压政策的替代品。人们对大众媒体的功能表现出的担忧是有根据的，因为有人发现大众媒体实际上是劝诫民众苟且于当下社会经济状况的一种工具。此外，大众媒体社会功用的关注点集中于对流行文化及受众审美的影响。虽然大众媒体的受众数量在不断增加，但量的提高却不能抵消大众审美情趣不断降低这一事实。同时，在大众审美能力不断下降的背景之下，大众媒体还在尽力取悦俗文化的受众，这让审美水平一降再降。他们就此提出警示：如果人们一直选择容忍这种情况，那么这将导致人们在大众媒体面前失去主动思考的能力。

他们还重点提出了大众媒介的麻醉功能，认为身处信息洪流之中，一般的听众读者通常都被麻痹，因而积极性很难被调动起来。现今时代中，人们亟须阅读、获取新闻，正因如此，社会上有组织的活动被大大抑制，个人只会阅读书面上关于大事件大问题的解释和讨论。这使民众变得过于理性化，最终与有组织的社会活动的关系也被消除。或许有人会庆幸自己所拥有的兴趣和信息十分高级，但是他们却忽略了自己已经被排除在决策与社会行为之外。简言之，这种人与世界、政治的联系是被动的，阅读与思考仅仅是对他人行为的回应而已。所以，对于某些问题，这种人的认知会出现错误，最终会在这些问题上做出一些不明之举。然而，他对于社会的良知却是绝对正面的。因为在这一过程中,他也曾试图思考,但是当他吃完晚饭、听完广播、看完报纸之后,剩下的只有上床睡觉了。就这一点而言,或许大众媒体是为数最多、效用最强的社会麻醉剂。这种功能往往能很有效地让人们忘记自己身上的弊病。换言之,虽然大众媒体推动了信息在民众中的广泛传播,但是在大众媒体传播信息的过程中,过度的剂量往往让人们将积极参与的热情转移到被动的知识接受上去。[①]

此外,大众媒体还具有地位授予功能,即大众媒体能够对公共事件、人物、组织以及社会互动所处的地位做出界定。那些获得地位的人通常只是从媒体那里获得了所谓的地位。大众媒体还会造成社会顺从,对大众品位产生影响。其中,垄断是拉扎斯菲尔德和默顿批判的主要对象。这是由于当很少有人或无人反对大众媒体的传播价值、政策和公众形象时,就会出现一种危机,也就是说若无相反的宣传,就会出现大众媒体垄断。从这一受限制的意义上讲,可以在各种环境中发现大众媒体的垄断现象。当然,在权力社会的政治结构中,大众媒体的垄断现象是与生俱来的。那些反对政府思想和意识形态的传媒,是无法通过大众媒体进行信息传播的。证据表明,这种垄断甚至还促使纳粹控制德国人的思想。同样,在商业化宣传的世界中,也出现了相似的情形,流行偶像通过大众传媒应运而生。这直接导致了定型化,即在大众交流的巨大影响力下,现行的思想信念似乎衍生于垄断政治宣传的成功范例。因而,他们的结论是,媒体最大的作用在于实现文化交流,是为了保持现有的社会文化结构,而非引起变革。虽然,这篇论文是由默顿改写的,但两人共同的署名鲜明地印证了拉扎斯菲尔德对文中的观点是认同的。

所以,如果仅仅从是否具有社会批判意识的角度去诟病拉扎斯菲尔德,显然对一位社会科学家有失公允。拉扎斯菲尔德首先是一位实证主义社会学家,他开创了社会学的统计学研究方法,对数字的痴迷是在青年时代即表现出来的。这也成为他观察社会、分析社会、解读社会、还原社会和交往社会的主要方式。在这样的方法论基础上,通过研究问题的选择、研究

[①] P. L. Lazarsfeld and R. K. Merton, "Mass Communication, Popular Taste, and Organized Social Action", op. cit, 1948.

角度的凸显，以及相关理论贡献，拉扎斯菲尔德以一种含蓄而潜在的方式表达了自己的批判意识，而这一点是不应该在学术史书写的过程中被抹杀掉的。如果出于凸显某种关系的二元对立，或者将学者派别进行更为清楚划一的勾勒，而忽视这种学术想象与学术可能，那么无疑是危险和令人遗憾的。他与批判学派之间没有固有的矛盾，将他与阿多诺之间的冲突扩大，显然是不符合历史事实的。

回顾以上这些与拉扎斯菲尔德的生活及学术密切相关的人物，似乎可以还原出一个更为真实鲜活的拉扎斯菲尔德，他的身上充满了作为移民学者的矛盾，也充满了学术探索和学术生存的欲望与激情。他在自传中写道："我从未认为自己处于社会的中心。"① 这种边缘人心态似乎和拉扎斯菲尔德在学术领域的成功者身份不相符，但如果结合二战期间欧洲犹太裔学者在地理与精神上的双重流亡经历，又似乎是可以理解的。从1939年他在林德的帮助下获得哥伦比亚大学社会学系一个没有教员职位的讲师开始②，到50年代后期他被任命为社会学系主任，并获得了他最引以为荣的"社会科学的奎特勒教授"称号，拉扎斯菲尔德开拓出一条从大量的琐碎研究中构建普遍理论的道路，虽然这条道路并不顺畅，就如拉扎斯菲尔德的第三任妻子帕特里夏·肯德尔（Patricia L. Kendall）所言："除了它给我的经验，以及为研究局带来的少量的报酬之外，产生任何具有普遍性的理论都是非常困难的。"③ 但拉扎斯菲尔德仍然相信，通过对一系列这样的琐碎研究进行整合，可以发展出普通理论。

直到20世纪50年代末，他渐渐失去了对传播研究的兴趣，开始担任哥伦比亚大学社会学系主任。他不再为传播领域的应用性研究筹集资金，转而向私人基金会和联邦政府申请大笔资助，以便直接进行本质的和方法论的问题研究，并出版了以下著作：《社会科学中的数学思考》、《个人影响：

---

① P. F. Lazarsfeld, "An Episode in the History of Social Research: A memoir," in Donald Flemng and Bernard Bailyn, eds., *The Intellectual Migration: Europe and America, 1930–1960* (Cambridge, Mass: Harvard University Press, 1969), pp. 270–337.
② 〔美〕E. M. 罗杰斯：《传播学史——一种传记式的方法》，殷晓蓉译，第298页。
③ 〔美〕大卫·E. 莫里森：《寻找方法：焦点小组和大众传播研究的发展》，柯惠新、王宁译，第154页。

人在大众传播流通中的作用》(与卡茨合著)、《学术精神：在危机时刻的社会科学家》(与 W. 蒂兰斯合著)。之后拉扎斯菲尔德的个人风格不再那么狂热，而是经历了一种学术生涯的变化，这种变化使他从传播研究中抽身而出。1974 年，他与 W. J. 麦奎尔[①]向马克尔基金会提交了一份研究计划，打算重新研究日间连续剧问题，但他 1976 年 8 月 30 日在纽约死于癌症。

第二节 实证研究方法的范式开创

方法是理性企图在每一个事物中发现和认识自己的意向。方法论则是以方法为探究和讨论的对象，通过系统的分析和整理而得到的理论与学说，具有一定的抽象性，也归属于哲学范畴。[②] 社会科学方法论的核心是方法选择的价值、规范和标准问题，它涉及什么问题是值得研究的，其理论根据是什么，资料的获取原则是什么，如何进行解释，如何确定众多具体方法的评价体系等问题。社会科学的方法论之争旷日持久，时激时缓，矛盾和冲突屡见不鲜，如拉扎斯菲尔德与阿多诺二人关于广播音乐研究意见不统一而产生的摩擦。在这个问题的研究中，拉扎斯菲尔德创造性地结合了功能主义、行为主义、实证主义以及科学的管理经验和研究方式，结合其各自的优势和特点进行全新的组合与搭配，并提出了一套新的传播研究模式。拉扎斯菲尔德提出的这一研究模式不仅在传播领域具有很大的影响力，还逐渐蔓延到社会科学领域的各个角落，具有非常深远的意义。

一 实证研究方法与功能主义兴起

实证主义认为人类社会和自然界虽然属于两个不同的世界，但二者并

[①] 威廉·麦奎尔（William James McGuire）：美国社会心理学家。1961～1967 年在哥伦比亚大学工作，20 世纪 70 年代后，任耶鲁大学心理学教授，曾任美国心理学会社会与人格分会主席，1988 年获美国心理学会杰出科学贡献奖，1992 年获美国社会心理实验协会杰出科学家奖，1999 年获国际政治心理学会杰出科学贡献奖。他提出预防接种理论，并提出"防疫"一词。接种免疫论是站在受众的立场，着眼于如何抵御传播者的宣传与劝服，如何保持原有的态度。

[②] 林聚任、刘玉安：《社会科学研究方法》（第二版），山东人民出版社，2008，第 25 页。

无绝对不同，都有着一样的基本规律，不容违反和打破，这也是该流派形成的逻辑基础。也就是说，他们认为通过自然界和生物界的规律来分析人类社会是合理且正确的，在研究复杂的人类社会时，同样能够沿用自然科学的实证方法。这种方法的含义是，利用经验与观察获得真知，根据实际效果和经验来总结科学的理论。孔德提出，通过观察来获得基本的认知是自然科学的核心所在，也是其能够形成的逻辑基础，因而，社会科学的成立也要以这个基础为依据。同时，他总结了社会学学科的物理学性质，将其称为社会物理学，并提出了四种科学的基本方法：观察法①、实验法②、比较法③、历史法④。透过这些方法，我们可以看到，实证主义反对形而上学假设和理性思辨，强调在认识过程中通过观察来收集和把握感性材料。但是，在长期的发展过程中，实证主义经历了时代的变迁，在各个时期中产生了不同的理论倾向。以20世纪20年代为分界线，主要分为自然主义阶段和经验主义阶段。在实证主义社会学发展的第一个阶段，涌现了一大批研究者，如孔德、穆勒、迪尔凯姆等。这些研究者沿袭了自然科学方法，提出在社会学研究过程中，能够全盘沿用自然科学的研究方式。这一时期的实证主义社会学没有完全依靠经验和观察的方式来获得对事物的认知，没有克服观念上的形而上学和机械的性质，而且研究范围仍局限于传统哲学和社会学领域。从学科发展的角度来说，实证主义社会学正在向经验科学转变。历经半个世纪，自然主义的发展为经验主义提供了理论积淀。然而，长期延续的抽象思维在很大程度上影响并抑制了社会科学朝经验主义发展的脚步，所以，应该尽快找到促进社会学发展的科学方式。再加上人们对于社会不断暴露出来的复杂性而生发的求知欲望，使经验主

---

① 观察法：认为必须在一定的理论指导下对社会现象进行系统的、认真的观察，从中获得可靠而有用的资料，然后还须用理论来解释观察所获得的结果。
② 实验法：分为直接实验和间接实验。直接实验法是在自然科学研究中广泛使用的方法，是为达到特定的研究目的而在人为创造的条件下对现象进行观察的方法；而在社会学中主要运用的是间接实验法，即研究者利用社会自身状况来进行社会研究的方法。
③ 比较法：将人类社会与动物界进行比较，把人类社会与动物社会区别开来，更为重要的是在不同的人类群体间进行比较，以发现社会存在和发展的一般规律。
④ 历史法：是从社会发展过程的先后顺序和连续性上获得人类社会演进的一般规律的方法，是目前最适合对社会进行研究的方法。

方法成为更真实和有效的认知方式，并深入人心。由此，实证主义逐渐由自然主义阶段过渡到经验主义阶段。最初，经验主义具有一定的偏激意味，大都从统计、操作的角度来进行社会学领域的研究，没有意识到理论的重要性，属于和哲学社会学对立的概念。当时的经验主义以行为主义[①]、操作主义[②]为研究方针和指导思想，经验主义将社会学中的种种问题进行分离化研究，而忽视了社会学整体的研究价值以及社会现象、问题之间存在的多样化联系和影响关系，使社会研究失去了原有的完整性和系统性，因而，初期的经验主义已经不再适用，成熟稳健的经验主义开始盛行。这一时期的代表人物是帕森斯等一众社会学研究者，他们重点寻求能够归纳和系统化处理经验资料的有效方式，也就是研究形式方面的问题。这时，他们开始在经验研究中引入理论方法，尝试将经验与理论相结合。例如，稳健的经验主义开始相信，演绎理论可能存在不可验证性。然而，这里所提到的理论是有条件的，必须能够被经验所解释和说明。可见，此时的研究被设定了一定的标准和范围，很多不能被经验所解释的内容被忽略了，而只包含了部分社会学问题的研究。所以，即便在理论和经验的结合方面有了一定的创新和突破，稳健的经验主义依然存在一定的局限性。

拉扎斯菲尔德的实证主义方法是实证主义经由稳健的经验主义阶段的进一步发展，它最初的运用是由拉扎斯菲尔德将传播活动视为社会学研究的新内容而展开的。传播研究为实证主义方法的确立与完善提供了宝贵的现实场域。20世纪40年代美国传播学研究的状况是，具有强烈经验主义倾向的芝加哥学派逐渐式微，并让位于新兴的哥伦比亚学派。芝加哥学派与经验主义具有千丝万缕的关系，哥伦比亚学派的形成则与功能主义兴起有关，并与功能主义一道发展完善。由于战争导致的社会变化以及美国传统

---

① 行为主义是运用自然科学的实证方法，对社会政治生活过程做系统的、经验的和因果解释的西方思想流派。认为心理学不应该研究意识，只应该研究行为，把行为与意识完全对立起来。在研究方法上，主张采用客观的实验方法，而不使用内省法。

② 操作主义是主张以操作定义科学概念的一种学说。试图把所有的科学概念与实验操作联系起来，以消除操作上不可确定的科学概念和科学术语。操作主要是指实验室的操作，其中包括工具的操作或量度的操作。

思想的影响，传播研究从诞生之日起就表现出强烈的功能主义倾向。汉诺·哈特在《批判传播研究：美国的传播、历史和理论》一书中指出：传播研究一开始就是功能主义的。结构功能主义学派[①]将社会作为一个整体看待，帕森斯认为自己建立的一般行动理论的分析框架综合了实证主义和理想主义的观点，按照行动理论的思想，背景和规范从不同的角度影响着人们在确定和实现目标的过程中做出选择，受到这两个因素的牵制，选择的自由不是绝对的。社会背景有可能促进人类的行为发展，也有可能抑制人们的

[①] 功能主义学派：功能主义经由19世纪八九十年代迪尔凯姆开启的草创阶段，到20世纪二三十年代以英国的马林诺夫斯基和拉德克里夫·布朗为代表的发展深化阶段，以及20世纪四五十年代以美国的帕森斯和默顿为代表的巅峰阶段，再到20世纪六七十年代走向衰落崩溃阶段，在对帕森斯宏大的功能主义理论进行批判的基础上形成了众多的微观社会理论。20世纪80年代以后，社会学的新理论运动，即以卢曼、亚历山大为代表的新功能主义崛起。卢曼在《信任》一书中认为，功能主义的一般特征在于它独特的预先假设和研究视角。功能分析并非是在确定的数据和可靠的知识之间建立联系，并以此获得进一步的知识，它最终与问题及其解决办法有关。因此，方法既不是演绎的，也不是归纳的，而是在相当特殊的意义上是启发式的。问题是从维持行动系统持续存在的角度提出来的。简而言之，功能主义的预先假设就是社会行动系统是持续存在的，而要维持社会行动系统的存在，就需要一系列的功能来满足社会系统的持存。任何社会现象或文化现象的产生都应满足一定的社会或文化的需要，而社会现象或文化现象一旦产生后就又具备了一定的功能、满足了一定的需要并进一步刺激新的需要的产生。
回顾功能主义的传统，迪尔凯姆的功能分析方法开创了结构—功能主义传统，但这个社会现象一旦产生后就具有了一定的功能，而这个功能又可能是其他现象的原因，原因和功能是相互交织的；马林诺夫斯基开创了经验—功能主义的传统，主张一种经验的文化论，他在《文化论》中认为"文化在满足人类的需要当中，创造了新的需要"，而"功能始终是产生于文化迫力的反应"。文化迫力主要包括三方面的需要，一是生物的需要（基本需要），应此需要产生了营养、生殖和保护体系；二是手段的需要（衍生的需要）；三是精神的需要（完整的需要），应此需要产生了知识、巫术、宗教、艺术和游戏体系等。人类的基本需要、衍生的需要以及完整的需要，推动了文化制度的形成和发展，同时已经形成的文化布局或制度框架又形成相应的文化迫力，形塑着个体的需求及相应的行动，从而保证了文化的绵延。
帕森斯提出的宏大的社会行动理论奠定了分析功能主义的霸权地位，即社会秩序如何产生以及如何持续存在。在反对功利主义和实证主义传统的基础上，从唯心主义传统中提出了唯意志论的行动理论。帕森斯认为，社会系统是行动系统的4个子系统（有机体系统、人格系统、文化系统和社会系统）之一。
R. K. 默顿是结构功能主义的另一个主要代表人物。他发展了结构功能方法，提出了外显功能和潜在功能的概念，区分了正功能和负功能，并引入了功能选择的概念。他反对帕森斯过于抽象的宏大的社会理论，提出了"中层理论"，试图弥合抽象理论和经验研究之间的鸿沟，进一步将功能主义推向巅峰霸权地位。认为应将理论研究"有用"的一面和经验研究"真"的一面有机结合，试图打破定性研究和定量研究的二元对立局面，实现抽象理论和经验研究之间的对话，避免资源浪费，即实现"中层理论"沟通桥梁的作用。

行动；价值取向则可能在一定程度上改变人们选择的方向。帕金森在一般行动理论中强调价值规范对人类行为的重要性，并将其纳入自己的理论思想中。由此可见，帕森斯事实上是具有文化取向的，他强调整合是由于其从事社会学写作时，正值美国经济危机，因而深受罗斯福新政的影响，并极力维持社会秩序。古尔德纳认为帕森斯的理论实际上是相当封闭的大学体系下的产物，在这种体系下，大学教授对外界并不敏感，深受经济危机影响的知识分子，反而更了解社会现状与问题。

功能主义的兴起基于以下原因，一方面，20世纪初期兴起的各种电子媒介不断发展，为大众文化研究者提供了大量真实有效的资料和信息，将近75%的美国人每天有2~4个小时接触大众传媒，媒介时代的到来使大众传播成为人们热议的话题，而且在学术界引发了研究热潮。另一方面，第二次世界大战给社会带来了严重的灾难，在经济受挫、社会秩序混乱、政局动荡的背景下，社会科学研究的功利主义开始流行，专门针对当下最为突出的社会现象和问题进行研究，力求找到最为有效的解决方式。如此有针对性和分离性的问题研究充分体现了功利主义的工具理性精神和研究原则。这使理论的重要性在传播研究中被严重忽视，研究的重点逐渐变为对现象的评价、问题的测量和实验的设计、抽象或工具化过程。功利主义开始渗透到传播研究中，研究项目的投资人、组织者以及工作人员们关心的重点和实践兴趣，使社会科学研究开始将应用性和有效性作为最终的目标。如此，大众传播的目标不再是寻求民主的新的可能性，而是沦为执行指派任务的工具，传播研究聚焦于如何掌控和运用信息，致力于预测并控制个人、群体处理信息的能力，而不是强化个人意向、提高文化认同。[1] 传播研究领域最明显的研究特点是关注效果，但是不考虑效果发生的各种文化条件。如此一来，传播研究间接维护了政治与经济的秩序，成为商业与文化工业的参与者。这种研究立场在帕森斯代表的哈佛社会学以及默顿等人的努力下，在早期的传播学研究领域发挥了巨大的作用，加之拉扎斯菲尔德及哥伦比亚学派的方法论支撑，这种功能主义视角的行政传播研究成为传

---

[1] Hardt Hanno, *Critical Communication Studies*: *Communication*, *History and Theory in America* (New York: Routledge, 1992), p. 16.

播研究的主流。

二 媒介效果研究与实用主义思潮

拉扎斯菲尔德在20世纪40年代发起了"实证主义思潮",这一思潮的根基是美国实用主义哲学。实用主义相信人类本性的道德潜能以及社会稳定的潜在信念,以强化美国的民主传统为目标。在这种情境下,社会批判是以一种自我发现的形式出现的。美国实用哲学强调经验,主张在现实的基础上分析人类活动。而且,美国着力于拉近和公众之间的距离,尽可能多地关注和了解公民的需求和活动。高校的研究团队、政府机构、工业组织以及传媒协会等同样致力于加深对公众的了解。两次世界大战中媒介的作用更加剧了这一趋势的发展。美国政府非常注重文化、信息与人类活动现象的研究,鼓励各个学科的科研机构进行全面深入的研究,并予以资金支持。

媒介效果的经验研究就是这种实证主义思潮的产物。第二次世界大战期间,在拉扎斯菲尔德等一众学者的努力下,它开始成为实证研究领域的主流研究模式,主要研究短时间内个体对媒介发布内容展现出的实际态度和具体行为。研究发现,媒介塑造公共意识及态度的作用并不明显。在此项研究中,最具代表性的便是"两级传播"理论,该理论认为媒介信息的影响作用会随着各种选择及过滤逐渐减小。在《个人影响》中,卡茨和拉扎斯菲尔德将研究的重点放在了个人如何影响大众传播这一问题上。在拉扎斯菲尔德开创的这个传统中,可以发现他们更为关注信息生产者和信息接收者之间的变量,尤其是人际关系的影响。他们认为与信息相关的主体往往以群体的形式存在,而不是相互独立的个体形式,这就决定了媒介在他们的态度分析过程中只是众多变量中的一个,不能以偏概全。调查结果证实了人际传播比媒介传播更能影响个人决策的假设。传媒无所不能的假说是不成立的,社会原子化的说法是不合理的。在这种实验方法中,传播媒介效果的研究脱离了日常生活的社会环境。然而同时,在更自然主义的思想背景中研究传播媒介和说服问题的新探索方法又出现了。比起在有控制的实验条件下对说服心理过程的探索,这种更为精密的研究方法揭示了在社会中进行的说服过程的复杂性。① 在《人民的选择》中，这个视角体现得更为明显，拉扎斯菲尔德在俄亥俄州跟踪调查了600位选民，分析了社会地位、年龄等变量对人们投票的影响后率先提出，投票不单是传媒策划的选举运动导致的个体的偶然选择，还要取决于阶级、地理区域和宗教这三个变量。三个因素合称为政治取向指数，这一研究纠正了社会已裂成碎片、个体可被随意操控的观点。媒介效果是有限的，这一结论开启了大众传播研究中的有限效果论时代。伊利县的研究表明：媒介效果往往只作用于特定的个体，也就是通常意义上的"舆论领袖"。通过他们的力量间接实现信息在某一地区或者公共范围内的传递，进而增强媒介的效果，也就是常说的两级传播流通，媒介的效果通常不会太强。就此，拉扎斯菲尔德开创了有限效果论，并成为美国大众传播研究的主导理论之一。

拉扎斯菲尔德和哥伦比亚学派在媒介效果研究中采取的研究方式创造性地为文化传播研究开辟了新的道路，并对传播研究的范围给予了明确的界定；同时，他们利用实证主义研究方式在媒介效果研究中取得的重大成就，在文化传播研究领域具有开创性意义。后来很多学者的研究都是沿用拉扎斯菲尔德等人的研究方式，不论他们对此持何种态度，其研究都属于对前人的效仿和扩展，而且都属于行为主义的研究范畴。

媒介效果研究之所以能够发展为学术界的热门研究课题，很大原因在于随第二次世界大战的发生而出现的"心理战"的推动。"心理战"指的是大众传媒用于解决现代社会存在的摩擦及矛盾的方式和手段，通过对暴力、冲突的宣传与评论，从而实现政治和军事方面的目的。战争期间的心理战主要指借助某些宣传策略来鼓动人心，打压对方士气，从而赢得战争或实现军事目标的媒介策略。辛普森分析以往美国在传播研究领域的经验案例时发现，现代传播研究的起源便是第二次世界大战期间心理战策略的产生。结合社会历史形态研究大众传播时，应该把握好各历史阶段传播研究的差异，并要意识到研究对象、形式和特征等离不开国家政策项目或个人基金项目的支持。

---

① 〔美〕丹尼尔·杰·切特罗姆：《传播媒介与美国人的思想——从莫尔斯到麦克卢汉》，曹静生、黄艾禾译，中国广播电视出版社，1991，第144页。

广播音乐项目因此被视为行政研究道路开创的标志,[①] 1930~1960年也被认为是传播的经验效果研究阶段。[②] 然而,我们也应该意识到查菲(Steven H. Chaffee)所提出的问题,即当时的传播研究还没有上升到学科领域的高度和广度,只能看作众多研究的集合。[③] 判断传播研究是否独立发展为一个领域,并不是简单地评定其研究范围和目的,关键在于项目发起者或执行人在当时的战略决策,这也为传播学在20世纪四五十年代的出现提供了存在的理由。这些项目为获得资助,充分考量了投资人的价值观念、主观想法以及某些目的,而实现目的的一般方法便是剥夺目标受众的文化心理属性及其自身的传播体系。

值得注意的是,拉扎斯菲尔德对效果的定义是比较宽泛的。他在1948年撰写的论文里指出,对媒体效果进行研究分析时,可划分为两个维度:其一是确定研究对象的性质归属,如内容、形式、技术或制度构成;其二是媒介效果的性质,如效果持续的时间等。利用坐标将上述维度进行交叉,能够形成2×8的矩阵,以此来体现具体的媒介效果。卡茨以此为基础新添了三个维度,分别是效果的构成、效果的性质变动及效果的接受主体,从而进一步拓展了研究的广度。哥伦比亚学派对效果研究的定义并不排斥批判学派的视角,但是,他们强调的是论证的逻辑性,鼓励应用多样化研究方法,有针对性地进行研究,并根据不同的问题采取相应的研究方式。

三 行政研究模式与私募基金推动

拉扎斯菲尔德首次提出"管理研究"(administrative research)的概念,这种行政管理模式是实现拉扎斯菲尔德实证研究的重要手段,是在私募基金推动下,学术体运作模式的创新。1941年,他在法兰克福学派的期刊《哲学与社会科学研究》上发表的《评管理的与批判的传播研究》一文对管理学派

[①] William Buxton, "The Emergence of Communications Study: Psychological Warfare or Scientific Thoroughfare?" *Canadian Journal of Communication* 4 (1996): 21.

[②] Sid Treason, "Communication Study in the 20th," *The Journal of the Royal Institute of Thailand*, Vol. 30, No. 1 (2005): 133.

[③] M. Everett, Rogers, and Steven H. Chaffee. "Communication as An Academic Discipline: A Dialogue," *Journal of Communication* 33.3 (1983): 18-30.

作了如下定义："它是为公共或私人性质的管理机构服务的研究方式。"① 这一模式为初到美国无所依靠的拉扎斯菲尔德提供了生存的机会，起初对传播研究没有特殊兴趣的拉扎斯菲尔德最终在20世纪30年代末成为美国"唯一的传播研究专家"。他的研究项目得到了哥伦比亚广播公司和洛克菲勒基金的资助，前者资助他完成了普林斯顿广播研究项目；后者资助他在哥伦比亚大学创建了广播研究办公室。但是，阅读其传记可以发现，拉扎斯菲尔德本人一直承受着这种来自学术、权力与商业三个领域的压力。这导致了他的矛盾心理，在广播音乐项目中，他对阿多诺的研究十分无奈地写道："当我们谈论这个项目的时候，我感到绝望，因为他（阿多诺）不能提供任何可以使用或者可以提交基金会的东西。"② 他曾经抱怨来自商业的压力，认为作为学者，在对研究经费的获取上具有一定难度，需要充分考虑投资人的心态、情绪以及喜好，稍有不慎就会失去投资人的支持。③ 但他又离不开市场研究，市场研究为他提供了基本经费，也成为他在心理学传统研究范围内尽情挥洒方法论设想的场域。

拉扎斯菲尔德从事以长期跟踪式访谈为主的调查研究，在数量可观的人群中考察社会原子化和传媒无所不能的假说能否成立。从1937年负责普林斯顿的广播研究所开始至20世纪50年代淡出传播研究领域，拉扎斯菲尔德及其团队的研究成果包括调查广播剧为何会导致社会恐慌，如《火星人入侵》；探讨选民投票决策的《人民的选择》，研究人际影响和大众传播效果关系的《个人影响》；参与斯托夫负责的美国陆军研究，与默顿等人研究广播宣传效果的《大众说服》；赫佐格通过深度访谈研究日间广播剧听众使用与满足的《借来的经验》；科尔曼、卡茨和门泽尔所进行的药品扩散中的社会网络研究；勒纳等人研究中东社会观念转型的《传统社会的消逝》；克拉帕总结性地撰写了"有限效果理论"的《大众传播的效果》等。这些研究无一不是在私人资金的资助下展开和完成的。这种运作模式也吸引了众

---

① Paul F. Lazarsfeld, "Remarks on Administrative and Critical Communications Research," *Zeitschrift für Sozialforschung* 9.1 (1941): 2–16.
② 〔美〕马丁·杰伊：《法兰克福学派史（1923—1950）》，单世联译，第39页。
③ 〔美〕大卫·E. 莫里森：《寻找方法：焦点小组和大众传播研究的发展》，柯惠新、王宁译，第167页。

多对传播研究感兴趣的研究生，如卡茨、米尔斯等。他们的努力使哥伦比亚大学成为传播研究的重镇，巅峰期的科研人员以及相关工作者达到 100 多名。从 1937 年开始，在短短二十几年的时间内，哥伦比亚学派出版学术著作超过 50 部，发表的学术文章等相关作品高达 350 篇。美国社会学学会截止到 1992 年的 20 位会长中有 7 位在哥伦比亚大学获博士学位，其中大部分都曾在研究局工作过。

　　公益基金会的存在便是一种冲突的表现。它是一种特殊的不以商业利益为目的的机构，以实现某种公益理念为目标而聚集私有财产。社会商业财团和富豪们在各大行业或市场中大肆攫取利润，但也热衷于社会公益，慷慨投资各项公共事业，是美国国民性双重人格的表现之一。洛克菲勒基金会成立于 1931 年，基金会成员认为钱财捐赠的形式存在不妥之处，效益得不到保障，很难判断捐款是否被恰当地使用，也就是说钱的去向难以知晓。因此，为了规避捐款得不到实用的现象，他们专门研究出一种合理有效的方式来管理和处置资金，即变"零售"为"批发"。这种机制能够以最合理的方式发挥财富的社会价值，让更多领域得到资金支持并高效运作。他们提出，经营一个做慈善事业的基金会就像经营一个商业组织一样，需要非常完善、系统的管理体制。因此，这个机制便应运而生，能够长期发挥其公益作用，尽可能发挥最大的捐赠效率，充分利用公益资金并在社会中广泛推广和应用，从而出现了现代公益基金会。其中，最著名的践行者是老约翰·洛克菲勒忠实的朋友弗雷德里克·盖茨（Frederick Gates），他不仅是律师，还是基督徒，倾尽一生帮助洛克菲勒建立了用现代化机制管理的基金会。洛克菲勒还捐助了芝加哥大学，把芝加哥大学办成一流的高水平大学，他们的理念是要消除贫困的根源，这些行为源自一种信念，"认为美国制度是一个非常好的制度。现在出现这些矛盾，只需要改良和修补，绝对不要推翻了重来，在这样的一个制度之下，只要是一个健康的人，能够与大家在平等的起点上一起奋斗，总是能创造自己的幸福的。那么，前提是这个人是健康的，机会是均等的。造成不平等的根源之一是有人没钱看病，这是最重要的。一个病人和一个健康人不可能在同一起跑线上，所以他早期的资助重点是医学。洛克菲勒基金会里有各种部门，关注各个领域,但是重要部门是医疗卫生"[1]。也就是说,基金会的目的是改善美国自身的条件,缓解社会矛盾。他们做的事情多数具有长远意义,客观上推动了社会改良。1929年经济大萧条之后,基金会高层发现像以前那样发展医学、农学、自然科学拯救人类并不足以达成目标,要想拯救人类,关键是要让掌握科学的人拥有健康的心智。所以,他们决定把资助重点转向社会科学,包括经济学、行政管理和国际关系等。二战前夕的1933～1934年,希特勒开始迫害知识分子,洛克菲勒基金会会长提出要发起一个抢救欧洲人才的项目:现在欧洲大批的优秀人才,是未来建设欧洲和世界的宝贵财富,应该设立一个项目用以资助这些人的研究。得益于该项目,爱因斯坦等科学家迁居美国,他们的科学研究得到洛克菲勒基金会的资助并制出原子弹。后来,洛克菲勒基金会也反思了自己有没有犯错,诸如资助回旋加速器项目促进了原子弹的研制,结果为人类带来了危害。他们讨论的结果是:科学本身无所谓是非。人类不能阻止科学的发展,科学总是会按照一定的规律发展下去,但是掌握科学的人是有责任的。于是基金会接下来开始加强对人文科学的资助。此外,基金会认为,资助某一项目时,如若该研究最终得出的结论是与政策有关的,或恰好支持某一派的观点,这不算干政,因为资助者不对研究结果负责。这也成为一条原则。

　　洛克菲勒基金会在传播学得以学院化的过程中扮演了重要角色,它赞助的研究具有明确的体制需要:收音机制造商和广告业主必须获得更为科学的评价基础,掌握收视率的影响因素,更重要的是要掌握收音机对"民意形成"和"社会控制"的影响过程。《人民的选择》就是一个典型的例子,赞助者有洛克菲勒基金会、《生活》杂志和民意机构罗普(Elmo Roper)。这种研究取向与拉扎斯菲尔德和默顿早年的理论志趣并不完全一致,在其论文《大众传播、流行趣味与组织化社会行为》中,他和默顿提出了社会麻醉的负功能(narcotizing dysfunction):"不让纯正的批判力量获得有力的增长、培养了顺服心里与习惯(comformism)。"[2] 再如《个人影响》的研究对象是特定年龄段的妇女,赞助商是Macfadden Publications,其出版的

---

[1] 资中筠:《美国十讲》,广西师范大学出版社,2014,第106页。
[2] 〔美〕丹·席勒:《传播理论史——回归劳动》,冯建三译,北京大学出版社,2012,第9页。

各种罗曼史杂志主要为家庭女性读者服务；以个人影响力为模范所建立的传播过程的社会心理学，以及"资讯社会理论"（information theory），后者预设了一种"客观"的与现实不发生作用的"信息"来代替"传播"。从当代的角度来看，这些理论的"正典化"过程，其实是研究的"去政治化"过程。

综上，经过哥伦比亚学派的努力，这种传播研究的范式显示出明显的优越性。首先，它制造了不少操作程序简明、易于上手、评价标准明确的研究工具。其次，通过对研究规范的强调，研究成果摆脱了早期数据堆砌的弊端，通过文献综述和寻找对数据进行解释的理论框架，逐渐在形式上避免了研究的"抽象性"，并具有了可累积的潜力。最后，它确立了一种可以高效地进行学术生产的模式，满足了高速发展的传媒产业的需求。通过广播研究所的知识生产，它成功地改变了广播业对学术研究无动于衷的态度，这种协调业界与学界的关系、帮助业界发展的研究策略正是洛克菲勒基金资助广播研究的原因之一，从而成功地创造了业界对"实在的"数据的新型需求。这种研究范式在业界和学术界均得到认可，并逐渐成为美国传播研究的主导范式，直到今天仍然占据着统治地位。

第三节　科学社会学与实证主义方法论创新

拉扎斯菲尔德明白，涉足类似于市场研究的应用性工作在美国社会学界是有失身份的，他需要寻找一位理论家，作为事业上的合作者，并以此赢得学术信誉。他敏锐地在默顿身上发现了这种可以和自己互补的理论潜力，后来两人成了20世纪50年代美国社会学的明星，为哥伦比亚大学打造了美国一流的社会学系。1941年11月23日，"广播研究项目"使拉扎斯菲尔德与默顿相遇。1943年，默顿被任命为研究局副局长，并正式开始了与拉扎斯菲尔德的友谊和密切合作。这一合作使哥伦比亚大学社会学系在20世纪50~60年代成为全国智库，还将默顿的天才思想带入传播研究长达几十年。两人的合作成果反映在默顿的"中间等级理论"（middle range，又称中层理论）这一重要思想中。他用这一思想来表示处于一般规律等级上的理论，这有助于对从理论中得出的假设进行以经验为依据的检测。

功能主义认为社会是一个体系，具有复杂性和协作性，经由各个部分的紧密配合才得以运转。功能主义认为道德在确保社会稳定的过程中具有举足轻重的作用，因此，它强调社会成员必须存有一种共同的价值观，这样才能维护社会秩序以达到平衡的常态。[1] 在结构功能主义方面，帕森斯是杰出代表，默顿则是继他之后的又一代表。不同的是，默顿对帕森斯理论进行了批判的继承，在这一过程中，又加入了自己的创新，即经验功能主义。这一突破受到 L. A. 科瑟尔等人的赞誉，称这一功能主义是最精致圆熟的。默顿的"中层理论"对理论框架和经验研究、认识意义和实践意义而言，确实是将它们巧妙地联系了起来。默顿1941年进入哥伦比亚大学，并在此度过全部的社会学时光。由于学识和能力的突出，他先后担任过社会学系主任等许多具有学术威望的职位。除此之外，默顿与拉扎斯菲尔德在30多年的时间里，一直保持着学术上的合作伙伴关系。在长期的合作中，默顿的科学社会学思想也具备了一定的影响力，比较著名的是对拉扎斯菲尔德实证研究范式的影响，当然，这种影响是潜移默化的。可以说，两人的合作形成了一种互补关系：拉扎斯菲尔德总结出一系列关于研究方法的实际经验；默顿则从每份实验报告中提出了新概念，并在理论观点方面加入了新见解。对于这种默契且富有成效的合作，默顿指出"我们共同的学术生活中心关注的是一个持续不断的项目，即对一系列广泛的问题开展有理论和方法论指导的经验性社会研究"[2]。在一本纪念拉扎斯菲尔德的论文集中，默顿亲切地称他为"兄弟"。[3] 拉扎斯菲尔德对默顿的评价则是 "概念创作者的杰出典范"，是 "这个国家的社会学先生，令人难以置信的优秀"。[4] 在默顿的影响下，拉扎斯菲尔德获得了理论上的重要地位。

---

[1] 〔英〕安东尼·吉登斯：《社会学》（第4版），赵旭东等译，北京大学出版社，2003，第16页。

[2] 〔波〕彼得·什托姆普卡：《默顿学术思想评传》，林聚任译，北京大学出版社，2009，第271页。

[3] Paul Lazarsfeld and Robert K. Merton, "Friendship as Social Process: A Substantive and Methodological Analysis," in Morroe Berger, Theodore Abel and Charles Page, eds., *Freedom and Control in Modern Society* (New York: D. Van Nostrand), pp. 298 – 348.

[4] 〔美〕E. M. 罗杰斯：《传播学史——一种传记式的方法》，殷晓蓉译，第300页。

一　理论解释与方法运用的融合

默顿一直特别注重社会学理论与经验研究的结合。他于 1941 年来到哥伦比亚大学工作。此时，社会学研究领域存在不同的观点，概括来说主要表现为一部分社会学家从社会实际经验入手，看重经由实验和观察得来的事实资料，主要根据经验事实进行研究；另外一部分社会学家认为社会理论的构建与运用是研究的重中之重。作为两者融合的尝试，默顿与拉扎斯菲尔德共同努力，在哥伦比亚大学建立了研究所，关注社会研究的具体应用，因此被命名为"应用社会研究局"。在 20 世纪 40~50 年代，研究局进行了大量有影响力的调查、研究。特别值得一提的是，它在研究技术创新方面，如定组、背景和潜结构等的分析成果比较突出。另外，在程序与语言的规范化方面，同样取得了突出的成果，这也成为"哥伦比亚学派"形成的重要推动力。默顿这一经验研究与理论研究相结合的思想所产生的影响力是不言而喻的，一方面对当时社会学的发展产生了重大影响，另一方面其中肯稳妥的研究策略，被当代社会学家普遍接受和认可。默顿将理论限定为一组从逻辑上被联结起来的命题，由此可以引申出经验的一致性。每一个命题都由两个或两个以上的概念变量间的某种假设关系组成，每一概念都必须以一种准确的方式来限定，因为概念是理论的建筑砖瓦。在一套理论命题或假设中对某种关系做出假定的基础是由根本性的机构或理论的动力所提供的。这样，默顿就具有了理论家和方法学家的双重身份。

功能分析作为一种分析方法，在解释社会研究材料方面被视为最具效果和最有前景的。它形成于二战结束之时，并在 20 世纪 60 年代发展为西方社会学研究的主流方法。到目前为止，功能分析法在社会学领域的地位仍旧不可撼动。它将社会当作一个系统，要研究构成系统的各部分的功能，任何行为都有其社会价值和再认定的机会。[1] 作为在结构功能主义方面颇具威望的默顿，对功能分析的贡献大致可以总结为以下三点。第一，着重强调负功能和正功能之间存在较大差异。默顿认为在对功能进行分析时，需要适当而准确地定位分析主体。原因在于每个系统所具有的功能是不同的，

---

[1] 〔美〕艾尔·巴比：《社会研究方法》（第 11 版），邱泽奇译，华夏出版社，2009，第 38 页。

对某一事项来说，同一个功能为某个系统所具有时，不一定同样为另一个系统所具有。"正功能"是所有社会结构要素及其关系中促使社会调整和适应的作用；"负功能"是所有会引发社会框架和体系网遭受破坏的要素及其作用。那些与拉扎斯菲尔德的应用社会研究局合作展开的有关个人影响的研究正与此范式对应。[1] 第二，对显功能和潜功能加以区分。在默顿看来，功能分析的过程中，需要着力探讨社会文化事项对个人以及社会群体造成的客观后果。"显功能"是一种有意造成并产生的结果，"潜功能"是无意中产生的结果。前者具有可预期性，有助于系统适应并及时调整后果；后者由于无法预料因而很难进行调整。第三，提出了功能分析范式。默顿确立了一整套社会学定性分析的范式，对改变当时的社会学状况至关重要。著名的功能分析范式是默顿的代表性理论，是以功能主义思想为基石的。

默顿同时指出了功能分析范式的三个弱点。首先比较严重的弱点是功能方面的统一性问题。也就是说，不管社会系统的哪个部分，对整个社会都是具有功能性的，在内容上不能有任何的区别对待。文化事项所履行的功能，作用于社会系统各方面以及每个社会成员。默顿强调，这不是公设，确切地来说是一个经验问题。其次是功能的普遍性问题。一般而言，文化形式和社会形式具有积极功能，只是在不同的标准和不同的系统中，它们才会产生不同的功能结果。最后是功能的唯一性问题。特定社会和文化结构下的不同功能难以被其他形式所取代，也就是说，功能在特定的社会结构与制度化形式中是不能被其他要素所取代的，但功能实际上又是具有多样性的。默顿批评功能分析存在的弊端在于对方法的运用不够重视，过于强调理论的建立与解释。这与功能分析本身既承担收集经验资料的任务，又履行理论解释的职能是相背离的。功能分析应该是理论解释与方法运用的融合互动。

总之，默顿功能分析范式的特点包括三点。第一，运用方法层面的功能分析克服了传统功能主义侧重结果层面分析的做法。第二，运用更有经验性的方法，将功能分析中过度追求抽象方法和理性主义的倾向进行扭转。

---

[1] 〔美〕R. K. 默顿：《科学社会学》（上），鲁旭东等译，商务印书馆，2003，第18页。

第三，将社会图景的描绘从静止描摹转为动态记录，从而打破传统功能主义的三个错误假定。

二 理论研究与经验分析的沟通

社会学自创立以来，一贯追求特别宽泛宏大的叙述，并将事件或问题进行总体化和普遍化归总。但是，这种一成不变的做法造成了严重的后果，即"宏大理论"出现。这一不良结果在帕森斯以高度抽象而著称的"宏大理论"中很明显地表现出来。虽然默顿是帕森斯的学生，但对老师的这种宏大叙述却持有坚定的批判态度。默顿对此提出两点批评：一是这种总体化兼具普遍指导意义的统一理论，与人们日常所见到的具体社会现象和社会行为之间存有很大的距离；二是对社会问题而言，在实际指导意义上还存在诸多不足。正是因为默顿认识到了这些问题，所以他强调经验的实在性——将解释有限现象的"中层理论"作为自己的核心理论之一，以此突破宏大理论试图抽象地解释一切社会现象的局限。默顿的"中层理论"是处于经验描述的具体性和同一理论的抽象性之间的一种理论，具有如下特点。中层理论作为社会学理论体现出社会学的研究思想，它只关涉有限的社会现象，主要用来指导并验证经验性研究。它在区分宏观与微观问题的界限上有自己的一套理论主张，并不认为理论可以为一切社会问题提供终极解决方案，这就在一个敞开的意义范围内为社会问题研究指明了进一步研究的方向。

默顿倡导中层理论的原因如下。首先，他认为帕森斯创立的理论体系过于庞大，很难付诸实践层面；其次，社会学研究分化的原因之一是经验分析与理论研究存在不同程度的脱节。此外，迄今为止，各种社会冲突层出不穷，迫切地需要具体的理论给予有效指导。最后，帕森斯学说在面对西方各种危机时失去了效用，受到了来自多方的批判，这种情况使其亟须修整和完善。"中层理论"倡导研究范围的有限性，这一观点与当时的情势是相吻合的。一方面，它可以融入社会学理论体系之中，对微观与宏观社会问题进行有意义的区别对待；另一方面，其本身直接延续了经典理论研究工作，是对以往理论与思想的扬弃，具体指明了社会学研究在未知方面的努力方向。所有这些努力对社会学的应用性、适应性和指导性等方面都具有非常明显的强化作用。

进一步而言，默顿提出的"中层理论"一方面在理论与应用、宏观与微观之间起到了建设性的纽带作用；另一方面很好地联系起以往被认为是没有任何交集的关于现实生活的探讨，从而奠定了社会研究及文化研究的各种理论基石。"中层理论"不仅以传承和创新功能主义思想为目标，而且打破了社会学理论探讨和实践研究间的陌生状态。拉扎斯菲尔德与默顿的合作就是中层理论思想的集中体现，在中层理论的支撑下，他们以经验研究的成果为依据对从理论中得出的假设进行了检测，使拉扎斯菲尔德摆脱了刻板的公式化的方法论嫌疑；默顿也从中寻找到更为充分的理论依据。默顿认为经验和理论之间相互作用，相互联系，经验分析对于理论研究具有基础性功能，理论研究能够引导和规范经验分析。假如理论未被注意或被湮没，那么，即使一些在现实中表现得非常清晰的事实也同样会在我们真正付诸实践时产生不同的结果。更进一步地说，会与真实的生活实践产生更大的距离。同样，若缺乏对理论的想象和反思，则会产生对既定现实盲目的肯定。这种批判意识的丧失，会导致社会研究与文化研究根基的虚化、想象力的枯竭。

三 社会科学与人文社会的互动

科学社会学是一门新兴学科，它通过将科学作为一种独立的社会系统或制度，对社会加以考察。[①] 默顿在 1935 年发表了他的博士论文，研究课题为"十七世纪英国的科学、技术和社会"，在此论文中，他首次将"科学"当作一个社会系统，对其进行了社会学分析。科学、技术、社会这三个关键词及其关系，成为他在论文中重点阐释的问题。科学作为一种活动场域，要面对制度化这一问题，作为社会制度的科学会与其他制度相互竞争和互动，这一过程可以追溯到经济利益和军事因素如何选择或影响科学研究课题的问题。默顿的社会学研究围绕科学界的社会关系展开，包括科学制度如何运行和如何规范等。政治、经济、文化、历史等因素影响并制

---

① 〔美〕R. K. 默顿：《科学社会学》（上），鲁旭东等译，第 5 页。

约着科学的社会建制，这一研究的现实佐证，通过拉扎斯菲尔德的实证研究可以很好地得以确认。拉扎斯菲尔德的行政管理研究，是一种在二战期间适应战时需要而出现的文化研究模式，是一种反映社会科学与人文社会互动的方法论创新。在这一创新的过程中，科学追求与人文取向之间产生了尖锐的矛盾。例如，一些研究者认为拉扎斯菲尔德在方法论上的创新是背离人文价值的，他容易把精准的测量用于一些并不适用的对象上，如大众文化。作为方法论家的拉扎斯菲尔德在这一过程中发展成研究专家，他的研究方法在哪里可以得到应用，他就走向哪里。例如，在研究竞选模式的过程中，其实证方法非常易于取得数据结果，却并不适用于探讨竞选所处的政治制度和组织模式。对于这一问题，拉扎斯菲尔德本人也没能得出自己满意的答案。如果认为客体的选择不是方法论家所能选择或应该关注的，那么，这种社会文化研究又如何能够实现其历史探索的职责呢？诚如阿多诺所指出的，有关历史研究的方法论是社会研究不可缺少的组成部分。[①] 在科学社会学背景下，探讨它所反映的科学精神气质问题，是阐释科学社会学之所以成立的一条途径。默顿认为科学是在社会建制过程中所反映出来的一种规制状态，不仅会涉及其内部现象，还会波及整个社会环境，同时也会被社会政治经济等因素所干扰。所谓科学社会学，是在科学与社会的互动沟通中发展起来的。默顿将对科学内部的社会现象，如社会子系统，作为重点探讨的内容。

在《论科学与民主》中，默顿提出公有性、普遍性、有条理性和无私利性是"科学精神"的四大构成要素。[②] 它们是科学共同体之社会结构的一般原则和科学家群体的基本价值规范。这四大要素的提出，不仅指导了科学家在科学研究中的行为选择，而且构成了科学社会学理论的价值精髓。可以说，默顿开辟了一条研究"科学"的社会学研究路径。对科学的社会学研究，一定程度上促进了人们对科学意义及价值的反思，提醒人们是否陷入了因对科学的顶礼膜拜而造成的思想困境。科学社会学研究的范式是经验的，并与拉扎斯菲尔德的实证研究范式不谋而合。拉扎斯菲尔德的实

---

① 〔美〕R. K. 默顿：《科学社会学》（上），鲁旭东等译，第86页。
② 〔美〕R. K. 默顿：《科学社会学》（上），鲁旭东等译，前言第 viii 页。

证研究范式也是经验而具体的、易于操作的。

20世纪，经验研究方式在美国形成、发展并得到广泛应用，但此时却受到了限制，主要表现为其中能够得以普遍应用的价值和意义受到怀疑。这一经验研究方式原本具有的公正、客观以及普适的特点逐渐淡化甚至消失，文化研究者面对这样的现象需要重新分析和界定自身的价值及作用，这使具有批判性的文化传播研究逐渐凸显并发展起来。科学社会学重点关注"知识"与"现实"、"思辨"与"经验"、"价值"与"事实"之间可能存在的各种关系。默顿指出以往的一些科学社会学研究案例，没有很好地结合理论和现实并进行综合分析，所提出的假说与通过经验观察到的现象契合度较低，同时经验研究和知识积累之间存在脱节，因而其研究得出的是相对而言较为表面且不完整的结论，与完善、系统的科学发现存在很大差距。产生这种现象的原因在于，研究领域本身不具备科学性，没有合理的秩序予以支撑，表现为这门学科过度强调思辨，而最终被验证或者确定的事实太少。另外，经验主义的侵蚀十分严重，缺乏一些富有成效的研究模式。① 为建立科学社会学范式，默顿探讨了可以用来作为他研究这些关系的"战略研究基础"的几个课题。其中，与拉扎斯菲尔德进行的公众舆论和个人影响研究即符合这一范式。虽然他始终与拉扎斯菲尔德的实证主义保持着距离，但这并未影响两人的合作，反而形成了一种互补关系。对于这种默契且富有成效的合作，美国传播学教授西蒙森和韦曼指出：批判是拉扎斯菲尔德理论体系中居于次要地位的主题，而默顿对这一主题进行了放大和强化。② 默顿也表示"通过我和保罗·L.拉扎斯菲尔德一起参加研究班、一起进行尝试，尤其是这些年来我们持续进行的对话，我从他那里学到了很多东西"③。与此同时，默顿将目光投向欧洲社会学遗产，借鉴了欧洲思维模式并着力袪除欧洲理论的弱点，这些弱点源自过于一般化或过于自信的表达，并结合美国背景和自己研究的经验要求，对这些理论加以重塑、应用和系统化。默顿注意到法兰克福学派批判理论有助

---

① 〔美〕R. K. 默顿：《科学社会学》（上），鲁旭东等译，第289~290页。
② 〔美〕R. K. 默顿：《科学社会学》（上），鲁旭东等译，第2页。
③ 〔美〕R. K. 默顿：《科学社会学》（上），鲁旭东等译，第2页。

于完善科学社会学的批判性价值,希望将欧洲社会学知识和美国的公共舆论与大众传播研究相结合,并称赞法兰克福学派成员洛文塔尔的研究是"欧洲理论姿态和美国经验主义研究相结合的罕有的成功范例之一"[1]。可以说,默顿的努力进一步修正了实证与批判二元对立的认识论错误,并对拉扎斯菲尔德的学术立场及研究方法产生了重要影响。

第四节　实证研究范式的意义与局限

移民美国之后的拉扎斯菲尔德,敏锐地发现了美国传统哲学实用主义与实证主义的微妙关联,并放大了这种关联,拓展了两者交融所产生的社会科学研究的实用范围。他将这种结合运用到后来的传播学领域,并取得了骄人业绩。但对拉扎斯菲尔德来说,他从未承认自己是一个传播学家,他最喜欢的称谓还是社会学家。虽然传播领域当时已在美国学界崛起并在基金获取上具有优势,但拉扎斯菲尔德的研究仍然是在文化视角下进行的基于媒介影响以及媒介与人的关系的研究。在这一过程中,他的足迹遍及传播研究的早期领域,并由于方法论上的成就而被后人誉为这一领域的奠基人之一。

一　从逻辑实证主义到工具实证主义的哲学视角

维也纳学派的科学世界观代表了自然科学对哲学的挑战。他们拒绝形而上学,认为经验是知识的唯一可靠来源,只有通过逻辑分析法,才能最终解决传统哲学问题。维也纳学派的发展因二战的爆发受到影响,20世纪30年代中期,纳粹在欧洲兴起,学派成员中的犹太学者为躲避迫害纷纷流亡,直至1938年德国吞并奥地利,维也纳学派解体,逻辑实证主义运动的大陆阶段才宣告结束。虽然在欧洲最终解散,但逻辑实证主义思想却因此在英美得到传播。逻辑实证主义认为,知识只能来自经验,知识的获得须有一定的研究程序或逻辑,科学研究的目的是通过经验材料的逻辑分析找

---

[1] 〔美〕洛文塔尔:《文学、通俗文化和社会》,甘锋译,中国人民大学出版社,2012,第3页。

出规律。按照卡尔纳普的观点，经验世界是统一的，表述经验世界的科学语言也应是统一的。科学家通过对事实的观察来建立规律性的关系，这种规律或定律是一种因果关系，它或者通过归纳法概括获得，或者从一般性的定律或理论中推衍出来。而且，普遍性的定律具有预测性。哲学科学化的要求使维也纳学派在探索方法上没有选择的余地，逻辑实证主义使实证主义方法论发展到新的阶段，20世纪40~60年代出现的"工具实证主义"就是其新的表现形式。工具实证主义思想一方面来自早期法国实证主义，一方面更多地受"维也纳学派"逻辑实证主义的影响。

由于"科学的世界观"对科学化、经验、逻辑架构的强调，维也纳学派符合当时美国强调传播研究是一门科学的研究基调，对美国的社会科学研究，尤其是传播研究奠定了哲学基础。拉扎斯菲尔德在维也纳大学求学期间进入维也纳哲学家的社交圈，其中有逻辑实证主义的灵魂人物鲁道夫·卡尔纳普。卡尔纳普倡导哲学也属于一门特殊的科学，在哲学问题的研究和处理上应该保持严谨认真的科学态度。清晰的逻辑思维能力以及强大的论证能力在哲学中不可缺少，应当完全取消形而上学。拉扎斯菲尔德凭借数学和定量方法的知识优势，将逻辑实证主义进一步发展到工具实证主义阶段，进而踏上了定量研究的路途。不同于逻辑实证主义者，以科学为取向的社会学家开始重点关注现实存在的社会现象、事物以及各种制度体系等，只有很少一部分的社会学家还在致力于探究社会规律，关于整个人类社会的探索和分析就更少了。社会学家们开始追求新的技术和新的研究方法，并结合数学思维和统计能力，来促进实证主义社会学的进一步发展，故有"工具实证主义"之称。但是，像这样将社会科学和自然科学相融合以探究社会普遍发展规律的学说，即前面提到的实证主义社会学也被说成是一种二级活动（second order），因为它构造着关于理论的理论。也就是说这属于处理个体本身的定义、观念及理论，与处理以往自然状态下的行为有所不同。这也是针对实证主义的指控——"它正是试图在忽略行动者的动机和主观状况的情况下弄清其行为的意义"[1]。它运用实证方法的基本前提是，承认社会现象中存有因果规律或统计规律，必须在社会科学研

---

[1] 〔英〕弗兰克·帕金：《马克斯·韦伯》，艾彦、刘东、谢维和译，第6页。

究中遵循自然科学研究逻辑，即研究者只能在价值中立原则下依靠系统的经验研究获取知识。在研究过程中，主张科学知识是客观的，科学知识的基础是经验归纳，科学研究的任务是从经验上预测或验证命题，那些得不到证明或证实的就是无意义的。但是，数字的使用往往基于对数学工具的迷恋，而数学工具本身导不出任何判断。用数学方法得出的结果虽然以统计表格的形式呈现，但不可能真正中立。

二　从经验主义到功能主义的社会学视角

经验主义和功能主义的差别也可以理解为经验和理性之间的差别。根据上文中关于孔德及其主张的实证主义科学的研究思考可以看出，帕森斯说到底还是实证主义者，但与迪尔凯姆等人又有区别。帕森斯所代表的实证主义类型有以下特点。第一，帕森斯认为通过观察获得的经验事实对理论形成具有基础性要义，同时支持将探究各事实之间的联系作为科学理论的重点内容。他指出，人们往往将科学理论理解为在经验的基础上，通过科学逻辑连接的理念；理论只在以客观事实为支撑的情况下才有可能是正确的；理论涉及的所有概念都离不开经验事实，缺少经验和客观事实的理论会被科学所淘汰。同时，他指出科学领域的命题必将是对事实或者事实关系的解释或说明。第二，和实证主义所倡导的一致，帕森斯同样关注"验证"环节，认为这是科学研究过程中必不可少且非常关键的一步。他时刻强调验证的重要程度，认为如果剔除了不可避免的误差因素，当观察的发现和预期命题几乎保持一致时，理论就完成了验证。第三，帕森斯认为在科学研究的过程中，理论的基础作用不容忽视。这样的观点和实证主义也是相近的。他在对理论的关注上与孔德的思想保持一致，但与迪尔凯姆以及逻辑实证主义的观点有一定区别。前文指出，孔德对于理论的关注度同样很高，孔德眼中的实证指对具体的、真实的、确定的、有用的知识的获取，与"神学"和"形而上学"的追求相对。"神学"知识存在虚幻的特点，"形而上学"知识也是不确切的。"实证"反映了如何看待经验和理论之间的关系。最后，帕森斯认为，除了被清晰界定的内容以外，理论体系中的其余部分可以被称作"剩余性范畴"。这一范畴属于理论体系中不予肯定或者存在分歧的事实或现象，独立于理论观点之外。帕森斯指出，理论研究可以进一步挖掘"剩余性范畴"中潜在的具有价值性的内容或明确定义等，然后通过经验研究得以验证，从而实现理论科学的进步。所以，科学领域的专家和研究者们能够在不断的探索和研究过程中一步步缩小甚至消灭剩余性范畴，进而形成更多清晰度高、针对性强且具有一定价值的概念，使理论体系更科学完善。对剩余性范畴的兴趣越发普遍，意味着这个理论体系即将发生变化。随着剩余性范畴中内容的逐渐明确，其范围会不断缩小，理论体系也不断得以更新，当剩余性范畴中被挖掘的内容具有极强的影响力时，就有可能完全颠覆理论原貌。在剩余性范畴中，原本和明确概念有些许关联的内容也会在这一变化过程中被重新赋予新的定义和概念等。这些内容只要能被验证，就仍可存留。由此，在科学进步的过程中，理论体系的结构进行了重组、扩充或者缩减，同时丰富了理论知识的内容。这一过程便是实证主义知识积累的典型过程，与帕森斯关于科学进步的思想和实证主义是相符的。在以上分析的合理性得到承认的前提下，可以得出以下几点。首先，实证主义的类型不止一种，迪尔凯姆主张的实证主义具有经验主义的特点，而以帕森斯和默顿为代表的实证主义更偏向理性；其次，两种实证主义在对理论与事实的联系的解释上存在一定差异，而且其科学命题形成的路径也各不相同。迪尔凯姆认为客观事实和理论之间是相互独立的，一般来说，经验事实是科学命题形成的唯一基础，而且，理论的产生也要通过事实观察来进行归纳。帕森斯和默顿的观点与之不同，认为客观事实和理论之间是具有密切联系的，事实不能独立于理论之外，科学命题除了能够建立在经验事实的基础上，也可以在抽象归纳、分析推论等基础上形成，理论能够和事实同时发展。最后，实证主义和经验主义是具有一定差异的，同样，反经验主义和反实证主义也并不相同。

这里需要补充的是，功能与经验都是以实证为基础的认知体系，前者可以通过提出假设、设计实验来验证这种假设；而后者不会假设，只通过已知的知识来展开实践和推导未知。由于人的感知系统是非常有限的，因此实证主义其实是人类故步自封的一种思维体系和认知逻辑，最终会被证明其有限性，即人类固有的对真实宇宙认知的局限性。

三　从价值中立到保守主义的文化视角

价值中立原则一直是实证研究者坚持的基本原则,根据这一原则,他们强调在文化研究中应该并且可以避免将个人思想及思想倾向和兴趣偏好带入研究中。价值中立的研究立场拒绝对社会和政治加以评判,这不可避免地使其滑向保守主义立场,并成为拉扎斯菲尔德最受人诟病之处。新保守主义主要源自韦伯的社会合理化理论和帕森斯提出的社会功能理论。它们将体现启蒙精神的现代性与现代化相脱离,将人文价值搁置一边,进而阐释资本主义现代社会的发展。现代性的影响之一是现代社会的合理化问题。这是社会体系分立的结果,导致世界被分成科学、道德与艺术等。现代社会中,科学占据了至高无上的地位,工具理性淹没了艺术的地位。所以,现代性是一种未竟的事业,需要对其进行彻底的反思批判。[①]

C. 赖特·米尔斯（Wright Mills）[②] 反对社会学为官僚体制服务,其在《社会学的想像力》中将拉扎斯菲尔德和帕森斯的结构功能主义作为两个反面典型加以讨伐。他熟谙拉扎斯菲尔德的研究成果,并将其研究斥为"抽象经验主义",认为迪凯特调查报告具有十足的保守主义倾向。在他看来,

---

[①] 陆扬、王毅:《文化研究导论》（修订版）,复旦大学出版社,2015,第 284 页。

[②] C. 赖特·米尔斯:美国社会学家。在默顿的建议下,米尔斯被任命为哥伦比亚大学教员。当加盟研究局的时候,米尔斯因其激进的社会学而出名。基于一种反权威的态度,他与系主任以及几个教师关系不和,常发生争执。这一态度成为他后来生活的特点。米尔斯后来在马里兰州大学任教授,常去纽约的格林威治村,在那里,他与批判的知识分子建立了经常性的联系,包括法兰克福学派的霍克海默、阿多诺和马尔库塞,这些人当时都移居纽约。默顿后来知道米尔斯有迁移到纽约的愿望,就把他推荐给哥伦比亚大学和拉扎斯菲尔德,后者在 1945 年允许米尔斯加入研究局。米尔斯曾经负责迪凯特项目的田野数据搜集和分析工作,但两人很快发生冲突。米尔斯把阶层分析作为主要框架（后来发展为《权力精英》的主题）,但这与拉扎斯菲尔德的设想南辕北辙。经历了不愉快的争执后,拉扎斯菲尔德解雇了米尔斯并声称,米尔斯在从共同体的领袖——报纸编辑、城市官员——那里收集有关迪凯特的共同体权力（这是米尔斯的主要兴趣所在）的资料时,忽略了对调查样本的技术监督（这是拉扎斯菲尔德的主要兴趣所在）。所以,拉扎斯菲尔德撤销了米尔斯作为迪凯特项目负责人的职务,后来又将他从研究局解雇。米尔斯使这个项目超出预算,因此被命令通过指导一个有关波多黎各人在纽约的移民研究项目来弥补这笔赤字。在 20 世纪 50 年代,米尔斯出版了一系列引起人们广泛关注的著作,包括《白领:美国的中产阶级》《权力精英》（这两本是关于那些位于社会顶层人物的著作）,以及《社会学的想像力》。在此,米尔斯就作为一个领域的社会学讨论了什么是对、什么是错的问题。最后一本著作也起到了与拉扎斯菲尔德清算旧账的作用。

被学生们众星捧月的拉扎斯菲尔德是跨国学术的"顺民学者"①，这些跨国学术活动的利益与他所供职的传媒企业的利益难舍难分，他的研究方法成了民意调查和营销企业的样板，他本人也因此在学术之外沽名钓誉。② 拉扎斯菲尔德的实证研究范式认为社会与自然界一样，受到客观规律的支配。"社会事实"表面上似乎依赖于不同个体的主观行动，但独立于个体的意志而存在，并能通过经验的方式被验证和解释。社会结构限制甚至决定了个人的感知与决策，通过解释社会外在条件与个人行动之间的客观联系，便可以预测个人以及群体的行为。当这种关于经验和实证的信仰发展到经验主义和更严格的实证主义的时候，对严谨的逻辑论证形式的追求便超越了待研究的问题本身。这样的研究更注重"建设性"，即通过发现规律，来为现实立法，给社会管理层提供操作性建议和措施。米尔斯对拉扎斯菲尔德所代表的研究传统的批评在社会科学家中引起热烈的讨论。根本的争论是一种学术视野的问题：米尔斯致力于激进的社会变化问题研究，同时声称拉扎斯菲尔德的研究视野以制度的维系为中心。米尔斯尖锐地批评了被他称为"抽象的经验主义"的东西："作为社会科学的一种风格，抽象的经验主义不具备任何实质性的命题或理论的特色。"③ 最后，米尔斯因为社会研究的官僚化问题批评拉扎斯菲尔德："这些把事实弄得乱哄哄的研究的浅薄俗套，甚至空洞性的一个原因在于：这些研究中很少包含或根本没有主管研究的人的直接观察，'经验事实'是由一组受官僚主义指导的、通常是半专业的个人所收集的。人们已经忘记了社会观察需要熟练的技能和敏锐的感受力；当一个有想象力的心灵将其置于社会现实之中时，往往正是有所发现的时候。"④

对实证研究批评最厉害的是法兰克福学派。该学派指出，传统的实证主义所关注的大众媒介效果问题不是大众文化研究中最主要的问题，这与文化价值问题相比，显得有些黯然失色。批判理论强调，所有社会现象或

---

① 〔美〕C. 赖特·米尔斯：《社会学的想像力》，陈强、张永强译，第 104 页。
② 〔法〕麦格雷：《传播理论史：一种社会学的视角》，刘芳译，中国传媒大学出版社，2009，第 53 页。
③ 〔美〕C. 赖特·米尔斯：《社会学的想像力》，陈强、张永强译，第 73 页。
④ 〔美〕C. 赖特·米尔斯：《社会学的想像力》，陈强、张永强译，第 54 页。

文化问题的研究，都应该考虑整个社会的利益，如此才能确保研究结果不被歪曲。片面的分析是"物化"的体现。社会科学诠释不仅要具有历史眼光，而且要注意未来潜力，对于"价值中立"的特色，法兰克福学派嗤之以鼻。批判理论并非为了真理而探索真理，其志业是要促成社会变迁。从法兰克福学派的观点来看，大众传播和大众文化的实证研究，在两个层面上存在问题：一是社会整体没有被纳入研究之中；二是有关文化方面的问题，被化约为实证上可以验证的类目是极为不当的。洛文塔尔研究通俗文化的历史发展时发现并罗列了他对传播研究所谓的客观性的不满，他认为实证科学虽具有较强的价值中立色彩，但放弃了进入意义领域的机会，仅关注其外在价值，无法从更深的历史角度去探究媒介文化问题的复杂成因。洛文塔尔认为，有关效果、内容分析、受众种类的标准类目，恰恰沿袭了市场研究的脉络，是一种方便操纵的工具。实证传播研究误以为消费者的选择是左右一切的力量，所以应该从这里开始，详加分析。而批判研究从不同的假设着眼，洛文塔尔指出："我们首先问：文化传播活动在社会整体过程中具有什么功能？接着我们会问下列明确的问题：哪些社会机构释出了检查力量？在正式和非正式检查力量的限制下，文化作品如何生产？简言之，这些是行为研究模式多忽略的种种问题。"[①] 此外，拉扎斯菲尔德的价值中立前提是相信公众的鉴别力，相信传媒的公正性，肯定民主体制的正当性。这是一种肯定的态度和文化观，但这种研究立场带来了多重问题，学者观察到的因素和多种变量（即独立变量）之间并不总能建立起关系，这使拉扎斯菲尔德在实践中有时会把注意力放在关系明朗却微不足道的问题上，而忽略了对社会的全局分析。其功能主义的社会理论认为所有人必定会想方设法地适应体制的要求，有意无意地顺应显性功能或隐性功能，把社会冲突问题、权力与文化关系等社会学核心问题简化，把传播问题也简化成个体适应社会秩序的问题。而事实上，他所研究的社会学显然不可能是意识形态的真空。[②]

[①] 〔美〕洛文塔尔：《文学、通俗文化和社会》，甘锋译，中国人民大学出版社，2012，第76页。

[②] Paul F. Lazarsfeld, "Remarks on Administrative and Critical Communications Research," *Zeitschrift für Sozialforschung* 9.1 (1941): 2–16.

必须承认，拉扎斯菲尔德的研究从全局上看，的确如批判学者们所指出的，忽略了大众媒体的所有权和控制权问题；特别强调了微观层次上的效果研究，回避了涉及传播背景的宏观问题。对此，林德[①]曾经在1939年这样评价经验研究："为了要执行实证研究计划，研究者通常必须置身于目前的制度中，暂时接受其价值和目标，然后开展工作，收集资料描绘趋势……时间很长，资料从来不是一次收集齐全，而情况不停改变，等到'客观的'分析者发现情况中还有更多的资料有待收集，他通常是更深地卷入这个机构赖以运作的成规、立场的网中，动弹不得。"[②] 林德的评价，对实证研究具有一定的寓言意义。实证研究分析事物的变化，着重于统计方法的改善，经常使研究者忽略思考所研究的体系的适当性问题。拉扎斯菲尔德考虑大众媒体的受众效果问题，但不考虑收集这些信息的媒体机构问题，正如他在1941年规定的那样，传播研究是一种"行政研究"科学，这一类研究可用于服务某些公私机构、市场行销和广告等。因此，他从直接应用的角度进行社会问题研究，使社会分析缺乏从宏观角度对社会结构的考察，从而造成了难以避免的缺憾。

---

① R. S. 林德：美国社会学家，曾任哥伦比亚大学社会学系主任及哥伦比亚学术委员会主席，为1940年大众传播研究备忘录共同签署人之一。由于当时国际危机一触即发，了解现代传播对社会的关系，以及达成政治共识至关重要，为了这个目标，一批背景各异的学者，在洛克菲勒基金会的赞助之下，讨论出一份详尽的备忘录，建议进行大众传播研究，为美国公共政策服务。如果要适应快速变迁的世界，只有先得到大众的同意才能达成目的。而要获取同意，则必须先了解大众的想法，以及如何调节大众对公共事务的心态并测量大众传播有什么效果或可能有什么效果，这与公共政策极为密切。传播研究技术，在当时已经发展并应用在市场研究、广告、宣传、公关等领域，使用这些技术的研究工作，为私人机构提供了许多极为重要的研究成果。这些技术是可以转换的，应该被用来作为公共政策的参考。这就是拉扎斯菲尔德从事媒介效果研究的美国社会背景。林德发现了拉扎斯菲尔德的价值，并一直对其提供帮助，是拉扎斯菲尔德学术研究的重要支持者和保护者。
② 〔美〕E. M. 罗杰斯：《传播学史——一种传记式的方法》，殷晓蓉译，第53页。

第五章
文化研究方法论论争的历史影响

历史由事件构成，如若回避或遗忘事件，历史只能成为形而上学的抽象演绎的历史。实证与批判之争建立在鲜活的历史事件之上，因此，它不仅是一个理论反思问题，还是一个参与、体验与反思历史的过程。离开事件的历史背景，就无法理解提出这一问题的真实的历史语境，无法理解作为人文学科方法论的实证与批判之间的复杂关系，也极易将问题重新导入形而上学的命题体系中，从而丧失此一题域所蕴含的历史与现实的事件性、切身性。正是基于这两位学者所代表的辩论双方的学术交锋，才确立了作为文化研究方法的实证与批判互融的走向。当科学主义或哈贝马斯所称的"客观主义"成为一种新的压抑力量时，这场数十年前的论争值得重新审视并从中汲取新的思想养分。

第一节 哥伦比亚学派与法兰克福学派的人为分立

实证与批判之争对二战以后文化研究方法的划分产生了深远影响，但这种影响建立在对两者二元对立的刻板印象之上。部分学者一提到阿多诺，就习惯性地把他定义为一个偏激的、精英的，脱离实际、轻视大众文化的批判理论家；一提到拉扎斯菲尔德就把他定义为一个刻板机械的方法论者。这种认知没有弄清楚阿多诺在这场争论中是否与拉扎斯菲尔德有那么尖锐的冲突，他对实证方法究竟持有一种怎样的态度，以及他所反对的是实证方法还是实证主义。而除了反对,阿多诺对于实证方法就是一种决然的蔑视与否定态度吗?同样,就拉扎斯菲尔德而言,除了被定义为实证主义者,他是否对批判怀有一种深深的敬意?在他的研究中是否存有批判的隐性立场?拉扎斯菲尔德的实证方法是在何种背景下形成的?结果到目前为止,对于两人冲突的争论,仍然停留在传播学方法论冲突的意义阐释范围内,很少思考学术史的书写是否夸大了二者的对立,或由于需要更为清晰决绝地划分实证与批判的不同而人为夸大了当事人之间的对立。把这两个社会学家刻画成不能相容、截然相反的对立面,显然是与历史事实相背离的。

一 传播学史的叙事:两个学派对立冲突的渲染

传播学史的生成,依托于各种学派的划分,而学派的划分往往造成了学派观点的二元对立。为了使各学派的界限清晰、观点明确,在对传播学的脉络架构和发展历史进行梳理的过程中,学派的划分常常反映了书写者的主观意图,用来勾画学派的知识地图以及他们的师承谱系。

自从托德·吉特林发表了文章《媒介社会学:主导范式》以来,拉扎斯菲尔德、经验研究以及社会科学的客观性便成了批判学派和文化研究拥护者攻击的靶标。他们试图通过反抗"主导范式"从而在媒介研究领域为自己争得一席之地。吉特林称:"自第二次世界大战以来,传播学领域的主导范式是拉扎斯菲尔德及其学派所倡导的一系列观点、方法和学术观念:研究媒介内容所导致的具体的、可测量的、短期的、个人化的、观念与行为上的'效果',以及由此得出的媒介在形成公共舆论方面无足轻重的结论。"[1] "该主导范式低估了媒介在界定社会政治活动正常与否,以及判断政治真实合法与否等问题上的力量,同时罔顾公司所有权的结构和控制以及媒介内容需要遵循的商业标准,美国主流媒介社会学巩固了美国上世纪中叶资本主义繁荣,竭尽全力为其提供合法性依据。"[2] 此后,文化学者斯图亚特·霍尔在1982年发表了关于"主流"和"批判范式"的综述,称"社

---

[1] Todd Gitlin, "Media Sociology: The Dominant Paradigm," *Theory and Society* 6, No. 2 (1978): 207.

[2] 〔美〕伊莱休·卡茨等编《媒介研究经典文本解读》,常江译,第13页。

会与政治权力的问题,以及社会结构和经济关系问题,完全没有出现在上世纪中叶美国社会科学的主流传统之中"[1]。而事实是,由吉特林和霍尔所采用的主流行政研究与批判马克思主义的二分法其实是由拉扎斯菲尔德本人发明的,但他本意并非如此。在发表于1941年的《评管理的与批判的传播研究》一文中,拉扎斯菲尔德借鉴了霍克海默关于传统与批判理论的观念,指出只有让两种研究路径互相借鉴,才能使人从中获益。他详细阐释了对行政研究的看法,以及行政研究与实证方法、批判研究之间的关系,认为"行政研究"的组织者通常是某些行政机构或某些私人性质的机构。所谓的行政研究主要受到两方面的质疑。其一,在某些赞助人眼中,他们的投资并未获得实质性收效。矛盾不断产生,因而实证研究对这一观点的不断验证使怀疑在现实情况中更加严重。然而,这种质疑实际隐藏着某种谬误。虽然在实证工作中,怀疑精神必不可少,但是在实际情况中,这会导致同一情况出现多个非真理性的结论。其二,质疑的矛头直指现行大多数研究的最终目的。这通常涉及商业性问题,即这类研究在面对紧张的经济社会情势时,通常仅仅采用重复的解决办法,最终使某些长远型项目中存在的问题不能成功解决。此外,还出现了第三种论点,认为假若在具体的研究过程中脱离具体的历史情况谈目标实现或仅仅追求某一特定目标,则研究不具有现实实在性。现代传媒的发展使其在受众中产生的影响远超过其设计者本身的初衷,同时其强劲的发展势头,最终使行政管理机构所具有的管理权限远不如自身所期待的那样广泛。批判性研究论点的提出实际是对管理性研究的丰富,应当优先对现行社会制度中的各种媒介及其扮演的一般性角色进行研究。该论点还对这一理念的构成及对媒介研究的可能性影响做了简短评价。批判性研究方法在多项研究中都得到了发展,从两方面区别于管理型研究:其一,该理论在时代背景下得以发展,但是针对不同的问题需要采取相应的办法;其二,该理论反映了人类普遍的价值观念,理论的实际或预想效果的评判标准就是这些价值观念。[2] 20世纪40

---

[1] S. Hall, "The Rediscovery of 'Ideology': Return of the Repressed in Media Studies," In M. Gurevitch et al., eds., *Culture, Society, and the Media* (London: Methuen, 1982), p. 59.

[2] Paul F. Lazarsfeld, "Remarks on Administrative and Eritical Communications Research," *Zeitschrift für Sozialforschung* 9. 1 (1941): 2 – 16.

年代末，这一想法在他与默顿合著的《大众传播、流行趣味与组织化社会行为》一文中得到进一步阐释，西蒙森和韦曼也通过分析这篇文章指出，将所谓的"主导范式"简化为某种二维图像，人们就会对拉扎斯菲尔德研究中更重要的东西视而不见。事实上，拉扎斯菲尔德和默顿认为媒介最主要的功能在于维系和强化社会文化结构，绝不仅仅是"有限效果论"那么简单。① 所以，吉特林和霍尔过分强调经验研究与批判研究间的矛盾对立，其实是一种历史误读。另外，美国在20世纪40年代尚未深陷冷战泥潭，美国高校等研究机构还未充分感受到意识形态和经济的影响，这些影响在50年代之后才逐渐变得明显，② 赋予学术研究以过多的现实政治寓意也值得商榷。

对哥伦比亚学派的解读与界定在某种程度上可以看作新学科史的生成。哥伦比亚学派是后人对二战时期哥伦比亚大学社会学系以拉扎斯菲尔德的实证主义研究取向和创新的研究方法所形成的研究团队的称谓。它满足了文化与传播研究的需要，成为继芝加哥学派之后美国社会科学的推动者，将实证方法不断完善并将其推向社会科学研究方法论的主流地位。哥伦比亚学派的实证研究方法由于是为行政机构、商业机构或个人提供研究服务，又被称为"行政研究"，这也成为该学派长期被学界批评的原因所在。主要批评来自怀疑其研究无视政商勾结的可能性或为了帮助出资人实现商业利益而将媒介受众研究的数据用于商业用途。对哥伦比亚学派的"经典"解读并非传播学著述的"有限效果论"范式，也不是学界诸如吉特林、凯瑞、切特罗姆等人批判的狭隘的效果研究地图，甚至也不是伊莱休·卡茨为捍卫其老师拉扎斯菲尔德而提出的宽泛的媒介效果研究，而是多种学术概念与研究的集合。

20世纪90年代，大陆学者接触到越来越多的国外文献和国外学者，对批判学派的理解变得更加深入，也意识到它的多元性和差异性，但是，这并没有动摇经验学派与批判学派二元对立的话语秩序。

本书认为，传播学派如何划分并不应该成为文化研究的障碍和误导。

---

① 〔美〕伊莱休·卡茨等编《媒介研究经典文本解读》，常江译，第51页。
② 〔美〕伊莱休·卡茨等编《媒介研究经典文本解读》，常江译，第17页。

实证与批判是人文学科的两大研究方法，它们之间没有固有的对抗，而是各有所长、可以融合的。阿多诺与拉扎斯菲尔德之间的矛盾与分歧，不应该成为学派划分的源头和依据，更不应该成为实证与批判对抗的开端。相反，实证与批判从历史及学术发展的角度来看都呈现出互相融合的轨迹。这才是人文学科研究的客观态度。

二 经验模式的固化：实证主义研究方法的定型

拉扎斯菲尔德在社会学经验研究的规范化和制度化方面意义重大。通过一系列应用研究，他推进和提高了欧美社会学经验研究的发展与质量，被誉为"工具的制造者"和"拥有数学头脑的方法论专家"（默顿语）。通过一套特殊的区别性的方法，拉扎斯菲尔德尝试把各种研究方法进行整合，从而发展为最基础的支配形式。将定性方法与定量方法、参与性观察和深度访谈、内容分析和个人传记、专题小组研究和焦点访谈结合起来，运用调查、实验等产生关于媒介效果的重要研究成果。接下来的方法论实践基本上是对拉扎斯菲尔德的重复与完善，这些方法全部符合行为主义的基本观点。拉扎斯菲尔德极大地发挥了他的数学造诣，开发出更加先进的文化研究范式与方法，可以说，拉扎斯菲尔德是一位痴迷于创造工具与方法的学者。

拉扎斯菲尔德一生研究的课题超过50种，这些大规模经验调查能够在有限时间内有序地进行，这得益于拉扎斯菲尔德设计的一整套用于社会调查的实验室系统，如社会测量和小组调查方法。这些方法后来逐渐形成研究范式，广泛传播，并成为主导。[1] 早年在维也纳大学任教时，他即开始了这一尝试，后来将其带入美国，不断加以完善，并传播至欧洲和世界各地。在他看来，科研不是为了报告知识的可能性，也不是考察事物的存在本身，而是厘清经验的真实性。所有问题都可以用概念来表述，而概念无非是分类系统，所有概念都可以被编码，被翻译成数学式的指标，得出的结论也往往是多维的，且只属于概率范畴。他放弃了不假思索的主观判断，并投身于受众数据的量化分析、实验室的受众反应调查和节目内容分析。

---

[1] 韩瑞霞：《美国传播研究与文化研究的分野与融合》，第67页。

哥伦比亚大学社会学系具有定量研究的传统，如早期的重要人物吉登斯是美国社会统计学先驱，他明确提出要想对一件事情做真实而全面的描述，就需要计量。奥格本（W. F. Ogburn）更是旗帜鲜明地提出社会理论如果不建立在充足的数据基础上，它在科学的社会学中就没有一席之地，所有社会学家都将是统计学家。正是拉扎斯菲尔德的努力使社会研究的定量化与程序化变得有效且易于操作，特别是他针对人们的行为和态度进行了有效的测量和研究。例如，他针对美国1940年的总统选举所写的著名研究报告《人民的选择》中，就成功地运用了抽样法和态度测量，通过定组分析法和访问法，分析了大众意愿的形成、变化和发展。《人民的选择》（又称《伊利县研究》）中，他在俄亥俄州跟踪调查了600位选民，分析了社会地位、年龄等变量对人们投票选择的影响，并率先提出，投票不单是传媒策划的选举运动导致的个体的偶然选择，而是取决于阶级、地理区域和宗教这三个变量。三个因素合称政治取向指数，这一研究否定了社会已裂成碎片、个体可被随意操控的观点。为了多侧面地了解研究对象，拉扎斯菲尔德发明了三角测量法，即运用测量、收集资料、分析资料的多重方法对研究对象进行模式化测度。与三角测量法有关的四个研究准则概括了他对社会研究的信念，这四个法则都需要三角测量法，而他是根据自己在维也纳的研究经历得出这四个法则的。第一，客观观察与反省报告，都是测度现象的方法。第二，信息统计要充分地运用于案例研究之中。第三，研究对象的相关历史信息应该与资料收集相结合。第四，有效的测量方法是将资料、问卷和自我报道的资料充分结合。

所以，能否突破求新，对实证哲学来说是亟待解决的问题，拉扎斯菲尔德的实证哲学在进行理论分析时所遇到的难题，正如美国文化研究家詹姆斯·凯瑞所指出的："行为主义或功能主义对这一传播的表达已经黔驴技穷，已经成为一种经院式的东西：一再重复过去的研究，对明确无误的事加以验证。尽管这带来一些切实的学术成就，但即便没有严重的学术或社会后果，它也只能裹足不前。"[1] 霍克海默认为，实用主义和实证主义，都

---

[1] James W. Carey, *Communication as Culture Essays on Media and Society*, Revised Edition (New York: Routledge, 2009), p. 23.

是"哲学和科学主义的同一",尽管实用主义将真理与人类活动联系起来是正确的,但这种联系太简单、太不辩证。这种认识论声称真理是生命的增进,或全部"有益"的思想都是真理,但如果它不属于一个整体,这个整体包含了真正能导向更好的生命提高的趋势,那么这种认识论就肯定包含着某种和谐幻象。"与一个整个社会的确切理论相分离的任何一种认识论,都是形式的和抽象的。"①

在这一过程中,拉扎斯菲尔德的实证主义方法得以定型。这些固定的研究模式包括:将民意调查的问卷法推广到社会学,开创了量化的调查分析法;开展听众研究和大众传播研究,进而影响后来的市场研究,显示了经验研究的应用价值;作为现代数理社会学创始人之一,发展社会学研究的数学语言(如测量)和具体分析技术(如定组分析法,panel analysis),以及多元分析、背景分析和潜结构分析等方法,将民意调查转变成社会调查分析,把定组分析和滚雪球抽样法应用于社会学。

三 批判向度的激进:批判理论研究方法的偏激

对于大众文化,阿多诺始终表示反对,不论是对大众文化本身,还是对大众,或是对大众文化的制造者,他都保持着警惕态度。对他来说,批判理论传达了西方左翼知识分子对现代社会及大众文化的不满情绪,作为文化研究的重要方法,其极端的立场和过激的态度使众多评论家批评该理论时过于偏激。社会批判理论完全不同于传统理论,它始终遵循着打碎同一性的原则,强调完全推翻当下的社会形式,将"否定的辩证法"作为"社会批判理论"的方法论。马尔库塞后来将这种理论主张提升为一种"大拒绝"的政治主张。在阿多诺看来,历史发展的过程离不开完全否定的观点,从根本上说否定的辩证法具有时代性,其绝对否定性也恰恰体现了它的彻底性,即便在进步面前也绝不放弃批判。阿多诺的理论为西方左翼提供了理论支持,也被称为"崩溃的逻辑"。②

在 20 世纪 60 年代后半期,批判理论一度成为"新左派"运动的思想

---

① 〔美〕马丁·杰伊:《法兰克福学派史(1923—1950)》,单世联译,第 99 页。
② 张亮:《"崩溃的逻辑"的历史建构》,江苏人民出版社,2014,第 19 页。

武器。但是，社会批判理论带有攻击性质的思想没有给人们提供从资本主义控制下解脱的方法。该理论的提出者和支持者中有很大一部分不赞同工人和学生的造反行为。社会批判理论的行动指针始终停留在空想层面，不能支持实际决策，谨慎地与社会行动保持着安全的距离。不仅没有对行动进行引导，反而拉大了与实践的差距。所以，阿多诺将社会批判作为一种纯理论的批判，对大众文化予以坚决否定，但仅停留在抽象的人道主义立场上对其进行声讨，而非立足于科学立场上进行剖析，这种批判是一种价值层面的批判。这种矛盾最终在20世纪60年代的欧洲学生运动中爆发，阿多诺非但不支持左派学生行动，反而站在左派学生对立面，与学生发生冲突并展开争论。大多数评论认为阿多诺在思想上是激进的，但在实践上是保守的。

只有严肃地培植现代社会中否定的、批判的力量，才能抵抗现代性的侵蚀。我们把阿多诺对历史进程的思辨称为"否定"。"否定"是"批判肯定的否定"[1]，阿多诺认为"哲学所寻求的秩序和不变性实际是不可能的，唯一可能的是连续的否定"[2]。它与黑格尔主义的马克思主义存在的差异在于，马克思主义承认内在否定和不断否定构成了辩证法，但辩证法不是绝对的否定，是包含着肯定的否定；而阿多诺认为否定就是绝对的否定，是不包含任何肯定性的否定。否定的历史哲学是阿多诺心理学研究和文化研究的共同基础。对阿多诺来讲，思想本身就是一种否定的因素。所以，阿多诺的哲学是一种否定的哲学。他全部的悲观主义论点"存在于否定的辩证法定义之中，即它不会像总体似的达到对自身的依赖。这是它的希望的形式"[3]。社会批判理论创始人霍克海默强调："批判的时代需要批判的哲学……批判的精神必须是自由的，只有思想是对真理的表达，这种思想是对不公正加以否定的思想。"[4] 在此意义上，作为现时代的批判哲学，批判理论是对马克思主义的批判性继承。尽管阿多诺已经逐步缓和了对经验方法的敌对情绪，而且这已损害了他与拉扎斯菲尔德展开"广播音乐"项目

---

[1] 〔德〕阿多诺：《否定的辩证法》，张峰译，中国社会科学出版社，1993，第156页。
[2] 〔德〕阿多诺：《否定的辩证法》，张峰译，第159页。
[3] 〔德〕阿多诺：《否定的辩证法》，张峰译，第406页。
[4] 〔德〕H. 贡尼、R. 林古特：《霍克海默传》，任立译，商务印书馆，1999，第46页。

的合作，但是他一直认为"文化是一种条件，它排除测量它的任何尝试"①。他在这种研究中所表明的，正是他指出的："质的内容分析可以不依赖其受害者的主观的反应来阐明文化现象的功能。"②

阿多诺所阐释的艺术与社会的关系，也体现出其一贯的激进立场。他首先考虑的是大众和社会的异化状况，其思想理论具有超越性，将艺术作为对大众文化的彻底否定。艺术作为文化及社会关系的表现形式，能够反映现代性的谬误，他反对经验实证的文学和艺术，认为伟大的艺术与文学是与现实社会相抵牾的，艺术与文学的责任是展现它们与世界的对立，对大众品位进行否定，也是艺术自律的表现。当然，阿多诺的文学观与艺术观仍旧体现了对大众文化的蔑视。

此外，他对大众文化的态度也被指偏激。在讨论流行音乐的问题时，阿多诺之所以反对将消费者视为社会学知识的主要来源，是因为在他看来大众的观点是不足信的。③ 消费者无法克服自身对文化规范的顺从，从而无法逆转心理判断能力衰退的现象。消费主义文化导致人们退化至被动依赖的婴儿状态，他们变得温顺并惧怕新鲜事物。阿多诺将受众比作儿童，声称他们只喜欢吃以前爱吃的食物。④ 社会科学家不应指望如此去政治化且消极被动的受众能对自己接收的信息做出积极回应，遑论对流行文化进行自我反思。鉴于消费者无法成为可靠的信息来源，法兰克福学派只好自行分析资本主义文化的各种形式与内容颠覆个体心智的方式，通过将流行文化视为"逆向精神分析"，揭示出种种通过操纵潜意识来不知不觉地控制个体的机制。他们还采用精神分析的方法来考察流行文化的表现形式，如爵士乐、广播剧、杂志人物传记等，指出它们如何创立拜物教并营造出移情式的满足感，从而达到控制消费者心灵的目的。由于消费主义文化会在潜意识层面影响人的需求，使受众遭受空洞、重复、虚假经验的折磨，掠夺并摧毁本真的文化与艺术类型，所以法兰克福学派对其大加鞭挞。

---

① 〔德〕阿多诺：《论艺术和社会学》，《科隆社会学和社会心理学杂志》1967年第19期，第91页。
② 〔德〕罗尔夫·魏格豪斯：《法兰克福学派：历史、理论及政治影响》，孟登迎等译，第321页。
③ 〔美〕大卫·E. 莫里森：《寻找方法：焦点小组和大众传播研究的发展》，柯惠新、王宁译，第42页。
④ 〔美〕E. M. 罗杰斯：《传播学史——一种传记式的方法》，殷晓蓉译，第322页。

第二节　实证学派与批判学派的视界融汇

道格拉斯·凯尔纳认为,"检验一种理论,就是看其如何运用、展开其具体效应。理论是通过自身的应用和效应来显现有用性或缺陷性的。因此,跨学科视角和实证主义方法相结合,是一种为理论探索向话语和方法的多重性开放"①。在此意义上,回顾文化研究的发展历程,可以看到这两个学派既合作、竞争,又相互渗透的趋势,这一趋势在阿多诺与拉扎斯菲尔德文化研究的缘起时代便已开始。拉扎斯菲尔德与默顿一直致力于两个学派的借鉴与合作,阿多诺流亡美国期间,也运用实证的方法研究"权威人格"。在他们之后,布鲁勒（Jay Blumler）和库特·兰（Kurt Lang）等一批学者对欧美文化研究的缘起及差异进行了分析,明确提出两大学派的文化研究方法论之间没有固有的对抗,倡导将两者进行整合。这与默顿、拉扎斯菲尔德、霍克海默的研究初衷是吻合的。

一　影响的历史真相：两个学派交流互动的影响

一个历史事件成为理论事件必须破除表面的偶然性而寻找其内在生成依据。表面看来,实证与批判之争是两个意志坚定、个性突出的高智力学者的个人冲突,但通过梳理事件发展的脉络可以发现,将批判理论有意识地运用于经验研究是法兰克福学派的学术需要,而将批判理论引入经验研究以弥补其缺欠和不足,则是哥伦比亚学派的学术诉求。

事实上,阿多诺、洛文塔尔、克拉考尔在哥伦比亚均很受欢迎。最初的权威与家庭研究项目（弗洛姆主持,拉扎斯菲尔德参与）是把批判理论运用于具体的、经验的、可证实的问题上的第一次尝试。此时,法兰克福学派的经验性研究尚处于原始阶段。霍克海默指出,这是"各学科的代表之间的持续合作,以及理论构建与经验方法之间的融会贯通"②,也是法兰

---

① 〔美〕道格拉斯·凯尔纳:《媒体文化——介于现代与后现代之间的文化研究、认同性与政治》,丁宁译,第48页。
② 〔德〕罗尔夫·魏格豪斯:《法兰克福学派:历史、理论及政治影响》,孟登迎等译,第308页。

克福学派将哲学、科学学科和实验研究相结合的尝试。之后的广播音乐项目虽然失败，但《权威人格》的成功显示出批判理论与定量方法并非像音乐计划显示的那样不可调和。拉扎斯菲尔德说："我有一种难以言喻的感情，我在普林斯顿计划的各个领域所负的责任，使我不可能有足够的时间和注意力来实现我最初聘请阿多诺来的目的。"① 那么，拉扎斯菲尔德最初的目的是什么呢？在《评管理的与批判的传播研究》一文中，拉扎斯菲尔德指出：实证与批判两种研究方式假如在实际的研究中配合过少，则研究结果很难达到具体的要求。因此，只有综合运用两者才能在思想上产生巨大的促进作用。如果有可能在批判性研究中形成实际的研究办法，这种研究办法同时还包括实证工作、相关人群、待解决问题等方面，那么这种工作实际所能产生的效益将十分可观。这种对研究的生动描绘能够通过多种方式实现，但其实现方式只能通过例证，因为并不存在任何系统的描述办法。在研究过程中，虽然研究方法十分高级，但是能够触及的内容往往局限于某些电台节目或印刷类产品的实质性传播内容。在批判性研究活动中，主要的关注点在于这类产品如何通过大众传媒这一平台影响了人们的行为：在触及一般性受众人群之前，这些产品中的什么形式与内容遭到了阉割？遭到阉割的理由是不是因为这些东西不够吸引人、内容不够有趣，或者是由于这些东西不能使投资得到有效回报，再或者是因为这些内容方式之前从未出现过，并没有先例可以借鉴？② 拉扎斯菲尔德认为如果在实际研究过程中，能够按照批判理论的方法制定一种与经验研究相结合的研究工序，那将有力于问题的研究，从而切实地提高研究功效。③ 所以，他与阿多诺合作之初试图建立一座通向批判的学术思想的多元桥梁。批判在这里既是前提，又是目的。对经验研究者来讲，批判的学术思想有助于提出具有挑战性的问题和新概念。两者结合对解释已知事物，寻求新资料，形成新概念

---

① 〔美〕马丁·杰伊：《法兰克福学派史（1923—1950）》，单世联译，第136页。
② Paul F. Lazarsfeld, "Remarks on Administrative and Critical Communications Research," *Zeitschrift für Sozialforschung* 9.1 (1941): 2–16.
③ P. F. Lazarsfeld, "An Episode in the History of Social Research: A Memoir," in Donald Flemng and Bernard Bailyn, eds., *The Intellectual Migration: Europe and America, 1930–1960* (Cambridge, Mass: Harvard University Press, 1969), pp. 270–337.

具有推动作用。对批判理论家来讲，实证主义知识反映了现存的社会主张，可以用来验证批判的理论效力，避免理论的空洞教条。从结果上看，建造沟通方法论桥梁的尝试在广播音乐调研中虽未成功，却播撒了沟通的种子。实际上，1946年就已经提出将法兰克福社会研究所和哥伦比亚大学社会学系或新成立的拉扎斯菲尔德的应用社会研究所联合起来的具体建议，但出于社会研究所的独立性和保持欧洲面貌的一贯原则，霍克海默礼貌地拒绝了这一建议。20世纪40年代末，社会研究所迁回德国，带回了在美国学得的社会科学研究方法。1955年，以皮洛克的名义发起的群体互动研究是研究所返德后的第一个合作项目，其基本目的是把美国实证研究方法介绍给德国公众，这时的阿多诺则提倡运用经验技术来减少德国传统中对有实证意味的东西的敌视。

文化研究学者、耶路撒冷希伯来大学传播学院讲师泰玛·利比斯（Tamar Liebes），曾与卡茨合著了《〈达拉斯〉的跨文化解读》一书，她在重温赫佐格对肥皂剧听众的著名研究时发现了哥伦比亚与法兰克福两大学派之间的互动关系。作为拉扎斯菲尔德的第二任妻子，赫佐格的学术思想充满了批判的旨趣，为了探究广播剧这种"低俗"的流行文化为何如此吸引妇女，又如何带给她们精神上的满足感，赫佐格发明并运用了深度访谈的方法，以家庭妇女为对象，对日间广播剧进行受众研究。她据此写作了《论借来的体验》一文，称妇女这种愉悦的收听感受为"借来的体验"，而这恰恰揭示了大众文化产品的虚假性和欺骗性，从而使这篇文章充满了法兰克福学派的批判论调，成为早期大众文化研究中一个经典的研究成果。而拉扎斯菲尔德的第一任妻子更是法兰克福学派亲密的合作伙伴，诸如，她参与了法兰克福学派著名的极权主义研究，并出版了重要的学术成果。可以说，在美国时，拉扎斯菲尔德和他周围的重要人物均与法兰克福学派保持着现实上和思想上的亲密关系。而他的学术伙伴默顿更是杰出的马克思主义研究专家，西蒙森（Peter Simonson）和韦曼（Gabriel Weimann）在重读拉扎斯菲尔德与默顿的经典著述时也提出了类似的观点。在他们看来，拉扎斯菲尔德与默顿的文章着重讨论了媒介如何让受众"服从"、如何发挥"地位赋予"功能，以及如何通过营造"虚假的专注"来使受众从政治领域全线撤退等问题。这正是他们批判旨趣的有力佐证。

拉扎斯菲尔德在 1941 年发表的文章中即重视批判方法的价值，在《评管理的与批判的传播研究》一文中，他希望两种方法可以互为借鉴，用批判的方法提出问题，用实证的方法和逻辑予以证明。这表明，拉扎斯菲尔德并没有因为广播音乐项目的失败而放弃批判的方法。相反，后来阿多诺在其权威人格研究取得成功之际，进行了反思，认为这一经验研究的成功，足以证明他当初的想法是可行的，但之所以未能在与阿多诺的合作中取得成效，或许与自己缺乏耐心有关。

此外，拉扎斯菲尔德与默顿合著的《大众传播、流行趣味与组织化社会行为》是一篇关于大众传播的批判性文章，对大众传媒在现代社会中具有何种社会政治功能进行了论述，强调了商业媒体在维持资本主义霸权方面所扮演的角色。我们认定美国传播研究在 20 世纪 50 年代之后存在一个以社会科学方法研究媒介效果的主导范式，即有限媒介效果的主导范式，而当时的学术界充满了形形色色的可能性。伊莱休·卡茨在《媒介研究经典文本解读》中指出，该文"在关涉社会角色的概念语汇与媒介效果之间徘徊，将实证研究的谨小慎微与历史观念的宏大气势相融合，对上世纪中叶美国媒介研究中的许多谬误作出了修正"[1]。两人指出，媒介的霸权和麻醉功能，使媒介具有维护社会秩序与塑造流行品位的能力。发掘出媒介发挥强效果的具体条件，高度重视商业媒介系统的意识形态力量，可以对新闻和调查性报道的文化政治功效做出总结。

拉扎斯菲尔德与默顿均对马克思主义的批判理论和社会理论深表赞赏，这一点常为批评哥伦比亚学派的人所忽视。拉扎斯菲尔德的《评管理的与批判的传播学研究》试图将用德文写成的批判社会理论作品呈现给英语受众，且认定只有涉足"有关控制的问题"及批判研究关注的其他问题，经验主义导向的美国研究传统方能获得新生。[2] 他还在另一篇发表于 1942 年的文章中探讨了批判理论的问题并写道："总体上，到目前为止，广播始终

---

[1] 〔美〕伊莱休·卡茨等编《媒介研究经典文本解读》，常江译，第 14 页。
[2] Paul F. Lazarsfeld, "Remarks on Administrative and Critical Communications Research," *Zeitschrift für Sozialforschung* 9.1 (1941): 2–16.

是美国人生活中的保守势力。"[1] 在一篇文章中,他称肥皂剧营造了假象,仿佛"一切问题都可以归结于个人,推动情节发展的并非社会力量,而是主人公的美德或邪恶,造成失业的也不是经济问题,而是同伴的谎言或嫉妒"[2]。这一思路尽管在 20 世纪 40 年代并未占据拉扎斯菲尔德理论体系的主要地位,却是不容忽视的重要问题。这与法兰克福学派对文化工业的批判有异曲同工之处。此外,默顿在 40 年代对马克思主义的研究成果享誉世界,也间接说明了其研究中潜藏的批判意识及倾向。

拉扎斯菲尔德赞同批判理论对媒介控制的批判性观点,虽然他的态度是暧昧的。正如默顿对他的评价:"拉扎斯菲尔德既是刺猬又是狐狸。"[3] 他视野开阔,横跨众多学科,对媒介效果的理解非常宽泛。尽管如此,对短期行为变化的考察仍然是他研究工作的核心。在《广播加诸公共舆论的效果》一文中,他援引了阿多诺和赫佐格的观点,认为美国商业媒体倾向于维系社会现状,从而在社会变迁中发挥了消极作用,并且以个体自由和社会民主的发展方向为切入点,对当前商业媒体的不足之处加以批驳和否定。他认为,"大众传播之所以能收获巨大利益,其根本前提就是必须在当前的社会模式与经济制度下发展……人们对大众传播的印象深刻与否往往取决于它没有披露和揭示出来的东西,而不是它已经告诉了大众的东西。商业传媒不仅仅是要维护当前的社会体制,更对批评与否定当前制度的问题与现象唯恐避之不及……不过,即使有时出现了能够反映和揭示当前社会问题的文章或声音,也不能激起多大的波浪,而且不久就会消失在顺从的大潮中……由于商业传媒的发展与盈利来自于商业赞助,所以它就会不断地说服人们去接受认同既存的社会结构。而在这样的社会体制下,我们怎么还能完全指靠媒体在社会结构调整与发展中发挥作用呢?"[4] 这是大众传播

---

[1] 〔美〕伊莱休·卡茨等编《媒介研究经典文本解读》,常江译,第 22 页。
[2] P. F. Lazarsfeld, "The Effects of Radio on Public Opinion," In D. Waples eds., *Print, Radio, and Film in a Democracy* (Chicago: University of Chicago Press, 1942), p. 66.
[3] R. K. Merton, "Remembering Paul Lazarsfeld," In R. K. Merton, J. S. Coleman, and P. H. Rossi, eds., *Qualitative and Quantitative Research: Papers in Honor of Paul F. Lazarsfeld* (New York: Free Press, 1979), pp. 19–22.
[4] P. F. Lazarsfeld, "The Effects of Radio on Public Opinion," In D. Waples ed., *Print, Radio, and Film in a Democracy* (Chicago: University of Chicago Press, 1942), pp. 107–108.

批判理论和社会政治霸权理论的精华所在,其告诫我们切不可将"批判"与"经验"的二元对立具体化。在该文中,拉扎斯菲尔德还认为,美国商业媒体使文化工业的某些趋势变得更为明显,商业模式仅限于对节目有好处,它会限制广播以更加开放的姿态参与公共讨论,以及更为系统地传播公众为获取直接利益所迫切需要的社会新观念。拉扎斯菲尔德甚少在学术著作中明确阐发政治声明,但我们可以将这番略显暧昧的言论视为其在20世纪40年代对政治愿景做出的积极阐述。在与默顿合撰的文章中,他们认为:"在相同因素影响下,以及在目前商业既得利益主体和社会制度控制中,商业传媒必定要维持并保护既存社会体制与结构。商业集团利用大众传媒对人们进行观念上的引导与操控,与从根本上去改变人们的想法与思维方式相比较,商业组织更加倾向于在既存的观念下进行潜移默化的指引并最终强化既存文化。因此,能达到最佳媒介传播效果的各类要素都竭尽全力地维护现行文化,并拒绝改革。"[1] 这些言论显示,二人持有自由主义或社会民主主义的政治观点,同时也存在批判成分。

哥伦比亚学派关于效果研究的定义中从未排斥过批判的方法,但更注重论证是否具有逻辑性。在研究方法上,关注方法的多样性。从研究方式来看,哥伦比亚学派与批判学派之间的差异在于论证方法是否具有逻辑性。在实证与批判的理论事件中,他们争论的焦点之一也是对方的论证方式是否合理。

值得注意的是,这一理论事件发生后,阿多诺似乎接受了实证研究方法,其中威权人格指数的F量表就是他与实证研究者合作设计的。他也认可了不仅可以从固有的文本中去推理判断人们对音乐的反应,而且可以用实证研究方法探寻人们对音乐的理解。在实践方面,法兰克福学派就曾尝试用美国的经验主义研究方法来对商业传媒进行研究。在对美国工人中流行的反犹主义进行整体研究时,就运用了经验主义的技术与方法,而且在一定程度上取得了成功,同时在二战后要求将在美国获得的实证技术带回德国,并付诸实践。

---

[1] P. L. Lazarsfeld and R. K. Merton, "Mass Communication, Popular Taste, and Organized Social Action", op. cit, 1948.

实际上，二战后已经有把研究所和哥伦比亚大学社会学系或新成立的拉扎斯菲尔德的应用社会研究所联合起来的具体建议，但他们（霍克海默等人）礼貌地拒绝了。霍克海默在写给洛文塔尔的信中就曾指出："年轻成员在这些科学研究机构中经常会受到压力，这些机构并不具有研究所应有的氛围……没有人会理解，从事社会文化研究的学者并没有把对大众文化负责作为研究的中心思想，而是要听从某一个人的指示进行研究。"[1] 对霍克海默而言，最重要的是保持工作的欧洲风格。战争结束时，研究所仍然试图与哥伦比亚大学保持联系。1944～1945年，霍克海默多次回到纽约，一些成员急于恢复专业的学术生活，哥伦比亚大学也希望能够容纳研究所，恢复与研究所关系的主要努力来自拉扎斯菲尔德。拉扎斯菲尔德把他的无线电研究中心转移到新成立的应用社会研究处，尽管战前和阿多诺的合作未能成功，他还是提议和研究所合并，并赞扬了研究所的成就，同时对批判理论和"行政研究"的相互影响持乐观态度。二战后，拉扎斯菲尔德写给阿贝尔的信中提出社会学系并没有以公正的态度对待研究所，他认为这源于在研究所中的学者固执地应用德语写作所引发的问题，那些学者坚信在美国对德国文化进行保护和发展也是有利于美国的。其中以研究所的刊物《社会研究杂志》为代表，他曾经向该杂志前主编洛文塔尔建议对已经在美国发表的10期杂志的主要思想理论内容做一次总结，认为人们由此会惊奇地发现它掩埋了许多有价值的观点与思想。[2] 他建议研究所就经验性方面的研究和应用社会研究局进行合作，霍克海默和阿多诺由于此时在加州，因而可以将其看作研究所的理论中心。拉扎斯菲尔德为霍克海默敞开大门，期待他能回来，但霍克海默以健康为由对此表示了拒绝。事实上，早在1941年，霍克海默就对洛文塔尔表示了对继续和哥伦比亚大学保持联系的矛盾态度，虽然需要维持机构统一，但又担心过分的制度化可能会带来某种僵化。另外，研究所的财政此时有所好转。1942年夏天，研究所和美国犹太人委员会（AJC）建立了联系。1944年5月，他们在纽约召开了关于偏见研究的会议，提出了偏见研究的项目，AJC建立了一个科学研究部

---

[1] 〔美〕马丁·杰伊：《法兰克福学派史（1923—1950）》，单世联译，第136页。
[2] 〔美〕马丁·杰伊：《法兰克福学派史（1923—1950）》，单世联译，第252页。

门,以霍克海默为首,利用各种方法研究社会偏见,开启了研究所最广泛、始终如一的经验研究(早在1939年,研究所就准备提出一个研究反犹主义的计划)[1]。

二 多学科视域的融合:实证主义研究方法的拓展

拉扎斯菲尔德与默顿在其合写的《大众传播、流行趣味与组织化社会行为》中,重点分析了大众传播和商业传媒的负面作用与影响,其中也包括赋予社会地位、强制性规范等中性功能,但着重强调了大众传播的负面效应,即大众传播不在控制范围内时产生的消极后果,大致有以下几个方面。使人不再具有辨别能力而变成安于现状的单面人;阻碍了人的个性发展,使审美情趣和文化素质日趋大众化;让人对自由与时间的观念变得淡薄,认识不到自由与时间的宝贵;使人变得麻木,沉醉于虚拟的美好世界中,从而逐渐丧失创造、行动的能力。拉扎斯菲尔德和默顿称这些为"社会麻醉"功能。

通过默顿,我们看到了拉扎斯菲尔德的批判倾向。对此,一些学者有如下分析。南京大学教授胡翼青认为,拉扎斯菲尔德并不排斥批判理论,其理论立场具有丰富性。复旦大学教授周葆华认为,拉扎斯菲尔德及哥伦比亚学派在宏观层面对大众传媒的功能有深刻洞察,传播有着很大的影响力,且包含批判性,他们从事效果研究的基本价值取向并非为现存体制张目,而是从维护美国民主价值观的角度出发,运用实证方法分析文化问题。当然,他们的实证研究中可能存在以现存的社会结构为默认前提的情况。例如,拉扎斯菲尔德等人谈到了大众传媒会对现存的政治结构倾向加以强化,但没有谈到这样的做法是否会产生具体影响。而《人际影响》所表达的以经验主义为主的内容与观点则更为复杂,还有其自相矛盾的数据结果,到最后只能以一个暂时性的理论去解释,结论也不太确定。后人则直接跳过了结论中具有不确定性、暂时性和有待研究考证的部分,以至于"两级

---

[1] Peter Simonson and Gabriel Weimann, "Critical Research at Columbia: Lazarsfeld's and Merton's 'Mass Communication, Popular Taste and Organized Social Action'," in Elinhu Katz, etal., eds., *Canonic Text in Media Research* (Cambridge, UK: Polity, 2003), p.176.

传播"模式在学科式发展中成为一种定论。汉诺·哈特认为:"没有迹象表明,拉扎斯菲尔德考虑过所有制权力的社会政治问题,他没考虑内容控制问题,亦没有考虑广播对社会群体或阶级的影响。他考虑的仅仅是广播对现存制度比如报界和教育的影响。"①麦格雷指出,拉扎斯菲尔德到美国以后逐渐用进步主义理想取代了年轻时的社会主义理想,开始相信经济权力(广告、舆论、受众和市场研究等)未必是民主的障碍,而可能是实现民主的手段,传媒的胜利是公民社会探讨的胜利,市场是消费者选择增多的同义词。这种批判的范式本身就是批判学派批判的对象。中国人民大学教授刘海龙认为拉扎斯菲尔德与默顿的批判观念应当被看作一种温和的建设性批判立场。本书认为,拉扎斯菲尔德的批判立场是隐蔽的,也是他所刻意回避的。默顿很好地将拉扎斯菲尔德的批判意识保护起来,并与他保持了长达几十年的合作,恰恰是默顿放大了他学术意识的批判立场。传播研究有别于文化研究之处在于其更注重量化的方法,但文化即传播,受众研究也是文化研究,例如,哥伦比亚学派开创了三个传播研究的传统:(1)个人的决策(如《人民的选择》);(2)群体中的信息传播和行为扩散(如《人际影响》、新药扩散研究);(3)使用和满足(如日间广播剧研究)。最后一个传统在研究方法上已经突破了行为主义的假设,即便在前两个传统的研究中,哥伦比亚学派也有所反思。如果忽略时代印迹和理论前提,赫佐格对美国女性广播肥皂剧迷的研究和文化研究的受众研究在基本思路上是一致的。

从赫佐格的研究中,默顿总结出文化研究的焦点访谈法。这一方法可将研究对象分成若干重点小组来分别加以调研,这给以后的文化研究者提供了借鉴,并一直沿用至今。其中,卡茨在《达拉斯》中就大量运用这一方法来讨论电视的文化意义,他以文化研究视角调查了不同阶层的人群对美剧的看法。②以上事实表明,在各种学术理论及方法不断"争鸣"的情况下,哥伦比亚学派对方法的追求并没有止步于机械的定量研究,而是根据不同的问题,探索新的方法,但在学术派系划分及彼此论争的背景下,这

---

① 〔美〕汉诺·哈特:《传播学批判研究:美国的传播、历史和理论》,何道宽译,第90页。
② 〔美〕泰玛·利贝斯、伊莱休·卡茨:《意义的输出——〈达拉斯〉的跨文化解读》,刘自雄译,华夏出版社,2003,第37页。

些尝试被当作例外而有意无意地忽略了。在文化研究方法上，哥伦比亚学派与法兰克福学派的区别集中表现在论证逻辑方面。其实，拉扎斯菲尔德对批判并不拒斥，而且他早年还是奥地利的社会民主主义者，因此能够接受默顿和赫佐格的研究成果。当时他十分看好阿多诺，与他惺惺相惜，称赞他才华横溢，并期待与他合作。然而在学术方面，拉扎斯菲尔德态度鲜明地批评了阿多诺的论证逻辑，并通过一些信件来表达他的看法，使后人可以了解到部分事实原貌。当然，阿多诺是拉扎斯菲尔德欣赏和尊敬的人，所以他的用语十分委婉。拉扎斯菲尔德坚持工具实证主义逻辑，阿多诺则坚持否定的辩证法。拉扎斯菲尔德再三强调他的这些话不是要中伤阿多诺，只是从朋友的角度给他提出建议，希望他转变这种偏激的态度。如果说拉扎斯菲尔德倾向于推理思维能力，那么阿多诺推崇的则是思辨与实证的统一。后者在论证过程中常常超越形式逻辑的严格规定，而采用整体的、类比的、跳跃性的甚至是情绪化的思路，因而是主观性较强的思维方法。例如，阿多诺会仅仅根据自己对内容的文本解读或精神分析，推论作者的写作意图，或者预测读者的解读会产生何种影响。典型的例子莫过于《启蒙辩证法》中的《文化工业》一文，内容研究只能为推测生产者动机与传播效果提供某些不确定的证据或线索。而实证方法尽管在方法细节上还存在分歧，但基本上不会把内容分析作为很强的证据使用，而且定量或定性的内容分析本身具有一定规范。不能忽视的是，此次论争之后，阿多诺做出了一些改变，在实证研究方法论方面，他与经验研究者共同制作威权人格指数量表，渐渐改变了对实证方法的敌视态度，并非像以前那样只通过哲学思辨来演绎理论。总体来说，在方法论问题上，两个学派具有可以沟通合作的可能性。研究所一直倾向于综合众多学科的跨学科研究，其创始人也希望统一理论和经验研究。[1]二者之间最难调和的矛盾是研究的操作方式和服务目标的不匹配。

三　事实性经验的注重：批判理论研究方法的调整

通过对事实性经验的介入，法兰克福学派一定程度上克服了自身的弱

---

[1]〔美〕马丁·杰伊:《法兰克福学派史（1923—1950）》，单世联译，第288页。

点，确立了社会现实改造的价值取向，进一步发挥并完成了知识分子的功能和使命。1944年5月，美国犹太人委员会发起了一项偏见研究。"偏见"是当时一个主要的社会问题，是一种缺乏充分的事实依据的消极的认知态度，它针对的是社会中特定的群体和成员。① 该研究将"偏见"作为时代问题，对偏见带来的社会病症进行了反思。对于这个问题，社会科学家提出了各种理论，但都没有找到答案。1944年，在时任美国犹太人委员会科研部主任的霍克海默的带领下，社会研究所受美国犹太人委员会委托，围绕"偏见"问题展开了一系列社会研究，从多个侧面阐释了偏见的因果关系。截至1950年，陆续发表了关于偏见研究的系列成果，包括贝特尔海姆所撰写的《偏见动力学》，主要探讨了退伍军人的人格特征与其偏见的关系；阿克曼和雅霍达合著的《反犹主义和情绪障碍》，通过分析意识与理性因素在不同行业中的作用，寻找权力主义人格的成因；马辛所撰的《破坏的彩排》，分析了社会情景与偏见的关系；洛文塔尔和戈特曼合著的《骗人的先知们》，研究了煽动者如何将业已存在的偏见和倾向转化成某种学说。其中，最重要的成果是阿多诺、桑福德、布伦斯威克、莱文森合著的《权威人格》。此著作围绕"社会歧视"展开，它的目的没有局限于对业已广泛传播的信息进行经验主义证据的补充，而是力图探讨"人类物种学"这一新现象的崛起。作者将其中一部分物种称为权力主义者。他们并非单纯意义上的权力追求者，拥有文明社会的典型思想和技能，但坚持非理性的或反理性的信念。他们既是开明的，又是迷信的；既是普通人，又不想成为普通人；既追求人格的独立，又倾向于权力和权威。造成这种矛盾的人格因素，已经引起了现代社会心理学家的关注。② 早在20世纪20~30年代，弗洛伊德、莫里斯·萨缪尔、奥托·芬尼奇尔等人已经勾勒出有关偏见的心理图景，这是《权威人格》对方法论进行整合，并探讨研究结构不可或缺的条件之一。以前的学者既没有确立研究的方向与目标，也缺乏对理论与现实在一定高度上的科学整合，使其难以将人类行为和意识作为一种社会形态去探讨与研究。《权威人格》最初的观点是，根据这几十年来社会文化

---

① 〔德〕阿多诺等：《权力主义人格》，李维译，浙江教育出版社，2002，第6页。
② 〔德〕阿多诺等：《权力主义人格》，李维译，第1页。

的发展方向,把研究社会文化的各类学科组织起来,进行合作分工,另外可以对各领域得出的观点与理论进行整合,综合运用各学科的理论优势和实证调查探索出的各类方法来实现共同的目标。

《权威人格》的主要内容是,偏见与某些具有破坏性的虚无主义性质的人格特质有着密切的相关性,这种虚无主义的人格特质是以非理性的悲观思想为标志的。权力主义人格在法兰克福学派早期的权威和家庭研究中被提炼出来,作为一种连接心理倾向和政治倾向的指标。阿多诺指出这一研究"为正在考虑的问题建构一种现象学说,它以理论阐述为基础,并由访谈记录予以说明。我们期望这一过程不仅会产生更多的关于思想结构的信息和人格的意见的方式,而且也会导致指导性理论概念本身的进一步分化,被试者的一些陈述,可以使那些存在于'正常'领域内的潜在因素清楚地显示出来,恰如疾病帮助我们理解健康一样"[1]。在《权威人格》中,阿多诺负责介绍与人格因素有关的社会维度,以及与权力主义有关的人格概念,还分析了访谈的思想部分,而访谈内容是根据社会理论的类别展开的。弗伦克尔·布伦斯威克负责对人格研究中的若干变量进行系统的构思。桑福德分析总结了将各种技术结合起来的方法,其研究主要集中在相近的个案研究方面,尤其是偏见人格的动态病因分析。莱文森则主要负责 AS 量表、E 量表和 PEC 量表的制作,以及运用心理学术语对测量结果进行整理,包括对投射材料予以分析,对统计方法和操作步骤进行设计等。新的方法涉及对态度进行测量的模式。在评定偏见的性质和程度时,需要对人们的认知、情感和行为等成分逐一进行测量。认知成分的测量属于成见评定,通常运用于特质项目,要求被试者指出哪些特质与哪些群体相连。情感方面的信息一般是通过态度量表获得的,量表的设计是为了测量个体对特定群体的积极情感或消极情感,包括向被试者呈示一系列性质相反的形容词,要求他们按此对特定群体做出相应的选择,或者呈示有关某个特定群体的一系列陈述,要求被试者指出自己赞同还是反对这些陈述。行为成分的评定采用社交距离量表,也即向被试者呈示个体与特定群体之间假设关系的项目,表示被试者与群体成员之间递增的亲密等级,其范围从最低层次的

---

[1] 〔德〕阿多诺等:《权力主义人格》,李维译,第 818 页。

邻里交往或同事沟通到最高层次的相互通婚,然后要求被试者指出自己愿意在何种亲密等级上接纳该群体成员且与之交往。所以,《权威人格》的测量对象是态度,即偏见的性质和程度,这里涉及认知、情感和行为三个方面,对思想倾向的测量和当初音乐研究项目中的文化测量从对象上来讲并无本质差异。

霍克海默在《权威人格》的序言中指出,社会科学是日常生活的要素。研究的目的不是描述偏见,而是解释偏见,以便最终消除偏见。[①] 而拉扎斯菲尔德的研究目的有着根本的不同,其社会科学研究目的是满足一种实证的需要,这绝不是要变革社会,更不会提出变革社会的主张。所以,他将自己的研究定义为"行政的研究"。霍克海默和法兰克福学派的同人在社会科学研究过程中并不排斥实证方法,霍克海默说:"根据当代社会科学的技术寻求真理是我们唯一的宗旨。尽管方法和技术各不相同,但在寻求真理方面已经达到相当程度的一致。"[②] "本研究既具有理论价值又具有实践价值,……在理论分析和实践活动之间并不存在不可逾越的鸿沟。……对这一伟大历史意义的现象进行系统的科学的阐释,可以直接对文化氛围的改善做出贡献。"[③] "我们希望,这部著作可以在科学和文化之间相互依存的历史中找到一席之地。它的最终目标是在研究领域开辟新的路径,使其具有直接的实践意义。它谋求发展和加强对一些社会心理因素的理解,因为正是这些因素使权力主义者取代个人主义者和民主主义者的威胁成为可能,同时理解这种威胁可能包括的因素。……美国像欧洲一样,为把人类作为一种社会现象进行研究,作出了相当多的努力,发展了各种学科,而且达到了有组织的合作水平,这原本是自然科学的一个传统。我所想到的是动员哲学家、社会学家、心理学家、传播学家、历史学家、政治经济学家在方法和技术上大胆联手,在不同的经验调查和理论领域之中规划出新的问题,努力为实现一个共同的具有远大图景的崭新问题而合作。"[④] 这样合作的方法在《权威人格》中得以实现,这一研究汇集了诸多领域的专家,文

---

① 〔德〕阿多诺等:《权力主义人格》,李维译,第4页。
② 〔德〕阿多诺等:《权力主义人格》,李维译,第5页。
③ 〔德〕阿多诺等:《权力主义人格》,李维译,第1页。
④ 〔德〕阿多诺等:《权力主义人格》,李维译,第3页。

化理论、临床心理学、社会学、统计学等方面的专家共同制订研究计划，分享研究经验与成果，成功地对现代社会权力主义人格的形成进行了系统的阐释，展现了权力主义者的基本要素。[1]

学术实践中，法兰克福学派用批判理论分析美国大众文化，在霍克海默、阿多诺、洛文塔尔、马尔库塞等看来，文化价值问题的重要性要远远大于实证研究所关注的大众媒介效果问题。批判理论坚决主张，在分析社会任何层面时，必须考虑社会整体，否则结果将会歪曲。过分强调整体的一部分，用马克思主义术语来说，即是一种"物化"，也即资本主义社会中个人所直面的现实性。这种现实性反映出人与人之间已然是一种物与物的关系，商品拜物教成为资本主义社会中一个特有的问题。社会科学强调，不仅要具有历史眼光，而且要注意其未来潜力，区分"是如何"和"应该如何"，拒绝实证主义的"价值中立"原则。在他们看来，实证主义是一种危险的涵括模式，潜藏着人类思想在现实面前的退缩与让步，进而使自由被扼杀。法兰克福学派的批判理论并非为了真理而探索真理，他们的志业是要促成社会变迁，而思想就是他们的武器，其方法就是对近在眼前的事实进行不断的否定。

正是认识到拉扎斯菲尔德与阿多诺在大众文化研究方法论上的巨大差异，并观察到他们之间的分歧实际影响了后来法兰克福学派的发展路径，甚至影响了文化研究的视野，哈贝马斯及后来的学者在1965年，对实证与批判理论的融合进行了较为含蓄的肯定，并对理论和实践的关系问题进行了思考。哈贝马斯是新法兰克福学派[2]的主要代表。由于对理论与实践关系做了新的解释，哈贝马斯虽然是阿多诺的助手，但他的理论取向不同于阿多诺，并要为批判理论重新定位。他对美国的实用主义哲学持积极态度，从合理论辩、公共讨论、交往行动和政治文化四个方面对批判方法加以新的论证和扩展，在某种程度上继承了霍克海默的跨学科研究思路。

---

[1] 〔德〕阿多诺等：《权力主义人格》，李维译，第3页。
[2] 新法兰克福学派，主要是指法兰克福学派批判理论传统的第二代人物哈贝马斯，以及比哈贝马斯年长七岁，虽然在政治上不那么激进，但哲学倾向与之相当接近且也在法兰克福任教的阿佩尔。从广义上来说，还包括被列为该学派第二代的施密特、韦尔默尔和被列为"第三代批判理论"的德国的昂内斯，美国的麦卡瑟、杰伊等人。

第三节　实证学派与批判学派在中国的理论旅行

　　大众文化追逐利润，依靠技术进步不断促进信息传播，很大程度上操控着文化，并使文化平庸化和模式化。因此，文化研究必须是批判的。在现代社会中，批判是必不可少的文化守护方式。媒介文化（media culture）是文化的媒介呈现方式，是出现在传播活动中的社会文化现象，是"诸种系统的组合：从电台和声音的复制、电影及其放映模式、包括报纸和杂志在内的印刷媒体直到媒体文化中心的电视以及方兴未艾的网络文化等"[1]。因此，媒介文化研究与传播学研究存在明显的伴生关系。这种关系根植于"传播"在现代媒介语境中逐渐凸显的上升史，这种伴生关系的发展源于两点：一是20世纪以来现代传媒业和媒介文化的突飞猛进；二是现代传播学研究的思路演变。[2] 现代研究将媒介文化单独列出来，赋予其更大的研究空间并体现出媒介文化研究丰富的涵容性。从此意义上说，媒介文化研究方法脱胎于传播学研究方法，并呈现出两个重要维度：实证维度和批判维度。实证维度的媒介文化研究主要采用经验主义的研究方法（如定量分析和个案分析），主要领域包括媒体政治经济学、受众分析、传播效果分析、媒体发展史、媒体机制与其他社会机制的互动等。批判维度的媒介文化研究注重"价值分析"，将"文化产品"（如流行音乐和影视作品）看作分析对象，运用文学、历史和哲学等人文学科的理论框架对其进行基于人文主义的价值分析。20世纪30年代末，美国实证主义社会学家拉扎斯菲尔德与德国法兰克福学派学者阿多诺在广播音乐调研项目的合作中开启了"媒介文化研究"的先河，将文化和传播纳入社会、政治及历史的总体研究视野，同时将批判理论与实证方法运用于对传播本质和效果的研究中，丰富了传播研究的社会科学取向。因此，"媒介文化研究"虽然以人文科学为入口，但其在发生之初即注重批判与实证方法的结合与互补，而非将二者彼此对立或绝对否定。

---

[1]〔美〕道格拉斯·凯尔纳：《媒体文化——介于现代与后现代之间的文化研究、认同性与政治》，丁宁译，第27页。

[2] 韩瑞霞、戴元光：《对"传播"在文化研究发生史中地位的历史考察》，《国际新闻界》2012年第2期，第30~36页。

梳理我国媒介文化研究 30 余年来的学术发展史，可以发现实证与批判作为媒介文化研究两大方法的博弈轨迹，表明中国媒介文化研究至今仍然走着重实证而轻批判的道路，在新的媒介语境所带来的诸多问题面前，如何打破这种二元对立的认识偏误是媒介文化研究面临的方法论难题。

一 实证学派方法的承袭与运用

传播学自 1978 年引入我国至今已有 30 余年，并形成了重视美国实证方法、轻视欧陆批判理论的研究取向，实证已成为我国传播学以及媒介文化研究的主要方法。这一格局的形成基于以下因素。首先，这是由传播学引入我国的历史决定的。中国引进的传播学最早来自美国，1982 年，被誉为"传播学之父"的美国传播学者韦尔伯·施拉姆来华，将传播学带入国内。施拉姆偏向定量研究，旗帜鲜明地为现存体制和商业利益服务。他与社会学家保罗·拉扎斯菲尔德、社会心理学家库尔特·勒温和卡尔·霍夫兰等共事，同属传播研究的经验实证主义学派，其中国之行为实证主义方法在我国学界的盛行奠定了基础。其次，我国媒介环境具有自身的特性，不能简单套用西方批判理论，作为西方批判理论重要来源的法兰克福学派，一度因具有西方资产阶级意识形态背景而受到质疑。相对而言，实证研究运用如调查问卷、数据抽样等自然科学的标准和方法，较少涉及意识形态，以科学的样貌满足了学界、业界的现实需求而备受青睐。针对此种局面，有学者持均衡发展的态度，指出我国社会主义市场经济刚刚起步，市场因素有待完善，过分发展批判学说尚未具备良好的土壤，从这点来看，"我们似乎更缺乏精确的经验主义研究传统，……但要有意识地引进批判学派认识问题的视角和研究方法，从而造成一种学术平衡"[1]。有学者则持警惕态度。回顾以往研究历程，学界在反思"文革"和解放思想的背景下，一部分学者对理论实践中过度政治化的问题予以回避；一部分学者又将美国研究理论中只谈科学不谈政治的样态推崇备至。[2] 另有学者研究了西方经验主

---

[1] 陈力丹：《谈谈传播学批判学派》，《新闻与传播研究》2000 年第 2 期，第 33～38、96 页。
[2] 汪晖：《去政治化的政治、霸权的多重构成与六十年代的消逝》，《开放时代》2007 年第 2 期，第 5～41 页。

义文化研究理论如何被潜移默化地等同于文化研究的过程，认为学术界应该具有多种范式，彼此切磋竞争，在理论的舞台上，没有任何一个理论是至高无上的，没有任何一个理论可以用来裁判一切。[①] 以上观点对中国媒介文化实证热的局面给予了关注和解释，是基于我国媒介环境的现状和需要来考量的，也确证了实证与批判在我国媒介文化研究中的不同境遇。再次，促进媒介文化研究实证热的专家学者大多具有英文或数理统计学专业背景，具有留美经历，并于20世纪80～90年代在美国从事过传播研究，他们批判地继承了美国的实证主义传统并将之引入国内。这批学者包括：深圳大学的何道宽教授、北京大学的杨伯溆教授、中国传媒大学的柯惠新教授等。留美经历为他们切身了解美国实证学派研究奠定了基础，使他们能够综合中美两种知识论传统，形成独特的研究视野，呈现出思辨性分析和整体性反思的研究特色。而以批判见长的传播领域专家则多数具有中文专业背景，倾向于以文化视角对传播的社会属性及问题予以剖析，如浙江大学的邵培仁教授、清华大学的李彬教授、北京师范大学的赵勇教授等。[②] 这些高水平学者在研究旨趣和研究视角上的差异，一定程度上促进了实证与批判研究的分野。最后，在现代信息技术的推动下，社会科学研究由过去的定性研究转向了定量研究，基于统计学基础的定量分析方法被采用，并成为一种潮流。特别是2010年以来，随着新媒体技术，尤其是社交媒体的快速发展，依托大数据分析和数据挖掘进行传播效果预估与测量成为学界研究的潮流，技术决定论甚嚣尘上。麦克卢汉提出的技术决定论揭示了技术对人的支配力量，指出人类创造了工具，工具却反过来控制了人类。青年学者胡翼青就此指出，现代传播研究存在浅尝辄止的问题，并没有找到传播快速发展的真实原因。大量对策性研究使传播研究的工具性色彩变得更加浓厚。[③] 技术控制论方向的传播研究大多出自经验主义学派。大批青年学者，尤其是具有跨学科背景或具有数理统计背景的学者不断加入，重视实证成为大势

---

① 刘海龙：《被经验的中介和被中介的经验——从传播理论教材的译介看传播学在中国》，《国际新闻界》2006年第5期，第5～11页。
② 王怡红、胡翼青：《中国传播学30年》，中国大百科全书出版社，2010，第435页。
③ 胡翼青：《专业化的进路：中国传播研究30年》，《淮海工学院学报》（社会科学版）2009年第4期，第84～89页。

所趋，从而片面放大了研究的应用价值。那么，这种凸显工具理性价值的研究方法是否加重了文化工业危机，则有待进一步考量。

二 批判学派理论的轻略与反思

20世纪90年代，传播学重新焕发活力，批判意识也开始复苏。批判成为媒介文化实践与理论发展的自身要求，并作为文化研究的理论工具成为一代学人关注的热点。这一复苏表现为以下几个方面。首先，作为批判理论的元理论，法兰克福学派在后现代思潮影响和传播学文化研究转向的双重推动下重获重视。据知网统计，截至2019年5月，以"法兰克福学派"为主题的学术论文共计1861篇。1978年至今，与此有关的研究文献层出不穷，由1978年的5篇增加到2018年的75篇。此间，对法兰克福学派的学术关注呈现出三个分期：2000年以前，相关研究主要集中于哲学领域，聚焦西方马克思主义，关注的学派代表人物主要是马尔库塞、哈贝马斯和弗洛姆；2000~2006年，每年相关论文数量在70篇左右，关注点转移到文化研究领域，开始将法兰克福学派的理论成果大量引入文化研究领域；2006年至今，每年相关论文稳定在100篇左右，出现了哲学、文化研究并重的局面，阿多诺成为研究热点。其次，阿多诺的大众文化批判理论重获重视。2000年以来，市场经济引发的大众文化领域的新问题层出不穷，亟待有力的理论武器来验视和求解，强烈的批判诉求使批判学派的研究人气不断上升。祖朝志早在1997年就指出，阿多诺的哲学思想是批判理论的发展依据，其文化批判理论是深邃的、独树一帜且自成体系的，在理论产生之初就产生了广泛的效应，即使在当代，也依然能够指导我们的学术发展。[1] 南京师范大学教授何言宏指出，"与对实证学派的介绍相比，学界对批判学派的关注远不充分，要想建立成熟系统的文化研究方法论体系，便是要扎实全面地掌握各学派的研究成果，尤其不应该忽视法兰克福学派"[2]。这一时期对阿多诺研究的关注也反映在一些集体的学术实践中。1997~2002年，南京

---

[1] 祖朝志：《无望的救赎：评阿多诺的文化批判理论》，《求是学刊》1997年第5期，第22~25页。
[2] 何言宏：《批判的大众传播理论——法兰克福学派大众传播思想研究》，《南京师范大学学报》（社会科学版）1997年第1期，第122~128页。

大学中文系和哲学系集中对阿多诺展开研究，迅速提升和拓展了批判理论的热度和深度，成为阿多诺研究最富活力的表现之一，并出现了阿多诺哲学、批判理论、美学、音乐研究杂糅并重的局面。南京大学中文系的周宪、朱海荣，南京大学哲学系的张一兵、陈胜云，北京师范大学的陶东风、赵勇等纷纷撰文参与讨论并对批判理论进行了全面辩证的解读。周宪从媒介文化研究角度，对阿多诺的媒介批判理论进行阐发，指出法兰克福学派是媒介批判的早期形态，从批判意义上说，阿多诺的理论仅仅可以看作哲理性推理和辩证思维，其致命缺陷在于难以应对实证乃至经验社会学的尖锐拷问。[1] 学者朱海荣从阿多诺理论产生的具体时空背景阐释了其特殊的历史语境，警示人们要对自身命运进行关注与反思，当下以文化群众性或者大众视角展开的研究都必然涵盖对该理论批判视点的评析及认知。[2] 张一兵通过回顾阿多诺一生的哲学研究，指出"阿多诺哲学开创了后现代思潮的理论端点，为后马克思思潮奠定了逻辑基础"[3]。陈胜云认为法兰克福学派的社会批判理论与马克思的社会批判理论存在不同，其局限在于"现实的分析与批判的浑沌结合形式，甚至放弃了现实性分析，回到直接从批判性前提假设出发的人道主义"[4]，"法兰克福学派在西方马克思主义思潮自身的内在逻辑运演及转变上，呈现出变动不居性和背逆性，即对（新）人本主义思潮自身的批判性审视和限定性内省的这一重大理论转向"[5]。陶东风结合中国文化批判现状指出"西方的文化批判话语在分析中国问题时的适用性是有限的，……法兰克福学派的批判主要是一种技术批判而非制度批判，而中国当前的大众文化显然不止是技术决定的"[6]。赵勇指出法兰克福学派是20世纪西方文化批评最早的实践者，在面对全新的大众文化时，该学派

---

[1] 周宪：《文化工业/公共领域/收视率——从阿多诺到布尔迪厄的媒体批判理论》，《新闻与传播研究》1998年第4期，第67~72、93页。

[2] 朱海荣：《大众文化的欺骗性质——阿多诺文化批判思想管窥》，《甘肃社会科学》1999年第2期，第69~72页。

[3] 张一兵：《梦幻哲人阿多诺》，《江苏行政学院学报》2001年第1期，第28~33页。

[4] 陈胜云：《阿多诺与总体性》，《江苏社会科学》1999年第5期，第109~112页。

[5] 张一兵：《工具理性对社会生活的渗透——中后期法兰克福学派的一种社会批判》，《教学与研究》2011年第7期，第67~71页。

[6] 陶东风：《文化批判的批判》，《天津社会科学》1997年第3期，第65~71页。

难以直接沿袭已有的学说对大众文化予以批驳、评判,于是便立足于"批判理性"的基石,重塑了全新的自属的批判模式。[①] 这些学者对法兰克福学派的辩证思考,保留了对文化问题的批判优势,坚持并强调文化研究中的批判意识,将批判理论引入文化研究视野,应对当代中国文化现实的诸多议题。可以看出,文化研究从20世纪80年代兴起以来,在我国学术界呈现出一种趋势,即文化研究日益进入文学研究领域,大众文化的崛起与精英文化产生了对立,并在这场博弈中造成了知识分子的困惑与焦虑。比如,孟繁华在《众神狂欢:当代中国的文化冲突问题》一文中,就有类似的表述。大众文化的渗透,悄悄改变了文学艺术的价值取向,并演变为一种生活方式介入大众行为及思想方式的形成过程,一定程度上,成为大众信仰危机的成因之一。[②]

2000年以来,媒介文化研究领域继续对研究方法中重实证轻批判的倾向进行反思。这种反思首先来自西方华裔学者,加拿大西蒙弗雷泽大学文化传播学者赵月枝从学科发展角度解释了实证热的原因,一是由于我国各门学科尚值初步发展之时,难免在众多环节存在不同程度的缺陷;二是受过去文化氛围乃至学术意识形态的泛政治性影响,不少研究者因噎废食,对实证的方法倾注了过多的希冀,而将其视为正统的研究方法直接予以运用。对此,学界有必要提醒,实证研究有较为特殊的前置条件,即对某一社会制度的稳定性要求严格,因为西方实证研究根植于资本社会,是伴随着近一个世纪的资本发展而形成的规范化研究,具有相当的渐进性。基于此,必须承认我们正处于转型社会中的价值重构阶段,实证研究在部分领域或者事项方面一时难以成形。[③] 另外,她强调科学的态度和严谨的学术精神并不能简单地等同于实证。实证的前提是假设,例如定量分析中,在定义前提范畴时大有学问,实证的内容与过程无法完全避免意识形态化,相反,有可能更具意识形态化,因此,必须破除对实证的迷信和盲目崇拜,

---

① 赵勇:《印刷文化语境中的现代性话语——为什么阿多诺要批判文化工业》,《天津社会科学》2003年第5期,第100~106页。
② 宋伟:《当代社会转型中的文学理论热点问题》,文化艺术出版社,2012,第301页。
③ 〔加〕赵月枝:《批判研究与实证研究的对比分析》,《国际新闻界》2006年第11期,第34~39页。

破除将实证当作唯一科学的方法。当今中国学术界已经不是由一种思想、一种学术话语主宰的舞台,应该看到批判作为一种思辨方式和理论态度有助于提升实证研究的学术价值和应用价值。目前,缺乏批判思维的媒介文化研究所带来的隐患已经引起学界重视。学者李彬强调,中国对研究方法的接收、接受,具有某种偏好,一方面因对经验主义的偏爱而对以其为主导的实证加以承继;一方面,有意或无意地对批判研究予以忽略或冷漠对待。此外,社会的浮夸、环境的浮躁乃至学术圈的功利心态影响了文化研究的进步,一些研究不够系统深入,更缺乏与各种人文学科的对话交流、思想碰撞。[①] 如果肯定了批判的缺失,那么,仅仅提出批判的诉求是不够的。批判的缺位,为媒介文化研究提出了哪些问题?如何回答时代与社会提出的重大命题?如何将媒介文化研究赋予历史唯物主义的方法论指导?如何发挥现代人面对媒介文化现象进行理性反思和独立判断的能力?这些问题的求解有待于实证与批判两种路径融合所带来的更具活力的研究理路和方法。针对赵月枝的看法,李彬回应道:"人们普遍认为用数据说话才是研究的正规途径,依靠图形、数据和实例,才更有说服力。但是研究者们的人文思想、情绪认识、逻辑推理分析也能为文化研究发展做出正确引导,有利于从理性和感性两个方面发展中国媒介文化研究,使其更为完善和具有科学缜密性。"[②]

值得注意的是,批判意识的高涨还表现为有关文化批判的译著日渐增多:"当代学术多棱镜丛书"(南京大学哲学系张一兵主编,南京大学出版社,2000)、"大众文化研究译丛"(文艺评论家李陀主编,中央编译出版社,2001)、"文化与传播译丛"(南京大学中文系周宪主编,商务印书馆,2003)、"新世纪传播研究译丛"(曹晋、周宪主编,复旦大学出版社,2006)、"传播与文化译丛"(常昌富主编,中国社会科学出版社,2007)、"知识分子图书馆"(王逢振主编,中国社会科学出版社,2011)等,收录了多部批判学派的经典作品。此外,国内研究著述也十分丰富:《透视大众文化》(赵勇,

---

[①] 李彬、黄卫星:《批判知识分子的角色建构——从传播学批判学派学者赵月枝的学术风格谈起》,《山西大学学报》(哲学社会科学版) 2011 年第 6 期,第 133~138 页。

[②] 李彬、黄卫星:《批判知识分子的角色建构——从传播学批判学派学者赵月枝的学术风格谈起》,《山西大学学报》(哲学社会科学版) 2011 年第 6 期,第 133~138 页。

中国文史出版社，2004）、《整合与颠覆：大众文化的辩证法——法兰克福学派的大众文化理论》（王一川、赵勇，北京大学出版社，2005）、《批判与解构：从马克思到后现代的思想谱系》（宋伟，人民出版社，2014）、《法兰克福学派内外：知识分子与大众文化》（赵勇，北京大学出版社，2016）等。这些译著和著述的出现使法兰克福学派研究具备了国际视野，为批判理论注入了新的活力。法兰克福学派在文化研究方法论上的建树开始为学界注意，人们开始重新考量批判理论及其方法的学术地位与现实指向。[①]

媒介文化研究以整个媒介社会为对象，内含无数批评角度的立体、开放的理论研究，是批评家从封闭的文学和艺术文本中跨出，步入社会性（社会文化）文本的综合性研究。这是对大众文化的一种回应，表明了学者们试图理解并解释这些变化的学术追求。因此，"文化研究者已经无法沿用以往的批评模式和方法来进行新的研究和阐释，它们不得不从纯文学或纯文本研究转向综合性研究。跨学科研究成为一种发展趋势"[②]。从文化研究的理论建构来看，描述和界定实证与批判之争大致可以分为两种路径：一种是认识论模式；一种是批判理论模式。[③] 沿此路径，我们认为，认识论模式以科学实证主义准则来规定人文社会科学，将人文社会科学等同于自然科学，致使其理论成为社会客观事实的逻辑归纳和总结，因此，客观科学的价值中立往往是它所标举的理论立场。与之相反，批判理论模式反对将自然科学的研究方法应用于人文社会科学领域，认为理论的任务并非镜式地反映客观实在，而应以人类生存的意义追求为价值取向，直面生命存在的矛盾冲突和现实社会的不合理性，对现存社会关系进行批判。这两种路径都是媒介文化研究的有效途径，从实证研究的学术实践看，实证由于其"科学的世界观"对科学化、经验、逻辑架构的强调与学界强调文化传播研究是一门科学的研究基调相契合，对我国人文社会科学研究，尤其是文化研究的影响极为深远。从文化研究的学术实践来看，20世纪中期以后，大批后现代思想家继承了以批判为媒介文化研究立场的法兰克福学说，从而

---

① 宋伟：《当代社会转型中的文学理论热点问题》，文化艺术出版社，2012，第298页。
② 赵斌：《文化分析与政治经济——与默多克关于英国文化研究的对话》，河北教育出版社，2002，第158页。
③ 宋伟：《批判与解构：从马克思到后现代的思想谱系》，人民出版社，2014，第54~55页。

丰富了媒介文化研究的理论资源。其中，福柯、利奥塔、布尔迪厄、詹姆逊、鲍德里亚等后现代文化理论家用否定、解构、颠覆来代替肯定、构建、存在，进而瓦解理性的理论基础。这种对理性的消解，是后现代媒介文化批判的理论来源，确立了他们在方法论上的人文主义倾向。尤其是在"后理论时代"来临之际，这种批判的理论传统和评判尺度，使媒介文化研究获得了应对急剧变化时代的阐释能力与批判向度。①

不难看出，实证与批判在学理和实践上均呈现出一种建构性关联，如果将实证与批判视为一个变化和矛盾的整体进行考察，可以系统而完整地认识这一对象。实证与批判作为大众文化的研究方法，具有反对形而上学的共同哲学旨趣，面对大众文化的物化形态，呈现出融合的态势，即科学方法与人文精神的辩证融合，事实判断与价值判断的辩证融合，定量分析与定性分析的辩证融合，经验描述与反思批判的辩证融合，现实实证与意义阐释的辩证融合。对于两者的冲突与融合，我国学者曹晋、韩瑞霞、梅琼林、李彬、石义彬等提供了一些视角和方法，具有可资借鉴之处。韩瑞霞指出，问题意识是文化研究的前提，通过与时代语境的关联，文化研究对中国社会的良性发展具有深远意义。②梅琼林强调，任何一种形态的冲突，在某种意义上都是一种融合。不管是胜利者还是失败者，都将在自己身上留下对方的某些印记。实证与批判具有融合的可能性，批判理论可以为经验研究提供理论的阐释张力；同样，经验的方法可以丰富批判理论的方法内容，对重要的理论假设提供保障和检验。③这些理论预设，为我们打破实证与批判的二元对立提供了辩证视角。

我们认为，实证与批判的融合可以发展为一种更为开放的学术建构，即在文化研究中，以批判为基础、实证为手段的大众文化研究观。媒介文化研究如果在前提预设达成共识的情况下，新的视角将在双方的接位中产生，并赋予文化研究新的活力。实证与批判这两种文化研究方法的张力和

---

① 宋伟：《"后理论时代"的文学理论如何可能》，《文艺理论研究》2013 年第 5 期，第 130～134 页。
② 韩瑞霞：《美国传播研究与文化研究的分野与融合》，第 266 页。
③ 梅琼林、王志永：《试论传播学研究中实证主义和人文主义方法的融合》，《南京社会科学》2006 年第 6 期，第 14～19 页。

创造力将打开通向哲学问题的大门,并最终导向现实基础与上层建筑之间的关系,即如何把文化、意识同语境或形势联系起来。从此角度,实证与批判之争不是静止的理论事件,而是一场不断迸发出学术活力的思想交锋,具有源头性质,奠定了媒介文化研究的基础,也为西方马克思主义进行自我完善和自我修正提供了历史契机。

第六章
走向实证学派与批判学派的辩证融合

实证与批判之争是反映在媒介文化领域的方法论之争，是科学与人文之争在媒介文化研究领域的表现。社会科学本身不仅是一门寻找真理的科学，还是一种由经验工作来补充和完善的知识体系。能否被实证，关系着批判理论的科学性；能否求新，则是实证主义研究面临的首要问题。拉扎斯菲尔德的实证主义研究方法尽管将真理与人类活动联系起来，但这种联系过于简单，缺少辩证思维。这种认识论以效果为目标，声称"有益"的思想就是真理，但如果它不是一个能够导向更好的趋势的整体，那就肯定包含着某种和谐幻象，对世界的认知也仅停留在世界"是什么"的层面，而批判理论寻求的是世界"不该是什么"以及"应该是什么"。借助批判理论为实证研究提供更广阔的视野不失为一种避免研究僵化的选择。实证与批判作为大众文化最主要的研究方法，具有反对形而上学的共同哲学旨趣，二者并非对立，而是呈现出必然的融合趋势，即科学方法与人文精神的辩证融合，事实判断与价值判断的辩证融合，定量分析与定性分析的辩证融合，经验描述与反思批判的辩证融合，现实实证与意义阐释的辩证融合。

第一节 科学方法与人文精神的辩证融合

科学（science）一词源于拉丁文 scientia，意为"知识""学问"。对科学的关注和重视可以追溯到亚里士多德，他将知识纳入科学范畴，认为有关事实原因的知识就是科学。培根是近代实验科学的开创者，提出了"知识就是力量"，这一观点加强了科学与知识之间的联系。罗素则倾向于将科学与宗教哲学分开，把科学视为有实证依据并具有明确适用范围的确切的知识。科学学创始人贝尔纳视科学为一种积累的知识传统，"作为一种建制和方法构成了人们对宇宙和人类的态度"①。以上概念都强调了科学与知识之间的密切关系，同时也是对科学概念的认识逐渐深化的过程。它们关涉现代科学必备的几个特征：实证的、确切的，以及对信仰的影响。科学，特别是从哲学中独立出来的近现代科学是作为技术原理而存在的。② 由于近代科学直接转化为生产力，并在与人相关的各个领域快速蔓延，同时对具体问题的回答也要依托于科学。所以，科学与人类生存发展的需要日趋密切，日益具体。科学在人与自然物质交往的领域逐渐演变成自然科学；在人与社会的关系领域产生了社会科学，但是，人与社会的互动不仅存在于经济或法律领域，还包含情感、审美等人文类的情感关联。而近现代科学却以工具和手段作为一种关系衔接，以价值中立的知识论原则排斥有关人类情感与价值的人文社会科学内容，甚至认为那是不科学的、不可靠的。

"人文"在广义上泛指文化，狭义上专指哲学，特别是美学范畴。"人文"指涉关于人的一切文化，而文化是人类共有的符号、规律、价值观。文化包括精神内容，也包括物质内容；文化世界包括精神世界，也包括物质世界。自古希腊以来，人文精神一直是人类社会向前发展的动力，人文精神的内涵体现为人性、理性和超越性。人性是对人的幸福和尊严的追求，理性是对真理（即科学精神）的追求，超越性是对价值和意义的追求。所以，人文精神本身就蕴含着对科学的追求。科学与人文的关系，好比树枝和树根。它们互为依存，彼此滋养，共同构造了知识这棵大树。作为一种历史范畴，中国古代的人文精神强调自觉性，使人区别于动物与天命。③ 西方历史上，人文精神经历了强调个性解放、弘扬科学知识的中世纪。到了现代社会，人文精神反对片面夸大科技作用的科学主义，这体现了对西方近代思

---

① 〔英〕贝尔纳：《历史上的科学》，伍况甫译，科学出版社，1959，第6页。
② 尤西林：《人文科学导论》，高等教育出版社，2002，第16页。
③ 李维武：《人文科学概论》，人民出版社，2007，第36页。

想赞扬科学的反省与批判。所以，本书所讲到的现代社会中的人文精神包含对科学主义的批判，及对人文精神的界定，后者既涵括传统人文精神中的合理内容，也包括人文精神在文化工业时代所面临的诸多问题。

科学与人文的纷争由来已久，自启蒙时代以来，高举理性旗帜的科学一直被尊为唯一的真知识；到了近代，理性日益蜕变成一种目的合理性或工具合理性，这显然影响了包括科学在内的诸多学科的发展，更为严重的是忽略了人的精神价值。拉扎斯菲尔德与阿多诺的分歧从人类思想发展的语境来看，反映了科学与人文之争在现代向后现代转型过程中的冲突依然存在，是我们理解并解释这一冲突的思想背景。但是，我们更应该看到科学方法和人文精神的辩证融合。

这是因为在现代社会中，人文精神是一种系统知识与真理追求，具有价值取向和理想诉求，是对现代化的一种回应。作为对人的存在的一种超越性思考，它的形成与发展受到时代和环境的影响，反过来也影响着时代和环境的变迁。阿多诺对广播音乐的质疑，来自他作为人文学者在人文精神影响下做出的价值判断。正如30年之后，阿多诺惊异于大众文化的异化力量，在回顾广播音乐项目时所说："对我来说，迄今仍然相信，在文化范围内，仅仅被接受心理学视为'刺激'的东西实际上具有质的规定，是一个'客观精神'的事件，其客观性是可知的。我反对不参照其'刺激'，即文化工业的消费者、无线电广播音乐的听众对客观内容的反应就去陈述和测量效果……从主观的反应出发，仿佛它们是社会学知识的主要的和最后的根源，在我看来，这是完全浅薄的、迷误的。"[1] 究其实质，这是人文学者对文化工业冲击艺术审美的理性抗衡，是对人文精神的自觉捍卫。但是，在科学的时代，人文学科需要科学方法来开拓自己的疆域。尽管理论不能被经验所证实或证伪，但在被转化成研究问题时，理论观念能被大大强化。比如，虽然心理分析的最初陈述绝非归纳性的，然而它因其被转变成经验问题而得到了有效的改进。[2]

拉扎斯菲尔德所从事的实证研究及方法是以科学主义为前提的。他着眼

---

[1] 〔美〕马丁·杰伊：《法兰克福学派史（1923—1950）》，单世联译，第254页。
[2] 〔美〕马丁·杰伊：《法兰克福学派史（1923—1950）》，单世联译，第286页。

于具体事物，力求通过研究方法和技术的改进，并依靠研究语言的数学化和形式化，发展科学的实证主义。因此，他的大部分研究所追求的是最大程度的确切性和可证实性。以广播音乐项目为例，他的研究前提是人们只能靠系统的经验研究获得知识；在研究过程中，他认为科学知识是客观的，坚持在社会科学中运用自然科学的研究逻辑，坚持实证和价值中立原则，承认因果规律或统计规律存在于人类社会中。在这样的认识论基础上，他形成了自己的效果研究范式，将自然科学的数理方法用于以广播音乐为代表的大众文化的分析、监测和计量。在这里，工具理性维度成为拉扎斯菲尔德的研究核心。他的经验研究无疑推动了实证主义社会学的发展，并把社会学的研究对象由宏观社会转向对人的行动的实证分析。但是，今天回顾这种以科学主义为先导的实证方法论介入，是否尊重了人的主体性？是否将科学追求凌驾于人文精神之上？这不仅是阿多诺的疑问，也是今天我们从事文化研究时应反躬自问的话题。人们之所以偏爱科学，是因为把它当成了一种实用的知识和文化形式，认为它建立了人与工业化社会的利害关系，尤其是科学可以用来加速商业及文化工业的扩张，并可以被它们作为证明自身存在的手段。

同样，批判理论作为一种人文思考，能否被实证也关系着批判理论的科学性。法兰克福学派认为，在探索社会现象时，理论应优先于"事实"，把理论置于实践之前。社会研究所从未随便否弃经验研究，及其结果的量化。从弗洛姆研究德国工人和权威与家庭研究项目开始，社会研究所就希望用经验的方法来丰富、矫正并支持它的理论假设，虽然在流亡前研究所就承认了它技术上的不成熟，但它相信能随着时间的流逝而日趋完善，所以，它愿意发起诸如科姆诺夫斯基的"失业者及其家庭"之类的分析，希望用美国的技术来研究大众文化。但是，对新的研究方法的接受与习得是困难的，正如阿多诺的广播音乐研究经历所显示的，其音乐收听模式改变的观点，是不可验证的假说。阿多诺感到，其原因不仅是技术的，还在于人文学科研究对象的复杂性。他也认识到，科学方法与人文精神不是对立的，更不是非此即彼的。在实证与批判方法的选择上，"物化"成为两者融合的前提。所谓"物化"（verdinglichung），中性含义指人的思想和能力的"对象化"；贬义含义指人成为一种不由自主的物。这一概念，在批判理论中具有重要地位。物化是商品的普遍化延伸到人与人关系中的结果之一。人与人的关系、人与物的关系经由物与物的关系体现出来，并呈现出法制化、严格化、程序化、无情化的态势。[①] 1952 年在科隆召开的社会科学家会议上，阿多诺就曾指出：社会学不应该是一种"精神科学"（文化科学），因为世界已经物化……经验方法中充斥的非人性，总是比非人的人性化更人性些。所以，即使在批判的思维构架中也可以运用行政研究的方法来探讨社会现象。阿多诺在晚年明确提出，"实证研究不仅合理合法而且绝对必要，甚至在文化现象的领域也是这样。但我们绝不可赋予其自主性或是把它看做一把万能的钥匙，重要的是，实证研究本身必须以理论知识为归宿"[②]。

科学方法与人文精神的辩证融合，貌似方法论上的两难选择，但恰恰在整体社会分裂与矛盾的前提下，运用批判的哲学观解决了这个融合的难题。阿多诺坚持把所有抨击西方文化的论点用于服务进步文明，这一点秉承并坚持了辩证哲学中哲学促进世界改造与发展的观点。拉扎斯菲尔德强调知识的逻辑性和系统的科学研究方法也体现了辩证哲学观，实证印证着科学的合法性。哲学不应成为世界之外的遐想，因为任何真正的哲学都是时代精神的精华。科学是进行学术研究的正确方法，否则，容易陷入受个人主观喜好、先验判断影响的极端判断，阿多诺对大众文化的判断之所以受到批评，最主要的原因是没有看到大众文化中进步的要素。因此，两者的辩证融合既是科学的解放，也是人类的解放。人文学科必须在价值论框架下展开，以丰富人类精神世界为己任，兼具工具理性与价值理性。

第二节 事实判断与价值判断的辩证融合

美国科学哲学家托马斯·库恩曾言及西方知识体系的范式转变，指出

[①] 刘森林：《重思"物化"——从 Verdinglichung 与 Versachlichung 的区分入手》，《哲学动态》2012 年第 10 期，第 5~12 页。

[②] Adorno, "Scientific Experiences of a European Scholar in America," in Donald Fleming and Bernard Bailyn, eds., *The Intellectual Migration: Europe and America, 1930 – 1960*, trans. by Donald Fleming (Cambridge: The Belknap Press of Harvard University Press, 1969), pp. 338 – 370.

"文化的变革不是知识的直线积累"①，即由事实命题无法必然推导出价值命题，简而言之，就是从"是什么"不能推导出"应该是什么"。他的描述反映了18世纪以来，西方知识体系出现的一种倾向：在实证主义哲学的内部照应下，自然科学逐步渗透到社会科学研究中，并产生了越来越大的影响。事实判断与价值判断之间的鸿沟越来越大，根源在于认识论的二分法，即主客两分、事实与价值两分的传统认识。这个问题的提出，加深了西方知识领域的分裂。承认价值与事实的分离，承认学术研究日益规范化、科学化已成大势所趋。在这样的知识背景下，拉扎斯菲尔德与阿多诺的论争带上了鲜明的时代色彩。

所谓"事实判断"是对"物体是什么做出定义"②，是对对象本身性质的描述和判定，强调事实上的"是"与"否"。所谓"价值判断"是"把事物与人有关的价值作为对象，研究其赋予的价值，这是一种能承载某种评价的判断"③，是对价值本身的好坏、利害、善恶、美丑等做出的判断，并涉及个体的信仰、价值观，以及如何看待世界和人生的意义等问题。前者是对对象状态及性质的确认，后者是为对象赋予价值。实证主义者在研究过程中放弃了反思，强调价值中立，注重发掘事物"是什么"的具体描述；人文学者对事物的判断则由价值立场出发，进行事物"应该如何"的宏观反思。由于立场、利益、价值观的不同，人们对同一事件的事实判断与价值判断往往会出现矛盾，阿多诺与拉扎斯菲尔德的冲突源于两人大众文化立场的差异性。拉扎斯菲尔德站在实证主义的立场，肯定现实社会制度和具体事物，承认科学的合法性，通过研究方法和技术改进，寻求改善广播媒介传播效果的方式，并发展实证主义社会学。通过实验验证将现存的秩序实体化，依赖形式逻辑排斥实质逻辑，将逻辑看作数学的类似物，并简化为无意义的真实知识，认为所有的知识都要追求科学的、数学的概念化。而阿多诺首先考虑的是这种叙述及研究的主观意图，以及理性在这一过程中是否沦落为工具理性。他认为科学合法性的隐藏主体是"组织这

---

① 〔美〕库恩：《科学革命的结构》，金吾伦译，北京大学出版社，2003，第79页。
② 〔法〕迪尔凯姆：《社会学与哲学》，梁栋译，上海人民出版社，2002，第87页。
③ 〔法〕迪尔凯姆：《社会学与哲学》，梁栋译，第88页。

些设施的特殊利益集团",而其纯形式目标是纯客观性,是根本不能成立的。因此,技术理性是为实施统治的少数人服务,面对的是虚假的目的,技术理性的意识形态特征昭然若揭,"技术合理性的进程就是政治进程"。实证主义是以技术理性为支撑的思想流派,其结合数学思维模式、形式逻辑思考以及规范的技术手段,将问题进行量化处理,以自然科学的分析方式予以评价,并将经验事实和理性视为研究的工具,强调工具的可操作性和实用性,反对将事实和价值含义相混淆,以内在的工具主义为特征,是先验的统治手段,具有意识形态特征。总之,它是一种单向的或肯定性的思维方式。从文明发展的角度来看,从以辩证理性为主的前技术社会到以工具理性为主的技术社会的异变并不意味着进步,反而是越来越糟。因为人对人的统治是联结前技术合理性与技术核心的历史连续性的基础,只不过是通过改变统治形式,把人身依附关系逐步变为对事物客观秩序的依赖。

事实证明,事实判断的过程难以摆脱价值倾向,价值判断过程必须依据事实判断。拉扎斯菲尔德的研究摆脱不了价值判断,这与他的社会主义者经历有关;阿多诺也需要事实判断支撑其价值判断,价值判断同样需要现实的求证。实证与批判的融合是批判理论自身发展的需要,阿多诺反对实证主义,主要是反对实证主义将事实与价值进行分离,这也是法兰克福学派认为实证主义存在的最大问题,同时成为避免极端主观化与极端客观化的一种选择。一般经验主义者强调知觉而忽视了整个认识过程中的积极因素,各种形式的实证主义者都放弃了反思,其结果是把事实绝对化并把现存秩序实体化。霍克海默反对这种事实拜物教,并进一步反对逻辑实证主义者依赖形式逻辑而排斥实质逻辑。他认为把逻辑看成数学的类似物就是把它简化为一连串的历史世界中没有真正意义的同义反复,因为所有真实的知识都要追求科学的、数学的概念化,其前提就是向形而上学投降;并且,现代经验主义由于无法评估这一可能性,只有向既存秩序的权威投降,而不论其主观意图如何。人类必须重拾掌握自己命运的能力,为此,理性应重新被置于作为目标的裁判者的恰当地位,而不仅仅是工具。理性应再次回到曾经被得胜的知性驱逐出去的场所。

区分事实判断和价值判断的意义在于,事实判断有利于人们对事件内在深层逻辑关系的理解,对事件的现状特别是未来趋势的掌握。研究者用自己的知识、经验、智慧为大众提供了自己的事实判断,使人们在事件面前能更好地采取对自己有利的举措。在某种意义上,社会科学研究同样是通过向大众提供事实性信息,以使人们对事件有更好的应对能力。而价值判断涉及个人的信仰、价值观,涉及人们如何看待世界万物、人生万象的价值意义。因此,即使人们认同研究者对事件的事实判断,也未必赞成评论者的价值判断,或者不认同事实判断,却从价值判断上予以理解和接受。因为人们和评论者的立场、利益、价值观不同,对事物价值的根本看法也就不同。

所以,拉扎斯菲尔德与阿多诺都是事实判断与价值判断的实践者。在这个物化的世界中必须用辩证的态度理解和解释新的价值观念,阿多诺《权威人格》的成功也预示了事实判断与价值判断辩证融合的可能性。在近代西方思想家中,不少人从不同角度论证了事实判断与价值判断的统一关系。比如,科学哲学创始人库恩指出,科学是以价值为基础的事业,"不同创造性学科的特点,首先在于不同的共有价值的集合"[1]。科学哲学家帕特南指出,价值本身也是事实,任何事实都有价值,任何价值都是事实的价值,"每一事实都含有价值,而我们的每一价值又都含有某些事实,……一个没有价值的存在也就无所谓事实"[2]。由此可见,即便是自然科学,也不可能真正实现价值无涉。因为自然科学的认识对象是客观的,但由于任何科学活动必然也是一种文化活动,是一种由不可能与价值无涉的人来执行的社会实践,因此,它不可能完全实现价值中立。在社会科学领域,除了认识主体的社会性和价值取向外,认识对象也是具有价值取向、追求一定目的的人的活动,因此,在社会科学研究领域不能把"事实判断"与"价值判断"截然分开。

---

[1] 〔美〕库恩:《必要的张力——科学的传统和变革论文选》,纪树立等译,福建人民出版社,1981,第325页。
[2] 〔美〕希拉里·帕特南:《理性、真理与历史》,童世骏等译,上海译文出版社,1997,第212页。

第三节 定量分析与定性分析的辩证融合

定量分析和定性分析都属于经验研究方法。定量分析的前提是依照类似自然科学的研究假设,通过统计调查法或实验法收集精确的数据资料,然后进行统计分析和检验的研究过程。作为一种古已有之却没有被准确定位的思维方式,它的优势在于将事物定义在能够被人类理解的范围之内,并经由定量达到定性。拉扎斯菲尔德领导的哥伦比亚大学社会学系具有定量研究的传统,如早期的重要人物吉丁斯(F. H. Giggings)是美国社会统计学先驱,他曾明确提出,要想对一件事情做真实而全面的描述,就需要计量。曾任美国统计协会主席的美国社会学家奥格本(W. F. Ogburn)也认为社会理论如果不建立在充足的数据基础上,它在科学的社会学中就没有一席之地。因此,所有的社会学家都将是统计学家。正是拉扎斯菲尔德的努力使社会研究的定量化与程序化变得有效且易于操作,特别是他对人们的行为和态度进行了有效的测量和研究。例如,他对美国1940年的总统选举所做的著名研究报告《人民的选择》中,成功运用了抽样法和态度测量法,通过定组分析法和访问法,分析了大众意愿形成、变化和发展的过程。拉扎斯菲尔德的经验研究将社会学的研究对象由宏观社会转向人的行动。这种研究转向不仅是方法的发展,也是理论发展的需要,尤其与社会学中功能主义的兴起有密切关系。美国理论社会学家乔纳森·特纳指出:"定量的社会心理学和功能理论的出现是二战时期最重大的学术成就。对测量和统计分析的强调持续了几十年,并逐渐推动了其他方法的出现。甚至更令人惊奇的是功能主义与新定量方法的明显结合——这种结合主要是由帕森斯和斯托佛在哈佛大学以及默顿与拉扎斯菲尔德在哥伦比亚大学完成的。"[1] 他们的研究对于推动定量研究与定性研究的结合、经验研究与理论研究的结合发挥了重要作用。

定性研究也是社会科学研究领域常用的方法之一。和实证主义思想不同,它将文献搜集、直接观察以及访问调查等各种方式相结合来获取研究

---

[1] C. G. A. Bryant, *Positivism in Social Theory and Research* (London: Macmillan, 1985), p. 149.

所需的数据、信息等资料,通过研究者的主观认知、理解,采用定性的方式进行深入分析和探讨。定性研究重视人类活动的意义及价值,认为社会个体和群体在参与世界意义构建的过程中确定社会现实并形成价值评价。这一过程难以量化分析,需要寻求其他的研究方式。定性分析指的是探究事物的质性信息,通过抽象与概括、归纳和演绎、分析与综合等方法来处理现有的信息资料,对其特点、性质等进行研究分析。定量和定性分析属于社会科学的基本研究方式,其区别反映了实证主义和人文主义的差异。阿多诺对大众文化的分析即是典型的定性分析。哥伦比亚学派内部,也并非是定量研究一统天下的局面。赫佐格对女性受众在日间广播剧的行为研究,就主要依托深度访谈来探讨广播剧如何影响女性受众的精神世界。深度访谈又称质性访谈,是典型的定性研究方法。这种质化研究需要研究者投入自己的全部身心去倾听、理解、积极建构知识,甚至需要改变自己的固有心态。用心去倾听,在情感上积极回应,在理智上深入追问,建构新的知识。同时需要聚焦问题,在聚焦的同时确保问题要足够开放,让受访者的情绪和声音能够被洞察与倾听,这是质性访谈的一大要义。质性研究对研究对象做出有效理解和阐释的过程,实际上是在访谈者自己的经验范围内和前人理论以及实地收集资料之间不断互动的过程。这一过程中,质性研究者需要积极观察,并在这种运作及互动中保持反思。在质性访谈中,访谈者之所以提出这样的问题,是因为对这一问题比较关注,在不断的追问中,他都在有意识地引导对方走向自己感兴趣的方向。所以,这是一个重构和阐释的过程。可以说,质性研究者一方面是知识的探究者,不断探究客观存在的知识,另一方面是知识的建构者。在特定的情景下,在与人的交往中形成新的知识。在后现代主义认识论中,认知的课题是一个关系的结构体,知识存在于人与人、人与世界的关系中。根据实用主义的观点,语言和知识不是对现实的复制,而是一种应对变化的事物的方法。因此,研究应该强调实践的重要性和理论的实用价值。从此意义而言,质性访谈不仅是一种技术,还是一种知识的形成过程和一种社会实践。[1] 此外,大众

---

[1] 〔丹麦〕斯丹纳·苟费尔、斯文·布林克曼:《质性研究访谈》,范丽恒译,世界图书出版公司,2002,第79页。

文化中仍然保留了法兰克福学派文化工业的影子，认为在大众文化媒体收视过程中，妇女所获取的快乐属于"借来的体验"，并指出这种虚假文化产品实际上是对妇女的剥削和对其行为的约束。赫佐格的研究首次对女性体验展开深入分析，将泡沫剧这种代表低俗文化的大众文化产品置入文化研究领域，具有一定的学术敏感度和前瞻性。最初在大众传播领域，主要运用自然科学的研究方法，如常见的实验调查以及数理统计等，甚至当时利用数理统计方式进行研究学习而培养出来的传播学博士被称为"卡方人"。赫佐格具有较深的数理统计专业背景，但是在进行大众文化研究时，却积极地向定性分析方法靠拢，选择具有解释性的质性阐释方式。在研究广播剧的过程中，她一边对受访者进行深层次的访问和互动，一边在和受访者交流的过程中进行观察。具体的研究过程为：选取了100位具有代表性的女性作为研究的样本，并以1∶4的比例进行划分；对其中20名女性进行开放式的访谈，将访谈结果进行归纳和整理；结合开放式访谈的结果设计半结构化的访谈目录，然后对其他80名女性进行深度访谈，其中涉及听众的喜好、习惯以及收听原因、个人简要信息等；研究者和访谈对象进行互动，在共同收听广播剧的同时观察并记录受访者的反应以及状态。[1] 这种研究方式在后来被默顿加以修改、补充和完善，命名为"焦点小组访谈法"，并成为文化研究中使用最多、最具应用价值的方式之一。后来，卡茨的研究团队采用这种方式来深入了解拥有不同文化背景的群体对美国电视剧产生的影响，并取得了成功。哥伦比亚学派在对文化研究方法的探索上具有较强的创新意识，而不是一味地沿用定量分析的研究方法，他们对方法的探索并没有止步于机械的定量研究，而是根据不同的问题，探索新的阐释方法，只不过在学术圈的派系之争中，这些尝试被批评者当作例外而有意无意地忽略了。[2]

然而，"定量"和"定性"的标签已经与其意义的刻板印象联系在了一

---

[1] Paul F. Lazarsfeld, "Remarks on Administrative and Critical Communications Research," *Zeitschrift für Sozialforschung* 9.1 (1941): 2-16.

[2] P. F. Lazarsfeld, "An Episode in the History of Social Research: A Memoir," in Donald Fleming &Bernard Bailyn, eds., *The Intellectual Migration: Europe and America, 1930-1960* (Cambridge, Mass.: Belknap Press of Harvard University Press, 1969), p. 325.

起，导致研究者们有时忽略了每种方法所拥有的可能性。学者们开始固守这种或者那种研究方法，从事文化研究的学者们常常猛烈地攻击定量方法，批评这种方法粗俗笨拙。在被詹姆士·D.哈罗兰称为"非绝对论的绝对论的暴政"中，许多研究者拒绝考虑定量的方法，尽管这也许会为他们带来不同的结果。与此同时，信奉定量研究传统的学者则认为文化研究者们经常使用的论证法根本不存在。他们批评文化研究过于主观，不够严谨。事实上，拉扎斯菲尔德在实证研究中，并没有排斥定性研究；并且，定性研究为实证研究的结论提供了阐释基础和意义空间。阿多诺的《权威人格》通过定量分析的引入尝试把问题还原于其真正的土壤中，力求使问题脱离形而上学，把问题置于知识批判理论的视角下，为结论的提出提供了基本的保障。他们都在各自的研究中以负责、认真和严谨诚实的态度有计划地使用着定性与定量的研究方法。阿多诺将定量分析作为必需品，同时，自始至终认真对待定性因素，撑起定量研究的那些类别本身都具有定性特征……鉴于文化工业产品本身是从统计观点出发而策划的，因此，使用定量分析法对其研究是有正当理由的，定量分析借助自己的标准可对它们做出检测。[1]尝试更好地回答他们的研究问题，并没有因为概念的两分而影响到学术研究方法的取舍。那种出于无知、偏见和成见，将两种方法截然对立的认知，使一种方法、范式的支持者无法看清另一种方法和范式的价值，从而损害了对这些方法的理解与运用。"许多关于研究方法的书籍都长期宣扬了对定量和定性方法的错误分割，并坚持将这两种思考方式作为完全背离的研究途径。"[2]我们相信，这种分割是一种人为的做法，并且不利于我们对该领域的理解。关于媒介和文化的大部分研究都在某种程度上考虑了数量和意义的问题，正如弗雷德·英格里斯所说："即使是那些搜集铁路机车序号成癖的人也通过数字表示某些意义。"[3]其他一些评论者也注意到这两种思考

---

[1] Adorno, "Scientific Experiences of a European Scholar in America," in Donald Fleming and Bernard Bailyn, eds., *The Intellectual Migration: Europe and America, 1930 – 1960*, trans. by Donald Fleming (Cambridge: The Belknap Press of Harvard University Press, 1969), pp. 338 – 370.
[2] 〔英〕斯托克斯：《媒介与文化研究方法》，黄红宇译，复旦大学出版社，2006，第14页。
[3] 〔美〕大卫·E.莫里森：《寻找方法：焦点小组和大众传播研究的发展》，柯惠新、王宁译，第168页。

方式之间缺乏一种争论，而这是极为不利的。

所以，定量分析与定性分析的辩证融合，体现为理论和实践将两者结合起来的尝试，强调两大阵营的可兼容性。定性和定量分别从质和量的角度进行考量，所有的研究方式和技术方法等对此都有一定涉及。所以，我们也可以将这两种研究看作研究体系的技术或者方法基础。定性资料或者信息能够进行量化处理，定量资料或者信息也能够采取定性检测和评价，研究方式的选择和资料的搜集取决于研究者的主观认知以及依赖的理论依据，而不是定性和定量研究本身的区别和对立。从哲学的角度来看，二者属于本体论和认识论之间的对立和差异，很难进行协调、统一，然而从方法论的角度来看，二者同属于社会科学的研究方式，对立性便没有那么明显。

定量研究重视研究者的主观意图和行为，通过其主动检测、评价和验证来发掘客观规律；定性研究则强调研究对象的重要性，研究者和研究对象进行互动，通过对问题或者现象本身进行观察，以对行为和意义建构获得理解。赫佐格在研究女性体验时使用的访谈和观察等方式便属于定性研究，她将受访调查的对象作为整个研究的中心，充分发挥她们的积极性和主动性。所以，她描述的女性听众形象鲜活而有生气，主观能动性较强，善于积极表达内心的想法和个人喜好。同时，还进行了更为深入的研究分析，通过对女性生活环境、家庭情况、社会地位等的了解来反映女性能够获得的满足感与体验，并以此进行深度剖析和解读。这样一来，该研究便具有后来英国文化研究的特点。后续研究中，赫佐格又严格设计了调查问卷，对全国的广播剧听众进行相关调查，这时采取的方法是定量研究。首先，她设置了五个条件假设，以此为前提设计封闭式的调查问卷，试图验证广播剧听众相对来讲具有性格孤僻、文化水平低、公共活动或事务参与度低、心理素质水平不高等特点，但是在研究过程中，其提出的假设没有得到验证。这个研究以女性体验研究为基础，但二者的研究结果却大相径庭，从而体现出定性和定量研究方式的区别：当深刻、丰富的情境被缩减为抽象的数字和选项时，被剥夺的不仅是研究对象的主动表达权，还限制了研究者视域的宽度和思考的深度。

定性研究是利用准确具体的语言文字来描述客观事实，经由研究者直观感知、观察以及分析研究对象的长期状态并收集有效的信息来判断研究对象的性质与规律的方法。定量研究则以数学思维和数学语言为方法，参考现有的数据信息构建模型，利用科学精确的计算方式寻找各变量的关系并给出最优解答，同时用数学语言来评价和描述分析指标，进而验证客观规律。二者虽然具有一定的差异，但并不矛盾，能够相互协作、互为补充。定量分析以定性描述为基础，必须建立在定性预测的基础上；定量分析的辅助使定性分析能够得到科学的验证，提高研究结果的精准性，并使研究者的思维更加开阔和深入。现代的定性分析过程依然离不开定量分析的数学支撑，同样定性分析也能帮助定量分析进行前期预测和后期评价，定性为定量提供依据，定量使定性不断具体化，而采用两种分析方式能够帮助研究者得出更为科学合理的结论。

在社会研究中，定性和定量的方法都很实用并具有合理性。[①] 在测量某些性质的时候，用数字来表示的定量数据比用语言来表示的数据更为清晰可靠。当然，定量数据也附带了数字本身的不足，其中包括对象内涵丰富性的潜在损失，并且在定量研究中可能错失一些意义。简而言之，定性数据的意义比定量数据更为丰富，但定性数据也附带了口头描述的不足。意义的丰富性在某种程度上是模糊性的函数。如果能体会到定性数据的意义，这是因为它在个人经验中代表了某种意义，那么，对一些概念进行定量分析时，则必须清楚地定义其内涵，若要将焦点放在测量的概念上，就必须排除任何其他的意义。这样就不可避免地面临某种权衡，从此意义上讲，任何明确的定量测试，都比相关的定性描述更肤浅。

第四节 经验描述与反思批判的辩证融合

康德的批判哲学体系开创了批判的传统。黑格尔将辩证法引入批判哲学，改变了康德的批判方式，将其外在批判改造为内在批判。马克思又对

---

① 〔美〕艾尔·巴比：《社会研究方法》，邱泽奇译，华夏出版社，2012，第25页。

黑格尔辩证法进行了改造，彻底化其辩证法的内在批判并超出唯心主义范畴而直面社会现实。法兰克福学派则尝试把问题还原于其真正的土壤中，将批判置于知识批判理论的视角下，力求使问题脱离形而上学。经验描述与反思批判的对立并不是世界观的对立，而是方法论的对立。所以，必须把经验知识与批判思想视为同样必要和同样合法的知识，问题在于如何决定两者之间的交互关系。关于经验知识的"法规性"与批判思想的"思辨性"之间的分野，其实是要求确立这种关系的尝试。这一分析虽然看似简单明了，但正因为它太过简单，而使这种分野的结果对其所描绘的极为复杂的问题显得过于草率。从哲学的角度看，经验指人们在同客观事物直接接触的过程中，通过感觉器官获得的关于客观事物的现象和外部联系的认识。哲学上的经验分别源于感官知觉的观念和反思内省的观念。因此，经验本身并不排斥思辨的成分。

思辨能力首先是一种抽象思维能力，在哲学上指逻辑运用推导进行纯理论、纯概念性的思考，而没有客观坐标。思辨的方法在一段时间内曾备受推崇，哲学家以为通过思辨，人就可以为自然立法，为自然建立规则。但近代科学的发展逐渐将思辨方法从主流地位赶下神坛，而把科学实验方法推上王座，实践才能使主观见之于客观思辨，包括分析、推理、判断等思维活动。社会科学研究只依靠经验观察与描述是不够的，当我们追问深层含义时，需借助逻辑思维在问题的不同层面进行分析，因为在经验层面上合理的问题，在理论层面上可能是不恰当的。作为欧洲流亡学者中"快速美国化"（霍克海默语）并取得成功的代表之一，拉扎斯菲尔德的经验研究取得了丰硕的成果。在研究过程中，他主张科学知识是客观的，科学知识的基础是经验归纳，科学研究的任务是从经验上预测或验证命题，那些得不到证明或证实的就是无意义的。需要强调的是，当人们全力打造一个全能的实证主义者拉扎斯菲尔德的时候，却忽略了一个事实，即他的反思批判性。[①] 此外，其合作者默顿的影响不容小觑。默顿开创的科学社会学集中关注"知识"与"现实"、"思辨"与"经验"、"价值"与"事实"之

---

① 〔德〕罗尔夫·魏格豪斯：《法兰克福学派：历史、理论及政治影响》，孟登迎等译，第226页。

间可能存在的各种关系。默顿指出在以往有关科学的社会学研究中，事实典型地与系统化的理论相脱节，经验观察和假说并不能相互支持，由于经验研究不直接涉及有助于积累知识的理论体系，因而其研究所得出的是一些浅薄、零散的发现，而不是密切相关的一系列发现，所有这些的后果是"科学社会学长期以来处于无序状态：一方面，它过于思辨，只有很少的被确认的事实，而另一方面，它遭受到经验主义的过度侵袭，缺乏一些富有成果的研究模式"[1]。为建立科学社会学范式，默顿探讨了可以用来作为其研究这些关系的"战略研究基础"的几个课题。其中，与拉扎斯菲尔德合作的公众舆论和个人影响研究即符合这一范式。虽然他始终与拉扎斯菲尔德的实证主义保持着距离，但这并未影响两人的合作，反而形成了一种互补关系：拉扎斯菲尔德总结出一系列研究方法层面的观点，默顿则从每份实验报告中提取创新概念、贡献理论观点。对于这种默契且富有成效的合作，美国传播学教授西蒙森和韦曼在论文《哥伦比亚的批判研究：拉扎斯菲尔德与默顿的〈大众传播、流行趣味与组织化社会行为〉》中指出："是默顿强化并放大了长期在拉扎斯菲尔德理论体系中居次要地位的批判主题。"[2] 默顿也表示"通过我和保罗·L. 拉扎斯菲尔德一起参加研究班、一起进行尝试，尤其是这些年来我们持续进行的对话，我从他那里学到了很多东西"[3]，"我们共同的学术生活中心关注的是一个持续不断的项目，即对一系列广泛的问题开展有理论指导的和方法论上严谨的经验性社会研究"[4]。与此同时，默顿将目光投向欧洲社会学遗产，借鉴了欧洲思维模式并着力祛除欧洲理论的弱点，这些弱点源于过于一般化或过于自信的表达，并结合美国背景和自己研究的经验要求，对这些理论加以重塑、应用和系统化。默顿注意到法兰克福学派批判理论有助于完善科学社会学的批判性价值，希望将欧洲社会学知识和美国的公共舆论与大众传播研究相结合，称

---

[1] 〔美〕R. K. 默顿：《科学社会学》（上），鲁旭东等译，第289~290页。

[2] Peter Simonson & Gabriel Weimann, "Critical Research at Columbia: Lazarsfeld's and Merton's 'Mass Communication, Popular Taste, and Organized Social Action'" (*Canonic Texts of Media Studies*, 2003), p. 69.

[3] 〔美〕R. K. 默顿：《科学社会学》（上），鲁旭东等译，第2页。

[4] 〔波〕彼得·什托姆普卡：《默顿学术思想评传》，林聚任译，北京大学出版社，2009，第271页。

赞法兰克福学派成员洛文塔尔的研究是"欧洲理论姿态和美国经验主义研究相结合的罕有的成功范例之一"[1]。需要注意的是,阿多诺也在一定程度上注意到默顿的这一贡献,他曾指出,"从'儿童研究'方面的成果来看,我第一次开始理解默顿独自觉察到的,对于实证研究来说最重要的一个辩护——只有所有调查结果可以利用时,它们实际上才能在理论上被解释,但反命题却不能成立。如此明白无误地体会到实证研究的合法性和必要性,而且它也确实回答了理论方面的问题,这样的机会对我来说,真是难得"[2]。可以说,默顿的努力进一步打破了经验描述与反思批判二元对立的认识论模式,并对拉扎斯菲尔德的学术立场及研究方法产生了重要影响。

此外,实证主义认为,实证一词指实在、有用、确实无疑和严谨,指否定的反面。这种肯定的文化,不同于批判理论所强调的否定的文化。孔德所推崇的以自然科学为榜样的实证主义长期以来在社会学领域占据主流地位。迪尔凯姆继承了孔德所强调的某些方面,主张社会事实正如同自然科学事实,能够借鉴自然科学的方法和基本原则来验证和解释。他在《社会学方法的准则》里指出,社会现象属于一种特殊的事物,人类则是社会中的客体,可见社会学与自然科学之间确实存在一定的相通之处。如果把社会学等学科称作社会科学,就只是强调它们所研究的是经验事实。所以,我们在社会科学研究中始终要有反思批判的意识,不论是在经验事实的选择上,还是在经验事实的分析上。如果从物质意向的角度进行思考,这就是一种具有负面后果的想法,因为人类社会系统存在处于个体与群体之间的关系模式。如果把社会活动看作由自然规律所决定的一系列机械事件的组合,就既误解了过去,也无法理解社会学研究如何影响我们的未来。因此,社会学需要想象力,这一想象力就是批判的社会学。在英国社会学家安东尼·吉登斯的理解中,社会学的想象力是"社会学分析过程中不可或缺的感受力,要理解当今工业社会所有产生的社会世界,历史、人类的和

---

[1] 〔美〕洛文塔尔:《文学、通俗文化和社会》,甘锋译,第3页。
[2] Adorno, "Scientific Experiences of a European Scholar in America," in Donald Fleming and Bernard Bailyn, eds., *The Intellectual Migration: Europe and America, 1930–1960*, trans. by Donald Fleming (Cambridge: The Belknap Press of Harvard University Press, 1969), pp. 338–370.

批判的感受力是不可或缺的"①。这是因为资本的扩张和经济的发展催生了新的世界体系,它已经远不同于启蒙的世界,资本侵蚀并摧毁了它所接触的大部分文化事件。"两种感受力融合之后,社会学独有的巨大想象力能够拓展人们的思维,从而形成更为开阔的思考和想象,打破现有的思维约束。"② 而批判的感受力关注的是未来的种种可能性,在批判的社会学视角下,社会的形成和发展是在不断变化的过程中进行的,不可能被某种自然法则或铁的规律全权主导和规定,人类必须意识到各种潜藏的未来的可能性。第三种社会学想象力把对现存社会形式的批判作为社会学的任务,这将有助于我们探究当代世界体系形成的意义。

当然,同任何文化研究视角一样,批判视角也有局限性,如批判视角的纯理论性和旁观性。我们不能用批判视角来处理一切文化问题,因此,建立在观察、实验基础上的经验描述可以成为了解实际生活情境的手段。美国实用主义氛围中的文化研究认为,经验研究能够为文化研究提供丰富的事实基础,应该在经验研究成果的基础上进行后续的研究分析。这样的现象出现在二战期间大批欧洲学者移居美国之后,即德国和法国的学术传统所强调的通过哲学思辨与理论概括,深入探究其学术价值和意义的研究方式逐渐被历史叙述和技术经验分析的方式所代替,人们越来越关注研究过程的技术化和经验化。伯克对此现象展开研究,着重探究了技术化和经验化形成的具体原因和发展的一系列过程。他指出,计量经济学、实验心理学以及社会人类学三门学科的合力推动了技术化和经验化的形成与发展。③ 研究者一方面越来越热衷于建构数学模型,以精密的统计方法和数学计算解释社会科学问题,一方面认为只有深入实际问题和日常生活才能有效回答研究问题。但任何方法都不能作为唯一有效的方法被孤立地使用。某种方法的有效性取决于方法和对象的契合性,特别是涉及操作行为和具体技术的方法,这种契合性更重要。大众文化是变化的,技术也不是

---

① 〔英〕安东尼·吉登斯:《社会学——批判的导论》,郭忠华译,上海译文出版社,2013,第10页。
② 〔英〕安东尼·吉登斯:《社会学——批判的导论》,郭忠华译,第16页。
③ 刘少杰:《社会学研究的提升:从经验描述到理论思维》,《河北学刊》2006年第5期,第82~85页。

一成不变的，很显然，在进行文化研究时，所采用的方法要依据环境和研究对象不断地调整。大众文化的特殊性需要实证与批判的融合来提高适用性，实证方法可以看成是走向现实的途径，但人文关怀是不可或缺的，经验描述要面向实际、研究现实问题，就有必要引入哲学视角。哲学是思的学问，批判理论是否定的哲学，因此批判理论下的哲学视角具有强烈的反思批判性。批判视角下的经验描述必然具有深化认识、开阔视野的科学属性。当然，任何角度都有不可取代的特殊价值，都不是研究文化问题的唯一视角，任何一种视角若排斥其他视角就往往导致片面、极端的问题出现。批判视角的特点是由批判哲学的特点决定的，它取决于哲学家所追求的智慧的特点。阿多诺的批判理论由于超越了实用与利害的关系，着眼于内在意义，而具有反思批判性。但由于他对大众文化与生俱来的疏离与敌视，以及作为流亡学者的边缘经历和对法西斯主义的极度敏感，而缺乏完备的批判彻底性，其突出表现就是未能提出有效的问题解决方案并陷入悲观主义。而借助实证方法的经验描述恰恰可以让理论落地，弥补批判理论的单一性。所以，从哲学视角看问题，不能满足于认识层面，而要对问题进行反思批判，并考察这种反思批判是否具有彻底性。这就要求研究者必须具备一定的抽象思维和逻辑能力，不再只对经验具有一定的把握。总体而言，在对大众文化问题和现象具体研究的过程中，单纯通过观察得不到相对稳定的概念，必须从理论高度，对经验现象形成一定的基本认知再进行深入的思考，才能得到准确的理解。

第五节　现实实证与意义阐释的辩证融合

康德划分了现象与本体两界，其中现象是人可以认识的领域，但它以限定性为前提，限定性即确定性，知识可能积累为系统的科学。基于人化自然的世界同样是具有含义的世界。含义不仅指称，而且表达与评价。意义是对含义终极目的的究问，是"文化"的一切内容的共同要素。意义的特征在于，意义指称的并非实在对象，而是某种精神境界，即意境，它具有无限性指趣。意义所表达的不是人的生存需求，也不是基于自然欲求的任何具体目的，而是人超越动物界、实现人性升华的需要，它同样具有无限性特征。由于这一目的不再受制于欲望驱使的外在目的，因而呈现为黑格尔所说的不断从对象化返回并充实主体自身的内在目的。目的与价值的终极性，并非指含义层面的功利目的和使用价值的量的无限扩大，而是指人性的质的规定。人性特质不是一项可以测得的指标，而是一种意向，一种前赴的方向。在这种意向下，终极目的的意义如同一个球形领域，它的中心力求无限地进入更广阔的关系中，以承担更多的工作责任，是为自由创造的极致。意义不仅是扩展技术知识系统功能性的环节，而且是引导、规范技术及其文明的手段，也是技术文明人性化的评判尺度。技术扩展产生的文明世界有待意义的选择与裁剪。此外，意义对终极价值目的的追问，使意义与自我意识密切相关。拥有意义是含义的人性化。[1] 现实实证与意义阐释的不同，充分显示出经验与理性的关系。康德就经验和理性的关系指出：理性必须夹着一些原则走在它的判断之前，并且要求自然回答它的问题，而不能让自己（理性）好像被自然拴于学行带子一般地引着走路。除此以外，那些基于偶然的和并非预先设计好的计划而从事的一些省察是根本无法于一套理性所寻找和冀求的必然法则之下联结起来的。卡西尔也指出，"人类文化开端于一种错综复杂的心智状态。几乎所有的自然科学都不得不通过一个深化阶段。科学只有靠着引入一种新的尺度和不同逻辑的真理标准，才能超越这些最初的阶段"[2]。这种新的尺度，可以理解为进步的根源，它为追寻意义而存在。当人们在分析和思考的过程中完全依赖于直接经验时，便不能得到突破性的发展，也无法接近真理。科学并不是为了解释现象和描述客观事实，而是要帮助我们完成一种文化分析的综合观。这一目标不可能只依靠普通经验的单纯扩展而实现，它需要确立新的解释形式并建立新的秩序原则。如果缺乏意义阐释，这样的理智解释将无从依托。

意义是人的本体功能性的要素，而不是劳动的派生物，需要人文阐释才能生成。"沉思"精神与人文智者承担着意义阐释的功能。[3] 意义阐释的

---

[1] 尤西林：《阐释并守护世界意义的人》，陕西人民出版社，2006，第81页。
[2] 〔德〕卡西尔：《人论》，甘阳译，上海译文出版社，1985，第265页。
[3] 尤西林：《意义与阐释》，《陕西师范大学学报》（哲学社会科学版）1995年第3期，第74～81页。

主要形态是审美性的，因而美学就是阐释。阿多诺的批判理路表明，关于社会与人的任何现代研究都具有知识分子自我阐释的特性，并以人文精神及知识分子的问题困境为阐释立场，去展示知识分子的命运与选择。[①] 行政的和批判的路径究其根本反映的是两种不同的意识形态，行政的意识形态作为意味着把"行政"类型的问题和工具连接起来以解释不至于严重侵扰现状的结果；而批判的意识形态则把"批判"的研究问题和方法用来解释包括既存秩序的激进变革之类的问题。也就是说，两者的背后隐藏着更为深刻的认识论与政治权力纠结的意识形态根源。阿多诺在20世纪60年代晚期回顾广播项目研究的经历时，即暗示了他所遭遇的这类问题，他写道："很自然的在普林斯顿的项目中几乎没有出现这种社会研究的空间，它的宗旨来源于洛克菲勒基金，很明显要求这个调查必须在美国流行的商业广播限度之内进行。"[②] 这意味着广播系统本身在文化与社会学意义上的后果及社会与经济方面的预设，都不应予以分析。但是，阿多诺仍然站在批判立场得出了广播音乐项目以外的意义阐释。米尔斯也是如此。这恰恰是他们批判思想的必然指向。可见，文化体系产生的很多结果和对未来的预测及其本身不是以接受分析而存在的。阿多诺非常敏感，很早便认识到研究者在维护社会秩序中的作用及境遇，进而形塑了他与理论、方法以及文化研究之间的关系。他认为，批判的对象包括整个传播过程以及传播研究本身，这属于政治层面和认识论上的问题。同时，认识论也显现出它的复杂性，除了设计方法本身，还包括操作行为和相关技术如何选择的问题。当然，在坚持批判立场的同时，他"非常愿意走向'篱笆的另一边'，即研究听众的反应"，"篱笆的另一边"意味着通过实证方法去接近经验，但前提是警惕实证社会学中的物化方法，即"物化"代表了一种大体上可操作的，已不会产生自发经验的意识，而这种物化意识是美国社会所普遍接受和提倡的。[③] 鉴于美国学术界大都认为方法属于一项研究技术，拉扎斯菲尔德更为

---

① 尤西林：《阐释并守护世界意义的人》，陕西人民出版社，2006，第27页。
② 〔美〕马丁·杰伊：《法兰克福学派史（1923—1950）》，单世联译，第292页。
③ Adorno, "Scientific Experiences of a European Scholar in America," in Donald Fleming and Bernard Bailyn, eds., The Intellectual Migration: Europe and America, 1930 - 1960, trans. by Donald Fleming (Cambridge: The Belknap Press of Harvard University Press, 1969), pp. 338 - 370.

积极地倡导和推动了它们的融合，他主张文化传播研究的崛起可以借助批判方法，将批判和经验研究相结合，共同解释、处理相关的大众文化现象和问题，可以达到事半功倍的效果，还能创造巨大的实用价值。这种愿望由于两种立场间的认识论差异而没有实现，拉扎斯菲尔德承认，诸如全国性调查的基础课题会导致他的研究局追求某些种类的研究合同——它们缺乏当下的、潜在的学术价值，研究局往往选取典型的事例或者对象群体，再从中获得相关样本，这种方式能够帮助研究者更好地了解人们之间的信息传递和交流往来以及社会的复杂关系。比如，医生之间关于新型药物信息及个人态度的传递，政治信息从选民向选民的传递，以及消费信息在家庭主妇之间的传递等。这些研究者一般都是在传播研究方面具有极高热情和主动性的社会学家，他们以往形成的区域性社会调研习惯正好符合现实中的研究活动。这体现了拉扎斯菲尔德研究小组的学术生态，他终其一生都在延续这个传统。但有趣的是，他的团队从未使用过统计显著性检验。20世纪40~60年代，美国社会科学研究特别注重统计显著性检验，而研究局的出版物缺乏对检验假设说有价值的 X^2、F、t。拉扎斯菲尔德虽然是数学家出身，但他不同意在收集资料的过程中使用统计显著性检验。这一立场说明，拉扎斯菲尔德从事的研究属于探索性的研究分析，主要为了设计有效的人类行为假说，并非要得到确定性的检验结果；在人类行为的研究方面，研究人员主要承担的是确定试验性的理解，并非复制和严格地检验假说。

　　因此，媒介文化研究如果在前提预设达成共识的情况下，双方的接位能够产生新的视角，这有利于推动充满活力的文化研究。所以，法兰克福学派和实证主义研究在方法上是可以相互补充，并以新的形式接位在一起的。[①] 而方法论之间的张力与冲突总会打开哲学问题的大门，并最终导向现实基础与上层建筑之间的关系，即如何把文化、意识同语境或形势联系起来。

---

① 梅琼林、王志永：《试论传播学研究中实证主义和人文主义方法的融合》，《南京社会科学》2006年第6期，第14~19页。

结　语

　　一个历史事件成为理论事件必须破除表面的偶然性并寻找内在的生成依据。表面看来，实证与批判之争是两个意志坚强、个性突出的高智力学者的个人冲突，但通过研究发现，将批判理论有意识地运用于经验研究是法兰克福学派的学术需要。最初的权威与家庭研究项目是把批判理论运用到具体的、经验的、可证实的问题上的第一次尝试。此时，法兰克福学派的经验性研究尚处于原始阶段。霍克海默指出，这是"各学科的代表之间的持续合作，以及理论构建与经验方法之间的融会贯通"[1]，也是法兰克福学派将哲学、科学学科和实验研究相结合的尝试。之后的广播音乐项目虽然失败，但《权威人格》的成功显示出批判理论与定量方法并非像音乐计划显示的那样不可调和。可以说，在美国逗留的十年间，阿多诺所从事项目的研究方法恰恰得益于在与拉扎斯菲尔德的合作中拒斥并习得的社会学方法。这种方法涉及态度测量模式，即在评定人们偏见的性质和程度时，对其认知、情感和行为等要素逐一进行测量。不同的是，广播音乐研究测量的是"文化"，而权威人格测量的是"态度"。对于前者，阿多诺固守大众文化批判立场，并予以抵制；对于后者，阿多诺则将实证与经验的方法作为理论的现实依据和结论佐证。《权威人格》最突出的结论是宣传对形成社会舆论、对权力主义者制造社会偏见具有重要作用，这一结论仍然是借

---

[1] 〔德〕罗尔夫·魏格豪斯：《法兰克福学派：历史、理论及政治影响》，孟登迎等译，第208页。

助经验方法得出的批判性结论,反映了法兰克福学派对政治、心理与社会变革之关系的一贯关注及对法西斯主义的深刻反思;而广播音乐项目致力于获取广播对于听众效果的经验资料,研究受众用以设计和推销产品,是一种为迎合消费者需要而产生的市场研究。因此,诸如斯坦顿—拉扎斯菲尔德节目分析仪和焦点小组访谈等的创造和完善是广播研究项目在方法论实践上的宝贵遗产,前者是一种资料收集仪器,用于记录并测度广播传播效果;后者是在特定情境下的一种开放式提问,以便得出有关待研究的媒体信息的高度自主的资料。拉扎斯菲尔德没有足够的时间和精力实现他最初聘请阿多诺来的目的。[①] 他原本认为如果在实际研究过程中,能够按照批判理论的方法制定一种与经验研究相结合的研究工序,那么,将极大地助力于问题的研究,从而切实地提高研究功效。[②] 所以,他与阿多诺合作之初的想法是,建立一座通向批判的学术思想的多元桥梁。批判在这里既是前提,又是目的。对经验研究者来讲,批判的学术思想有助于提出具有挑战性的问题和新概念。将批判理论与实证研究融合,可以作为寻求新问题、创造新概念的源泉。对批判理论家来讲,实证主义知识反映了现存的社会主张,可以用来验证批判的理论效力,避免理论的空洞。从结果上看,建造方法论桥梁的尝试在广播音乐调研中虽未获成功,却播撒了沟通的种子。实际上,1946年拉扎斯菲尔德曾提出将法兰克福社会研究所和哥伦比亚大学社会学系或新成立的拉扎斯菲尔德的应用社会研究所联合起来的具体建议,但出于社会研究所的独立性和保持欧洲面貌的一贯原则,霍克海默礼貌地拒绝了这一建议。1949年,社会研究所迁回德国,并带回了在美国习得的社会科学研究方法。1955年,以皮洛克名义发起的群体互动研究是研究所返德后的第一个合作项目,其目的是把美国实证研究方法介绍给德国公众。这时阿多诺已经处在一个新的位置:提倡运用经验技术来减少德国传统中对任何有实证意味的东西的敌视。

如前所述,在实证与批判之争这一理论事件中,阿多诺的局限体现为,

---

① 〔美〕马丁·杰伊:《法兰克福学派史(1923—1950)》,单世联译,第136页。
② P. F. Lazarsfeld, "An Episode in the History of Social Research: A memoir," in Donald Flemng and Bernard Bailyn, eds., *The Intellectual Migration: Europe and America, 1930 - 1960* (Cambridge, Mass: Harvard University Press, 1969), pp 270 - 337.

在处理事实判断与价值判断的过程中，难以摆脱超验反思的形而上学理论倾向，以及过于激进的价值立场预设；其文化工业批判往往被人诟病的原因是无视大众文化的进步要素，仅将批判用于价值判断层面，因而成为一种激进主义的批判。而拉扎斯菲尔德的局限在于，受实证主义价值中立原则的影响，忽视（或回避）了批判的基本向度，同时，在美国实用主义环境的熏染下，部分地丧失了学术研究的独立性与自由度，而陷入行政研究的固化模式和事实判断的单一评价中，形成了对"定量研究"和"定性研究"的刻板印象，使评论家们忽视了他所拥有的多样方法论视域的可能性。从此角度来看，两人因广播音乐展开合作，又因研究方法抵牾而分道扬镳，不仅是方法论上的差异，还是认识论上的差异。这也反映了实证与批判在发展中需要彼此融合。

综上所述，我们认为，实证与批判之争是新的历史语境下两者在不同学科领域的发展与完善。双方矛盾的产生、纠结、对话、融合印证了二者已不再囿于传播研究领域，而是随着资本全球化、媒介的发展和科技的进步，拓展到更为广阔的大众文化研究领域，体现出文化研究方法论新的需要。实证与批判之争不是静止的理论事件，而是一场不断迸发出学术活力的思想交锋，奠定了大众文化研究的基调，提供了大众文化研究的方法论视域，为当代学术思想不断进行自我完善和自我修正提供了历史契机。

参考文献

中文译著

〔德〕阿多诺:《否定的辩证法》,张峰译,重庆出版社,1993。

〔德〕阿多诺:《美学理论》,王柯平译,四川大学出版社,1998。

〔德〕阿多诺等:《权力主义人格》,李维译,浙江教育出版社,2002。

〔英〕阿雷恩·鲍尔德温:《文化研究导论》,陶东风译,高等教育出版社,2007。

〔法〕埃里克·麦格雷:《传播理论史——一种社会学的视角》,中国传媒大学出版社,2009。

〔英〕奥利弗·博伊德·巴雷特:《媒介研究的进路》,汪凯译,新华出版社,2004。

〔美〕E.M.罗杰斯:《传播学史——一种传记式的方法》,殷晓蓉译,上海译文出版社,2013。

〔英〕安吉拉·麦克罗比:《文化研究的用途》,李庆本译,北京大学出版社,2007。

〔英〕安东尼·吉登斯:《社会学:批判的导论》,郭忠华译,上海译文出版社,2013。

〔英〕贝尔纳:《历史上的科学》,伍况甫译,科学出版社,1959。

〔波〕彼得·什托姆普卡:《默顿学术思想评传》,林聚任译,北京大学出版社,2009。

〔美〕大卫·E.莫里森:《寻找方法:焦点小组和大众传播研究的发展》,

柯惠新、王宁译，新华出版社，2004。

〔美〕丹·席勒：《传播理论史——回归劳动》，冯建三译，北京大学出版社，2012。

〔美〕丹尼尔·杰·切特罗姆：《传播媒介与美国人的思想——从莫尔斯到麦克卢汉》，曹静生、黄艾禾译，中国广播电视出版社，1991。

〔美〕道格拉斯·凯尔纳：《媒体文化：介于现代与后现代之间的文化研究、认同性与政治》，丁宁译，商务印书馆，2004。

〔德〕狄尔泰：《历史中的意义》，艾彦译，北京联合出版公司，2013。

〔法〕迪尔凯姆：《社会学方法的规则》，胡伟译，华夏出版社，1999。

〔法〕迪尔凯姆：《自杀论》，冯韵文译，商务印书馆，1996。

〔法〕迪尔凯姆：《社会学与哲学》，梁栋译，上海人民出版社，2002。

〔英〕弗兰克·帕金：《马克斯·韦伯》，艾彦、刘东、谢维和译，四川人民出版社，1987。

〔德〕格·施威蓬豪依塞尔：《阿多诺》，鲁路译，中国人民大学出版社，2008。

〔日〕沟口雄三：《作为方法的中国》，孙军悦译，生活·读书·新知三联书店，2011。

〔美〕汉诺·哈特：《传播学批判研究：美国的传播、历史和理论》，何道宽译，北京大学出版社，2008。

〔德〕霍克海默、阿多诺：《启蒙辩证法》，洪佩郁等译，重庆出版社，1990。

〔德〕霍克海默：《批判理论》，李小兵等译，重庆出版社，1989。

〔德〕H. 贡尼、R. 林古特：《霍克海默传》，任立译，商务印书馆，1999。

〔英〕吉尔德·德兰逖：《社会科学：超越建构论和实在论》，张茂元译，吉林人民出版社，2005。

〔英〕斯托克斯：《媒介与文化研究方法》，黄红宇译，复旦大学出版社，2006。

〔德〕卡西尔：《人论》，甘阳译，上海译文出版社，1985。

〔德〕卡西尔：《人文科学的逻辑》，关子尹译，上海译文出版社，2013。

〔德〕柯尔施：《马克思主义与哲学》，王南湜、荣新海译，重庆出版社，1989。

〔奥〕克拉夫特：《维也纳学派——新实证主义的起源》，李步楼译，商务印书馆，1999。

〔法〕孔德：《实证主义概论》，萧赣译，商务印书馆，1938。

〔美〕库恩：《必要的张力》，纪树立等译，福建人民出版社，1981。

〔英〕里克曼：《狄尔泰》，殷晓蓉、吴晓明译，中国社会科学出版社，1989。

〔美〕理查德·沃林：《瓦尔特·本雅明：救赎美学》，吴勇立、张亮译，江苏人民出版社，2008。

〔美〕鲁道夫·马克瑞尔：《狄尔泰传》，李超杰译，商务印书馆，2003。

〔美〕罗伯特·B.塔利斯：《杜威》，彭国华译，中华书局，2002。

〔美〕罗蒂：《后哲学文化》，黄勇译，上海译文出版社，2009。

〔德〕罗尔夫·魏格豪斯：《法兰克福学派：历史、理论及政治影响》，孟登迎等译，上海人民出版社，2010。

〔英〕罗素：《宗教与科学》，艾彦、徐奕春、林国夫译，商务印书馆，1982。

〔德〕洛伦茨·耶格尔：《阿多诺：一部政治传记》，陈晓春译，上海人民出版社，2007。

〔美〕洛文塔尔：《文学、通俗文化和社会》，甘锋译，中国人民大学出版社，2012。

〔美〕马丁·杰伊：《阿多诺》，瞿铁鹏等译，中国社会科学出版社，1992。

〔美〕马丁·杰伊：《法兰克福学派史（1923—1950）》，单世联译，广东人民出版社，1996。

〔美〕马尔库塞：《单向度的人》，刘继译，上海译文出版社，1989。

〔德〕马克斯·韦伯：《经济与社会》，艾彦、林荣远译，商务印书馆，2004。

〔德〕马克思、恩格斯：《马克思恩格斯文集》第1～10卷，人民出版社，2009。

〔美〕米尔斯：《社会学的想像力》，陈强、张永强译，生活·读书·新知三联书店，2001。

〔美〕皮尔斯：《皮尔斯文集》，涂纪亮译，社会科学文献出版社，2006。

〔美〕R.K.默顿：《科学社会学》（上），鲁旭东等译，商务印书馆，2003。

〔以色列〕泰玛·利贝斯、〔美〕伊莱休·卡茨：《意义的输出——〈达拉斯〉的跨文化解读》，刘自雄译，华夏出版社，2003。

〔美〕托比·米勒：《文化研究指南》，王晓路译，南京大学出版社，2009。

〔德〕威廉·狄尔泰：《精神科学引论》第1卷，艾彦译，译林出版社，2012。

〔美〕威廉·詹姆斯：《彻底的经验主义》，庞景仁译，上海人民出版社，1987。

〔美〕希拉里·帕特南：《理性、真理与历史》，童世骏等译，上海译文出版社，1997。

〔美〕雅各·瑞德·马库斯：《美国犹太人，1585-1990年：一部历史》，杨波等译，上海人民出版社，2004。

〔英〕伊格尔顿：《现象学、阐释学、接受理论——当代西方文艺理论》，王逢振译，江苏教育出版社，2006。

〔美〕伊莱休·卡茨等编《媒介研究经典文本解读》，常江译，北京大学出版社，2011。

〔荷〕约斯·德·穆尔：《有限性的悲剧：狄尔泰的生命释义学》，吕和应译，上海三联书店，2013。

〔英〕约翰·斯道雷：《文化理论与大众文化导论》（第5版），常江译，北京大学出版社，2010。

〔美〕詹明信：《晚期资本主义的文化逻辑》，陈清侨译，生活·读书·新知三联书店，1998。

〔美〕詹姆斯·凯瑞：《作为文化的传播》，丁未译，华夏出版社，2005。

〔美〕詹姆斯·施密特：《启蒙运动与现代性》，徐向东、卢华萍译，上海人民出版社，2005。

中文专著

曹书乐：《批判与重构：英国媒体与传播研究的马克思主义传统》，清华大学出版社，2013。

陈波：《真理与批判——阿多诺〈美学理论〉研究》，四川大学出版社，2011。

陈学明、张双利等：《二十世纪西方马克思主义哲学》，人民出版社，2012。

韩瑞霞：《美国传播研究与文化研究的分野与融合》，中国大百科全书出版社，2014。

胡翼青：《传播学科的奠定——1922~1949》，中国大百科全书出版社，2012。

蒋述卓、陶东风:《大众文化研究:从审美批判到价值观视野》,暨南大学出版社,2015。

林聚任、刘玉安:《社会科学研究方法》(第2版),山东人民出版社,2008。

罗钢、刘象愚:《文化研究读本》,中国社会科学出版社,2000。

刘海龙:《重访灰色地带——传播研究史的书写与记忆》,中国人民大学出版社,2015。

刘军:《美国犹太人:从边缘到主流的少数族群》,云南大学出版社,2009。

刘北城:《本雅明思想评传》,商务印书馆,1998。

陆扬:《文化研究导论》(修订版),复旦大学出版社,2014。

欧力同、张伟:《法兰克福学派研究》,重庆出版社,1990。

邱觉心:《早期实证主义哲学概观——孔德、穆勒与斯宾塞》,四川人民出版社,1990。

邵培仁:《传播学》,高等教育出版社,2007。

上海社会科学院哲学研究所外国哲学研究室:《法兰克福学派论著选辑》(上),商务印书馆,1998。

石义彬:《批判视野下的西方传播思想》,商务印书馆,2014。

石义彬:《单向度、超真实、内爆——批判视野中的当代西方传播思想研究》,武汉大学出版社,2003。

宋伟:《批判与解构:从马克思到后现代的思想谱系》,人民出版社,2014。

宋伟:《当代社会转型中的文学理论热点问题》,文化艺术出版社,2012。

宋伟:《后理论时代的来临:当代社会转型中的批评理论重构》,文化艺术出版社,2011。

孙利天:《论辩证法的思维方式》,吉林人民出版社,2006。

孙斌:《审美与救赎:从德国浪漫派到T·W·阿多诺》,复旦大学出版社,2014。

孙斌:《守护夜空的星座——美学问题史中的T·W·阿多诺》,复旦大学出版社,2004。

陶东风:《文化研究读本》,南京大学出版社,2013。

汪民安:《文化研究关键词》,江苏人民出版社,2007。

王怡红、胡翼青：《中国传播学30年》，中国大百科全书出版社，2010。

吴鹏森：《人文社会科学基础》，上海人民出版社，2008。

尤西林：《阐释并守护世界意义的人》，陕西人民出版社，2006。

尤西林：《人文科学与现代性》，新星出版社，2013。

俞吾金：《意识形态论》，人民出版社，2009。

张亮：《"崩溃的逻辑"的历史建构——阿多诺早中期哲学思想的文本学解读》，江苏人民出版社，2014。

张一兵：《无调性的辩证幻想——阿多诺〈否定的辩证法〉的文本学解读》，生活·读书·新知三联书店，2001。

赵勇：《整合与颠覆：大众文化的辩证法》，北京大学出版社，2005。

赵勇：《大众媒介与文化变迁》，北京大学出版社，2010。

赵勇：《法兰克福学派内外：知识分子与大众文化》，北京大学出版社，2016。

资中筠：《美国十讲》，广西师范大学出版社，2014。

朱立元：《法兰克福学派美学思想论稿》，复旦大学出版社，1997。

中文论文

陈力丹：《谈谈传播学批判学派》，《新闻与传播研究》2000年第2期。

陈胜云：《阿多诺与总体性》，《江苏社会科学》1999年第5期。

韩瑞霞：《戴元光，对"传播"在文化研究发生史中地位的历史考察》，《国际新闻界》2012年第2期。

胡翼青：《建构与消解："批判学派"概念的变迁》，《新闻与传播研究》2014年第8期。

胡翼青：《专业化的进路：中国传播研究30年》，《淮海工学院学报》（社会科学版）2009年第4期。

李彬：《批判知识分子的角色构建》，《山西大学学报》（哲学社会科学版）2011年第6期。

李工真：《纳粹德国知识难民在美国的"失语性"问题》，《历史研究》2008年第6期。

何言宏：《批判的大众传播理论——法兰克福学派大众传播思想研究》，《南京师范大学学报》（社会科学版）1997年第1期。

刘少杰:《社会学研究的提升:从经验描述到理论思维》,《河北学刊》2006年第5期。

梅琼林、王志永:《试论传播学研究中实证主义和人文主义方法的融合》,《南京社会科学》2006年第6期。

沈湘平:《马克思视野中的"科学"》,《天津社会科学》2010年第6期。

宋伟:《"后理论时代"的文学理论如何可能》,《文艺理论研究》2013年第5期。

宋伟:《事件化:哲学反思与历史叙事》,《文化研究》2013年第17期。

陶东风:《文化批判的批判》,《天津社会科学》1997年第3期。

汪晖:《去政治化的政治、霸权的多重构成与六十年代的消逝》,《开放时代》2007年第2期。

殷晓蓉:《传播学方法论的第一次冲突及其后果》,《新闻与传播研究》2001年第12期。

〔加〕赵月枝:《批判研究与实证研究的对比分析》,《国际新闻界》2006年第11期。

周宪:《文化工业/公共领域/收视率——从阿多诺到布尔迪厄的媒体批判理论》,《新闻与传播研究》1998年第45期。

朱海荣:《大众文化的欺骗性——阿多诺文化批判思想管窥》,《甘肃社会科学》1999年第2期。

祖朝志:《无望的救赎:评阿多诺的文化批判理论》,《求是学刊》1997年第5期。

英文著作

Alfred North Whitehead, *The Function of Reason*, Princeton: Princeton University Press, 1929.

C. G. A. Bryant, *Positivism in Social Theory and Research*, London: Macmillan, 1985.

S. Hall, "The Rediscovery of 'Ideology': Return of the Repressed in Media Studies," In M. Gurevitch et al., eds., *Culture, Society, and the Media*, London: Methuen, 1982.

Hardt Hanno, *Critical Communication Studies: Communication, History and Theory in America*, New York: Routledge, 1992.

Jennifer Daryl Slack & Martin Allor, "The Political and Epistemological Constituents of Critical Communication Research," *Journal of Communication*, Vol. 33, No. 3, 1983.

Laura Fermi, *Illustrious Immigrants: the Intellectual Migration from Europe, 1930 - 1941*, Chicago &London, the University of Chicago Press, 1971.

P. L. Lazarsfeld & R. K. Merton, *Mass Communication, Popular Taste, and Organized Social Action*, New York: Rortiedge, 1948.

P. L. Lazarsfeld, "An Episode in the History of Social Research: A Memoir," in Donald Fleming & Bernard Bailyn, eds. , *The Intellectual Migration: Europe and America, 1930 - 1960*, Cambridge Mass: Belknap Press of Harvard University Press, 1969.

P. L. Lazarsfeld, *Radio and the Printed Page*, New York: Duell, Sloan, and Pearce, 1940.

P. L. Lazarsfeld, "Remarks on Administrative and Critical Communication Research," *Zeitschrift für Sozialforschung* Vol. 9, No. 1, 1941.

P. L. Lazarsfeld, "The Effects of Radio on Public Opinion," In D. Waples ed. , *Print, Radio, and Film in a Democracy*, Chicago: University of Chicago Press, 1942.

Peter Simonson & Gabriel Weimann, "Critical Research at Columbia: Lazarsfeld's and Merton's Mass Communication, Popular Taste, and Organized Social Action," in *Canonic Text of Media Studies*, Cambridge, UK: Polity, 2003.

R. K. Merton, "Remembering Paul Lazarsfeld," In R. K. Merton, J. S. Coleman, and P. H. Rossi, eds. , *Qualitative and Quantitative Research: Papers in Honor of Paul F. Lazarsfeld*, New York: Free Press, 1979.

T. W. Adorno, "On popular music," *Zeitschrift für Sozialforschung*, Vol. 9, No. 1, 1941.

T. W. Adorno, "Scientific Experiences of a European Scholar in America," in

Donald Fleming and Bernard Bailyn, eds., *The Intellectual Migration: Europe and America, 1930 – 1960*, trans. by Donald Fleming, Cambridge: The Belknap Press of Harvard University Press, 1969.

T. W. Adorno, "Sociology and Empirical Research," in Theodor W. Adorno et al., eds., *The Positivist Dispute in German Sociology*, New York: Harper & Row, 1976.

T. W. Adorno, *Spengler after the Decline*, Massachusetts: the MIT Press, 1981.

Todd Gitlin, "Media Sociology: The Dominant Paradigm," *Theory and Society*, Vol. 6, No. 2, 1978.

William Buxton, *The Emergence of Communications Study-Psychological Warfare or Scientific, Thoroughfare, Montreal*, Quebec: Concordia University, 1996.

后　记

本书是在笔者博士学位论文的基础上修改完善而成的。论文依托笔者承担的教育部人文社会科学青年基金项目"实证与批判：哥伦比亚学派与法兰克福学派文化研究方法论论争研究"，经过潜心思考和辛勤耕耘而成。论文在撰写、修改的过程中，得到了导师宋伟教授的悉心指导；在开题及答辩期间，高凯征教授、王纯菲教授、王春荣教授、宋玉书教授对论文给予了精心指点。

这部著作付梓之际，首先要感谢导师宋伟教授。本书从选题架构、理论构思到篇章设计、修改完善，均得到了宋老师的指导。努力为文也是对老师的一个交代，虽然还有诸多不足，但老师为我开启了新的篇章，并树立了一座学海上的灯塔，指引我前行。

其次，辽宁大学文学院高凯征教授、王纯菲教授、王春荣教授、赵凌河教授、崔海峰教授为本书提供了极为宝贵的修改意见，并给予我很多关怀与鼓励。在写作过程中，我参阅了国内学者翻译的著作，参考、借鉴了国内外学者的相关研究。此外，本书的出版得到了辽宁大学新闻与传播学院和教育部人文社会科学基金的资助，程丽红院长、梁永鑫书记、李文男老师对本书的出版给予了热情的鼓励与支持。社会科学文献出版社的领导及编辑也给予了大力支持。在此一并表示感谢。

另外，本书的写作过程也是我人生的一段宝贵经历。这段学术史的追溯是与逝去的大师的一种无声的交流，虽然还有很多谜底没有看透，但这一过程足以让人良久获益。不管是长相土气的拉扎斯菲尔德，还是有着精灵般大眼睛的阿多诺，在研读相关资料的过程中，他们已不再是教科书中那些僵死的符号，而是可以从某一方面反映20世纪知识分子的境遇和挣扎。拉扎斯菲尔德是入世的，但他的入世何尝不是权衡后的取舍？何尝不是一颗孤独的正义之心最无奈的自我保护？阿多诺虽徘徊在入世与出世之间，但他的批判之维始终高翔于自由的哲学天空。我对拉扎斯菲尔德的印象也逐渐鲜活起来，从而对现实生活中的种种境遇也依稀找到了答案。我们何尝不是拉扎斯菲尔德，在理想与生存之间徘徊而硬着头皮充当硬汉？我们何尝没有阿多诺那样高傲的灵魂，虽已失去挚友，失去故乡，却依然在异乡坚守文化信仰？我总觉得他们的相遇是一场必然，是那个时代的知识分子无法抗拒的命运。他们没有成败、没有绝对的得与失，如果再度相遇，他们定会会心一笑。这就是大师的风范，也是真正的知识分子应有的气魄与情怀。

在论文写作过程中，得到了很多人的关心和帮助，让我懂得了"恩情"二字的分量。感谢我的家人、朋友、同学以及学生的宽容、理解、鼓舞和关爱，把最好的祝福送给你们。

谨以此书献给我的母亲周庆香。

冯　露
2019年5月2日于沈阳

图书在版编目(CIP)数据

实证与批判：哥伦比亚学派与法兰克福学派文化研究方法论论争 / 冯露著. -- 北京：社会科学文献出版社，2019.11
ISBN 978-7-5201-5701-8

Ⅰ.①实… Ⅱ.①冯… Ⅲ.①文化研究-方法论 Ⅳ.①G0-03

中国版本图书馆 CIP 数据核字(2019)第 216498 号

实证与批判：哥伦比亚学派与法兰克福学派文化研究方法论论争

著　者 / 冯　露

出 版 人 / 谢寿光
责任编辑 / 刘同辉
文稿编辑 / 韩宜儒

出　　版 / 社会科学文献出版社 (010) 59366556
　　　　　　地址：北京市北三环中路甲29号院华龙大厦　邮编：100029
　　　　　　网址：www.ssap.com.cn

发　　行 / 市场营销中心 (010) 59367081　59367083
印　　装 / 三河市龙林印务有限公司

规　　格 / 开　本：787mm × 1092mm　1/16
　　　　　　印　张：15.25　字　数：235千字
版　　次 / 2019年11月第1版　2019年11月第1次印刷
书　　号 / ISBN 978-7-5201-5701-8
定　　价 / 89.00元

本书如有印装质量问题，请与读者服务中心 (010-59367028) 联系

▲ 版权所有 翻印必究